楊踐形著作集

卷二

卷二目録

學鐸餘編

指道真詮

先後天卦象交變圖說

易學源流考

雪墨

學鐸餘編

丙寅仲冬

學鐸餘編

俞復題簽

易經是世界學說的鼻祖．怎樣知道？

有現代易學家楊踐形先生的

易學演講錄爲證

是用科學方法研究國學：

指出漢易，宋易，

打破術數之迷信；

獨出心裁，創作新

發明異觀現象論，

證驗宇宙本體之實相，

成立唯實主義的一元哲學．

楊踐形

易學廣大精微。惜爲邪說假冒久失眞傳。世界遂成絕學。梁溪中一子楊踐形先生費廿餘載之苦心。參考羣籍。旁搜遠討。辨醇疵。別異同。撰成是書。先專講太極。次述易學史。分漢宋清三大時期。據說文辯正陰陽二字形義。甲字古籀各體。綜百子歷史道家佛典幾何代數。象式太極以證太極實相之證與周易全書諸極字一貫。

惠贈

孔子之太極。伏羲之一畫。序卦何獨不舉乾坤成三卦上下一書終於坎離二用。于何見陰陽之感應等等。三千年來之中華國粹。得以光大昌明。實爲世界上唯一之鉅著。有志研求學術者不可不讀。

連史紙精印　版式寬大　每部四冊定價三元　特價七折（郵費加一）

上海敏體尼蔭路同康里（即法租界殺牛塲對面）

發行處中一學院

中一先生同門會通告

現代易學家中一先生儒門泰斗、理學正宗、著作等身、海內重望、傳授弟子散遍各省、而一時未能互通聲氣、殊爲深遍、茲經同人等組織中一先生同門會于上海敏體尼蔭路同康里（在法租界殺牛公司對面）俾得聯絡切磋、發揚師說、易收輔仁會友之益、凡屬中一先生門下碩學同志、務祈將姓名職業住址函寄本會、以備登入同門錄、爲聆、敬此通告、

中一先生同門會附設遙聆部廣告

慨自西學東漸、士子爭趨歐化、甚至弁髦六經、湮晦史傳、國學淪亡、識者寒心、近數十載、青年子弟之道德人格一落千丈、未始非敎化陵夷、學植荒落所致、長此以往、則水益深、火益熱、將來更不知伊於胡底、幸得吾師

中一先生素以提倡道德、昌明國學、樂育天下英才爲己任、中一學院既創辦自丙寅、國學專科復添設於丁卯、又患遠方志學之士不克盡登杏壇面聆敎益、則德化猶未滂溥、聲感猶未廣洽、於孔子誨不倦、有敎無類之旨、尚違一間、恐不盡砥柱中流、獨挽狂瀾之願、故特立隔地遙聆部、以便利遠省士女之求學自修、只須通函受業、經

中一師承認爲門人、即可質問疑義、討論學理、與親炙面聆者同受敎益、無異如此方便門開、則凡久仰

師型聞風欲起、而伏處窮鄉僻壤、從學無緣者、均可不勞舟車、不離職業、而藉郵遙聆敎益、雖千里之遠、不啻一堂之親矣、庶幾道德有人提倡、國學可以昌明、則士風不患不醇、民氣不患不振、

邪說不患不息、而人心不患不正矣、世之有志研究國學者、盍與乎來、

(一)凡有高等中學以上相當之程度、不限男女年齡、均可通函本會、報名入遙聆部、研究高深國學、不取學費、(樂助同門會經費者聽)

(二)報名時開明姓名別號年歲籍貫住處、至履歷一項、須詳開何地何校畢業、或肄業、曾任何職、現任何職、研究何書、有何心得、或著作、擅長何種藝術、前清有何出身、曾創辦何種事業、經中一師承認爲門人後、由本會登入同門錄、爲會員、並給遙聆證、以後通函、具名須附記證上號數、

(三)會員得遙聆證、即後可質問疑義、討論學理、及享一切應得之利益、

(四)遙聆部會員願自修何種國學、或請指修何種國學、專習兼習、悉遵中一師裁定、以免歧誤、而重步驟、

(五)學者精研深造、果有發明獨到處、或考據正確處、當擇尤選登中一月報、至鴻著鉅作、編成卷帙者、當爲刊印專書、出單行本、以介紹於士林、出售之書、利益仍歸作者、願補助同門會經費者聽、

(六)學者入遙聆部、認爲中一先生同門會員後、必須實踐道德、自尊人格、闡研實學、發揚師說、倘遇有違背師訓、干涉外事、及一切不名譽不正當之行爲、或以前報名單上有發見不符事實之履歷等、經調查證實、認爲欺詐者、均即除名、以昭整飭、

楊踐形先生寫象

癸亥佛生日西神王蘊章題

迂翁太夫子山水墨寶兩幅

中一先生同門會敬藏

迂翁太夫子書畫約小識

迂翁楊氏錫山人自幼喜作山水淵源出自外祖氏華遂秋先生之門母華太夫人亦精六法翁得朝夕觀摩焉故七八齡時已於藝術上嶄然露頭角遂秋先生專法大癡老人翁亦早歲瓣香大癡至四十以後兼以麓台石谷諸法參之故氣韵生動用筆益覺精妙昔在武昌時張文襄公及友人曾勵庵瞿錦湖張望屺諸君曾刊潤格贈之翁不欲以書畫名於世將所贈潤格悉藏諸篋中今越三十餘年矣從未出以示人其品之高峻有如此者今屆週甲而朋輩之求畫者益衆酬應繁苦於是設重訂畫約以示限制翁於山水之外兼工翎毛花卉人物顧不輕作或求者心切偶一爲之得者珍若拱璧書法少學顏蘇晚年專力王趙之間而姿緻尤於率更爲近昔人謂鄭虔三絕迂翁有焉

中一先生同門會謹識

迂翁山水畫約

堂幅整紙　三尺八元　四尺十二元　五尺十八元　六尺念四元　八尺三十二元

屏條　每條照堂幅整紙減半

橫直幅　整紙對開視整紙減半　或短或長仍照整紙減半　闊狹同對開整紙

紈扇摺扇　每件三元　設色加半　過大者加倍　泥金加倍

冊頁　尺內每方三元　過尺遞加　工細加倍

手卷　另議　劣紙不應

翎毛花卉　人物士女　均另議

楊光照字鍾華號字青別號清溪庵主六十以後又號迂翁丁卯元旦重訂

迂翁書法潤例

楹聯　五尺以內二元　六尺四元　八尺八元　泥金箋加半

屏條　五尺以內每條二元　六尺三元　八尺五元　珊瑚箋加半　泥金箋加倍

堂幅橫披　三尺三元　四尺四元　五尺五元　六尺八元　八尺十六元　珊瑚箋金箋加倍　立軸減兩成

堂額齋匾　尺內每字一元　尺外二元　尺半三元　二尺四元　二尺以外及題跋另議

壽屏　碑誌　市招均另議

磨墨費加一成　潤資先惠約日取件

收件處

上海靜安寺路中華書局總廠印刷所庶務課

各省各埠中華書局分店

上海民國路永安街口對面靈學會

上海龍華謹記路盛德中學

上海敏體尼蔭路同康里中一學院

中一先生鬻書畫辨學潤例

易家中一先生當世大儒國學宗匠文擅左國字溯史倉畫承家學兼參西法融會貫通不拘派、別故能獨出心裁自成一家惟是性情孤高不輕應酬苟非素知竟莫易識近年熱心辨學術論人才海上一隅兼管五校心力所瘁尤在中一學院解囊毀家常以樂育天下之英才為自勵而自奉甚儉約衣無重襲食不甘旨自勵尤勤苦精思待旦徒步當車、觱侍數年雖盛夏嚴冬未嘗見一御扇爐或先生之體乾行健無需贅物抑亦已足窺見先生所以自處矣然其謙遜和靄之容與夫慷慨慈悲之懷又使觱不禁歎造化之善能玉成而贊孟子之善識大任矣因勸先生姑鬻書畫以紓經濟庶幾不為財困而學院可以永遠維持歟他日名書名畫留傳人間物以人貴得之者勝如拱璧將與學院並垂于不朽則後世士林又添一重佳話矣敬擬潤格於次

後學華齊觱謹訂

（一）書例

【隸書 篆書 籀書】

聯 屏　五尺內十元　每加一尺遞加五元

匾 額　尺內每字三元　每加半尺遞加三元

題跋另議　市招不應

【奇字 鐘鼎】（照上加半）

（二）畫例

【國畫】　每一方尺銀十元過此遞加

【水彩畫 鋼筆畫】　照國畫酌減

【鉛畫】　照國畫減半

【炭畫 油畫 漆畫】　照國畫酌加

童齡書畫潤例

中一先生哲嗣森哉學兄、夙稟庭訓、源淵家學、生後彌月、即識大之兩字、週歲學語、母教之讀方字、三歲時識字六千、已解名物象數之用、四歲喪母、人或問及、輒泫然而歎母之不復來人世、日依祖母教讀、五歲夏連發家書三函至滬上、分寄其祖迂翁太夫子、其父中一師、其叔眞如先生、此三函今猶珍藏膺處也、明歲插班入江陵小學二年級生、作文算術輒冠羣曹、以第二名畢業江陵、今方十一齡、春仲考入盛德中學、能作古文、援筆直書、傾刻立就數百言、識者贊其童年宿慧云、茲亦願鬻其童齡書畫、以佐乃父辦學之志、可嘉也、爲訂潤例如次、

畫例

國畫　每方尺三元

彩畫　每方尺三元

鉛畫　每方尺二元

書例

篆書聯　三尺內二元每加一尺加二元

篆書匾　每字尺內一元尺外每加一尺加二元

學鐸社叢書序言

徐璣衡

學鐸社叢書者。易學研究會長中一子楊君踐形所手撰也。楊子、梁溪產。漢關西夫子之後嗣。宋龜山先生之嫡裔也。累世樂善。代稱積德。自高曾以來。相繼董長景雲市政。五傳至其尊翁。已百五十年矣。里俗感化。同歌賢良。甘棠遺蔭。澤隆鄉望。羣謂大德之後。必有名世者生。逮清季辛卯之歲。卯月卯日。首辰夜半。家人咸聞鈞天廣樂。音韻悠揚。忽聆空際神語云、羣聖擁護送一玉麒麟來矣。其母侯夢感瑞雲環身。宸斗隕懷。龍負圖象。矯首天中。麟吐玉書。光耀地上。恍然而覺。遂生楊子。曾祖熊飛公聞報歡喜無量。深感麟吐玉書之瑞。大衍積善餘慶之報。遂錫命爲嘉名云。

楊子生而神靈。頭角嶄嶷。週歲即識耆文。其母教之方字。字非排滿八八六十四方陣弗讀也。讀竟遍已弗忘。四歲即通孝經。慨然以宗聖曾子自任。戚族與之周旋。羣歎爲雛林鳳雛。五歲時有塾師愛慕自薦。大學已竟。即授中庸註解。全讀以警其敏。頃刻輒背誦數百行。同學無弗咋舌。六歲時。其祖懋先公抱置膝上。示以伏羲先天八卦太極圖。欲窮其理。精思至廢寢食。八歲得羣眞秘錄一書。值大病甚劇。猶據牀私自抄玩。僕婦陳惜其傷神。竊付諸祝融。其書遂不傳。惟手製機輪玩具。頗類活動影戲。深符物理。至今猶存。九歲致力于易學。手畫太極圖凡九十有九幅。揭宅

序　二

之諸門殆遍。倦則臨摹鐘鼎古文尤酷嗜象形字今均有成書而六書源流詳攷音韻源流詳攷爲最辯。每歲作正平日記及大事年月表自四歲六月起迄現在其書法則倣春秋經傳及通鑑綱目爲之。楊子天資穎悟聰慧異常髫年博覽羣書諸子百家靡所弗窺必悉窮其理而後止既而負笈毘陵學業輒冠羣曹研究科學尤擅中外哲理編譯實用新書甚夥遍訪各地圖書館搜羅藏書至富。獨于易學說文性理佛典道藏諸籍最稱詳備辛亥暮春神遊無極謁羲皇于宛丘。命受易學之道統由是遂屏雜學專肆易經自僞子夏傳以迄近代日本高島解凡五百餘家其間漢易宋易之爭言象言理之辯爲歷來治易家所不能決者一一溯其源而疏其流芟其蕪而整其棼。闢邪說之近似廓旁言之亂眞選擇其純粹發揮其精微理或未得徹夜不寐豁然有悟坐以待旦。慨然深憂易道之久失眞傳晦盲垂絕遂發憤著述先後成易學叢書三十六種以上承羲文周孔四聖之心傳而下啟後覺于將來。政體革新被選議員不以爲榮。嘗歎曰人存政舉人亡政息吾寧爲學者以著作貢獻社會無志問政不願以私己功利誤國也。味斯言有隱痛矣先後迭長三校兼任景雲教育會長大有孟子樂育天下英才之意。甲寅春督率教職學員嫻習健身術。繙譯名著參易筋按摩銅人催眠諸說積年心得經驗著自然康壽法。丁巳秋楊子董長精神學會來申江。承其尊翁字青先生命偕俞君仲還陸費君伯鴻創設靈學會。中國有靈學之發明。實自楊子始也。楊子救世心殷。不覺形諸闡研學術。將欲崇善行、以維持世道。闢邪說、而匡正人心。踐道德、以輔教育之所未周。尙感化、而補法律之所不逮。實說修齊、以悟上智。權說感應、以通流俗。總期世際昇平。化干戈而爲玉帛。入安康壽登衽席。而免塗炭焉耳。傳道院開。楊子爲指導師。深恨自唐以來。方士技術之流。僣篡道家法統。而一切詖行邪說。惑世誣民之怪誕。且愈出愈奇。實與老子提倡道德救世之旨。風馬牛不相及也。遂博稽歷朝老子註解。自漢河上公以迄近代。有數百家之說。述老子確解。以攷證異本字句爲老子辯非白誣。不第有功老子。實有功社會也。庚申冬。遍覽道藏。全書七千八百餘卷。其間什九。盡屬無稽讕詞。而値供參攷者、尙不及什一。蒐集數十家黃庭經註解異本。爲攷證本其實驗心得。博採古今中外醫道修養諸學說。而著黃庭發微。外更輯修道纂要一書。暇兼精研佛學各宗。如唯識天台華嚴等大乘勝義。悉能得其究竟。同證人生最後圓滿之眞歸宿。而耶教源流攷回教主麻末傳等、尤爲其研究世界十大宗教之餘稿。嘗歎曰、觀于海者難爲水。日月出而爝火熄。其惟孔孟之學已乎。以之正心修身。則心正而身修。以之齊家治國。則家齊而國治。以之理事接物。無所處而不當。小施小得。大用大成。

序　四

行之萬世而一無弊。彼各宗教之蜃市空華。說不足信也。旨哉斯言。昔濂溪晦庵象山陽明皆先出入佛老而後返歸儒家。故其學說能兼吞二氏。而深悉其流弊。語云、不入虎穴焉得虎子。世人不深究而妄闢異端。不中宜矣。勇哉楊子。出入各宗教而不爲所困。辭而闢之。優如也。衆人所難能。而楊子竟優爲之。非出類拔萃中立而不倚者。不足以當此。信乎楊子之以昌明聖道自任也。癸亥、楊子爲國際教務聯合會孔教總代表。殷痛軍閥用事。故到處演說孔道之精義。必歸本于周易咸彖傳聖人感人心而天下和平之旨。甲子、敷華大會。楊子欲因武城弦歌。革陋俗而登仁里。滌汚染而倡善風。新一世之耳目。詔後進入聖賢。故編大學歌舞樂譜。以象勺教盛德學校。爲禮樂導泉之源。余深欽楊子立志之卓。不苟與衆同。而又悲世風日下。人心日壞。皆由道德淪喪。學術荒落所致。苟得一二人。提倡道德。發攜學術。則風行草偃。善感同化。即轉移舊習。啟廸新猷。亦非不可能也。天生楊子。將以生花之斗筆。橫掃異說。警世之木鐸。振作斯民。正末流之叢弊。延既絕之心傳。闡揚至學。昌明大道。以復唐虞三代之正規。紹續羲黃周孔之遺緒。傳此修己之準繩。垂作人聖之階梯。裒輯其等身之著作。頓使夫洛陽之紙貴。爰本斯意。題曰學鐸社叢書。名稱其實也。余讀其書。知其必有以嘉惠士林也。不禁鼓舞而爲之序。甲子、天正冬至。龍湫徐璣衡識。

提倡道德救國論

第一篇

易學研究會
梁溪道德會 楊踐形講稿

國家之治亂奚繫乎、繫乎風俗之厚薄。風俗之厚薄奚視乎、視乎道德之隆衰。道德之隆衰、即人心正邪之所由也。是故道德隆盛、則人心正直、而風俗因之以醇厚、風俗醇厚、此國家郅治之母也。道德衰頹、則人心邪忒、而風俗因之以澆薄、風俗澆薄、此國家擾亂之根也。夫欲臻國家于郅治之域、而盡鋤歷年擾亂之莠種、規風俗于醇厚之軌、而丕變積習澆薄之惡化、非馴致道德于隆盛不為功。而欲馴致道德于隆盛者、必先擴充道德之教育、欲擴充道德之教育者、必先尊崇道德之懿範、欲尊崇道德之懿範者、必先各人念念思惟道德、處處實踐道德、乃至時時力行道德而不倦。欲思惟道德、實踐道德、乃至力行道德者、必先有篤信道德之精神、欲有篤信道德之精神、必先有徹悟道德之智識、欲使各人有徹悟道德之智識、不可不有闡揚道德之書報、演講道德之會社、以及發揮道德之事業、而尤在有表彰道德之方法、以為昌明道德之基礎、欲有表彰道德之方法、以為昌明道德之基礎、則不可不有提倡道德之人物、以身作則、正己而化人也。蓋天下之本在國、國之本在家、家之本在身、而身之本、則在乎道德。人能道德有于身、則其身正

提倡道德救國論　二

其身正、則不令而行、其家亦正、其家正、則其鄉黨州里、受此感化熏陶、無不同歸于正、鄉黨州里、無不正、而後推之于一國、則一國正、推之于天下、則天下皆正、天下皆正、則教化不播而自行、頹風不革而自變、此所以釀里仁而致俗美也、賊盜不禁而自絕、干戈不戢而自靖、此所以弭戰禍、而遏亂源也、夫處今日之中國、外患未消、而强鄰猶深伺于外、内訌浸長、則疆吏方私鬥于内、連年災禍、厥賜全受、政客之餕餘、百物昂貴、其咎實由奸商之壟斷、盜賊蠭起、不外驕華門麗之誇張、廉恥喪盡、無非聖教文化之廢弛、將欲救國運以留元氣、足財用而紓民生、挽既倒之狂瀾、作中流之砥柱、而求其簡便易行、人盡能爲、有百利而無一弊、繩賢良而垂久遠、上希孔子能弘、日新之旨、直追亭林天下興亡、匹夫有責之誼、可爲今日先務之急者、其即在提倡道德已乎、道德二字、原出于六藝之典、雜見于諸子百家之書、而實存于尋常日用動静云爲之際、一人特有之、則一人獨得其修己安人之利、衆人互有之、則衆人共得其修己安人之益、人無智愚、俗無文野、地無中外、時無今古、天之所覆、地之所載、日月所照、霜露所隊、凡有血氣之倫、圓顱方趾、戴髮含齒之屬、苟是人類、對于道德、莫不知所尊親、是故一聞道德之名、一聆道德之言、一見道德之行、則未有不整然斂容、肅然起敬、而景仰羡慕之心、不期而自生者、此可以覘道德之感化人心、至

易、且至深也、

第二篇

夫道爲經綸天下之大本、德乃範型聖人之初基、君子修之終吉、小人反之必凶、履霜堅冰、所以辨未然之漸、恐懼修省、所以率天命之性、天命之性、渾然全體、本無所不賅也、率性之道、大化流行、自各有條貫也、聖人修道以爲敎、進德以居業、得其門而入焉、則君子日用之工夫也、是故誠爲入門、則自强不息也、謙爲入門、則以虛受人也、克己爲入門、則省察身心而自勵也、致知爲入門、則曲成萬物而不遺也、恕爲入門、則推己以及人也、靜爲入門、則無欲以養心也、愼爲入門、則明嫌別微、所以戢未彰也、敬爲入門、則居處執事、所以免苟且也、聖門標指、固非一途、前賢以是啟發後學、以是進修、孟子所謂君子深造之以道、欲其自得之也、自得之者、得之于心、乃所以爲德也、正是居之安、資之深、左右逢其源而已、動容貌而能遠暴慢、正顏色而能近信、出辭氣而能遠鄙倍、三者道之有得于身者也、所謂德也、君子修之所以其道日弘、其德日新也、中庸以五倫爲天下之達道、以知仁勇三者爲天下之達德、蓋即今世所謂人格也、韓昌黎之言道德也、以由仁義行而之焉之謂道、足乎己無待乎外之謂德、朱紫陽之言道德也、謂道猶路也、德者得也、行道而有得于心也。至于歐美哲學家之言道德也、則以道爲人之本務、而以德爲本務之習慣性、焉。是足徵道德二字之定義、全世界之所共認也。道德之定義既共認、則道德之範圍、豈有不共認者乎。姑就其淺近者言之、有如求學爲學生應盡之本務、習久則臻其天性之自然、而爲勤勉之道德焉。衛生爲常人應盡之本務、習久則臻其天性之自然、而爲節制之道德焉。愛敬父兄爲子弟應盡之本務、習久則臻其天性之自然、而爲孝弟之道德焉。效力國家爲國民應盡之本務、習久則臻其天性之自然、而爲忠義之道德焉。是故道之所在即德之所在也、道德之所在則天下一切事理之所在也。夫天下之事理無盡、故道德之功用亦無盡、道德之功用無盡、故君子之心量亦無盡。心量無盡、此所以藏之雖存于一身、而推之則普于萬有。信乎、語大則其大無外、而天下莫能載、語小則其小無內、而天下莫能破。行諸家國、則道德即在家國、施諸民物、則道德即在民物、措諸事業、則道德即在事業、著之文章、則道德即在文章、道德之無所不在、即君子心量之無所不遍也。夫食無求飽、居無求安、此君子好學之道德也。見義必爲、聞過必改、去惡務盡、樹德務滋、此君子力行之道德也。非禮弗動、非義弗取、見危致命、委身不辱、此君子知恥之道德也。內省不疚、屋漏可質、仰不愧天、俯不怍人、此君子不惑之道德也。危邦不入、巖牆不立、夭壽不貳、修身。以俟。此君子、知命、之道德、也。臨深。履薄、啓手。啓足、身體。髮膚、不敢。毀傷。此君子、歸全、之道德、也。富貴不。淫、威武不。屈、窮達、利害、不移、其操、此君子、持志、之道德、也。放之、則彌、卷之、則密、浩然、獨存、塞乎天地。此君子、養氣、之道德。也。仰之。彌高、鑽之。彌堅、忽焉在前、忽焉在後、此君子、希聖、景行、之道德、也。不謀。其利、不計。其功、用之。則行、舍之。則藏、此君子、明理、翼教、之道德、也。先憂而憂、後樂而。樂、天下興亡、匹夫有責、此君子、治國、經世、之道德、也。立人。達人、因材。而篤、任重、道遠、繼往、開來、此君子、參贊、化育、之道德、也。聲名。洋溢、施及。蠻貊、凡有血。氣、莫不尊親、此君子、光被、天下、之道德、也。行世為法、言世為則、聖人復起、其出一揆、此君子、儀型、萬世、之道德、也。是故、君子。無所貴、貴乎。有道德。而已。

第三篇

君子。之。有道德、也、君子。而時修、小人之。反道德、也、小人。而無忌憚、也、小人、不知修省、而無忌憚、是以踰限、而每失檢點、縱慾而必至敗度、外受物感之所牽引、則理義湮沒而不彰、內任耳目之所誘惑、則聰明蔽塞而無用、舉凡博奕爭鬥、酗酒貪婪、放僻邪侈、荒淫流蕩、諸習、以及一切傷風敗化、玷名喪節、寡廉鮮恥、悖禮蔑倫、諸事、君子之所不欲為、不敢為、不屑為者、而小人獨為之、一為之不已而至于屢爲之屢爲之不已卒至于道德淪亡積惡戕身雖死而不悔也嗚呼人之所以異于禽獸者幾希賴有道德以爲之界限耳道德淪亡則人類與禽獸奚擇焉人類有飲食夫婦之欲則禽獸亦有飲食夫婦之欲是飲食夫婦之欲人類與禽獸無異也人類有智識造作之能則禽獸亦有智識造作之能是智識造作之能亦人類與禽獸無異也推之人能言語而禽獸亦能言語人知感化而禽獸亦知感化然則人類之與禽獸苟非以道德爲之界限將何所從而有異耶噫此正道德之所爲尊貴也人有道德而禽獸不能有禽獸不能有道德此禽獸之所以終爲禽獸也人有道德此人類之所以靈長萬物役使萬物而配天地爲三才以作宇宙萬有之主也是道德者天之所以獨賦予人而人之所以獨稟自天者也故曰天生烝民有物有則民之秉彝好是懿德天賦道德予人而人自不能享用此自棄其天者也人稟道德自天而人自不能擴充此又自暴其人者也自棄天賦自暴人稟此人之不欲爲人而自儕于禽獸不齒于人類也人而自儕于禽獸不齒于人類雖聖人亦末如之何也已然而杏壇設教必因其材而篤時雨施化定見有教無類所謂人同此心心同此理凡屬人類斷非不可教誨即無不可感化之處故雖不道德如小人司教育之責者苟能諄諄善誘引登道德之門亦未嘗不可使復其天命之性于本

然也。是則道德尚未普及之前、有君子復有小人、而小人竟得與君子並稱、至于道德已經昌明之後、有君子即無小人、則小人皆盡化爲君子矣。所謂君子之德風、小人之德草、草上之風必偃也。此道德不第爲人類判別禽獸之界限、實足爲小人升進君子之階梯。安得知幾之君子、與之一辨善惡之原、而豫爲感化時措置地耶。夫導人爲善、每在善幾方動之初、禁人爲惡、亦在惡幾未見之先。幾者善惡之微者也。人能從微處早辨而防之于未形、則教化之感應、使人日善遠罪而不自知矣。是故洗滌其利欲熏染之人心、而擴充夫仁義漸摩之道心、則其心正、循踐此彝倫稟賦之常形、而充實夫品物含章之美形、則其身修。人果能革去其非心而自洗之、即亦可充實此美形而自踐矣。蓋其心踐其形、乃所以充其在我之道德也。是故道德有于身、則我貴、道德加于民、則我尊。非積學之士、又烏能時修君子儒爲己之學、而致萬物皆備于我耶。

第四篇

夫天之生我、地之長我、日月之照臨我、父母之鞠育我、師友之教導我、衣食住用之贍養我、無非爲有我而施也。我受天地日月父母師友衣食住用之錫、而有我、外而成形、則有我身、內而存神、則有我心。辨而接之、則有我名、推而及物、則有我性、理而治事、則有我情、與天地參、則有我存我

提倡道德救國論　八

之爲我如是其至重且至尊也顧我可不于我之所以有我者而加之意歟我之所以有我者無他道德有于身言行出于己而已君子居其室出其言善則千里之外應之况其邇者乎居其室出其言不善則千里之外違之况其邇者乎言出乎身加乎民行發乎邇見乎遠言行君子之樞機樞機之發榮辱之主也言行君子之所以動天地也可不慎乎慨自西學東漸以來一般時髦俊傑靡不醉心歐化以自衒新奇破除舊習別建新猷其情至深其心亦至切矣借步驟太急矯枉過正其甚者且幷中國數千年來相傳之道德精神亦剷鋤不遺餘力馴致流弊叢生瘍洞膿潰而不可收拾也是故實利之說興而厲行刻苦之風息狡猾者借實利之名以陰逞其奔競攫取之私欲馴致其極必僅知有實利而不復知有道德矣自由之說興則明嫌別微之迹息奸險者借自由之名以陰逞其惑世誣民之私欲馴致其極必僅知有自由而不復知有道德矣平權之說興則上下尊卑之分息凶惡者借平權之名以陰逞其非孝犯上之私欲馴致其極必僅知有平權而不復知有道德矣社交之說興則遠近親疏之誼息淫亂者借社交之名以陰逞其濮上桑中之私欲馴致其極必僅知有社交而不復知有道德矣權利所在上下交征時會所趨儇成風氣社會道德遂如江河之日下無可挽回十三年來干戈之擾攘民生之日蹙陷國家禍亂

迭尋之境者、何莫非社會道德之日就卑下、暗釀明造、有以養成之也。故今中國之大患、不在軍閥政客之不能覺悟、不在共產過激之異說橫行、而實在道德之淪亡、足以使世風日就澆薄、人心日即奸險也。夫世風之日就澆薄、人心之日即奸險、固由于道德之淪亡、而道德之所以淪亡、實由于提倡道德者無其人。提倡道德者無其人、此道德之所以不明且不行也。昔者孔子嘗嘆道德之所由淪亡矣。其言曰、道之不行也、我知之矣、知者知之過、而愚者不及也。道之不明也、我知之矣、賢者行之過、而不肖者不及也。又曰、道其不行矣夫。又曰、中庸之為道德也、其至矣乎、民鮮能久矣。（論語引此句則無能字、中庸篇又少之為德也四字）夫謂德之鮮能、道之不明且不行、此孔子深嘆道德之淪亡、而其悲痛之聲、一見于語言之間也。朱子之註若曰、知者知之過、既以道德為不足行、而愚者不及知、又不知其所以行、此道德之所以常不行也。賢者行之過、既以道德為不足知、而不肖者不及行、又不求其所以知、此道德之所以常不明也。是故君子之于道德也、己未有知、則求其所以知之切、己未能行、則求其所以行之力。知焉而未達于行、猶非眞知也。行焉而不得其知、猶非篤行也。故既能自明其明德矣、乃可遵道而行也。此所以道德文章萃于君子之身。己立立人、己達達人、不忍默睹運會之潛移、道德之淪喪、教化之陵夷、慨然以弘

提倡道德救國論

道新德爲己任。本其飢溺猶己之心、秉善同人之志、道濟天下、德化羣氓之懷、而經綸世變、敎育英才、爲前聖繼絕學、爲後賢作師表、登高一呼、衆山齊響、同聲相應、同氣相求、懿德出于同好、至誠自然交孚、四方之慕道好學聞風興起者、不遠千里而來。拔茅連茹、同登道德之堂、盡性踐形、優入聖賢之室。從此一德一心、君子以同道爲朋、禹稱善人、而不善人遠矣。故一鄉之善士、斯友一鄉之善士、一國之善士、斯友一國之善士。天下之善士、斯友天下之善士。保國粹以留民氣、尙講學以振士風。始自一人之獨善、而卒至天下皆善、此皆提倡道德、廣洽人心之益也。當今之世、欲求國勢之隆盛、民生之富強、時局之安寧、人心之正直、息內訌而弭外患、消戰燄而靖匪氛、非提倡道德、敎育以尊重倫理、將何法以致之。孔子之播仁聲也、振之以木鐸、宣之以金口、近悅遠來、順乎天而應乎人、集義配道、斅有功、求有得、則修身以俟、德不孤、必有鄰矣。所以道德不可不提倡、而提倡尤不可無其人也。有心于國家之治安、風俗之醇厚者、詎可忽諸。

一〇

修身養心處世法門

楊踐形講

引言

處世有道，端在修身養心，得其法門。爾修養之術，雖盛于道家，實莫精於孔孟之學。其道皆制外以養中，蘊中而發外，得天地生物之仁心而修之，養之，擴之，充之，故能其大無外，其小無內，莫顯乎隱，莫現乎微。其道至中至庸，而其動至正至剛。尋常日用，皆可見諸行事之實，而無謬。果能遵而踐循者，莫不自得其效。身心日益清寧，志氣日益發揚，作事耐久不倦，處變鎮靜不昏，惡癖盡袪，積習可改，性情端正，心思精密，此皆儒家修養之效也。是故所思無邪，心廣體胖，知者樂，仁者壽，道德有于身，康壽躋其域矣。

欲知儒家之修養，當先明儒字之解說。揚子法言君子篇曰：通天地人曰儒，通天地而不通人曰伎。儒與伎之別，即在通乎人倫與不合人情二者之間而已。彼夫伎者，驚遯世之名，背彝倫之常道，術裂而爲方伎是也。未能知生，未能事人，邇之不察，致遠而泥也。則宜董仲舒曰：天地與人三而成德。是故儒者之道，可以用世而與人爲徒，即可以軌世而與天爲徒，所謂天人合一者，心外

無天天即在心也故能化人心之危成道心之微而轉利欲之私爲義理之公正唯其學優則識優識優則行優也此之謂一貫之道

上篇　儒家之修養法門

儒家之修養說迭經學者闡明發攄夙造極詣而功夫之精微入手之次第不能不各就心得見地稍有出入此派別所不能免也會歸歷來儒家修養說之最著者約可分三大法門曰主敬法門曰主靜法門曰主觀法門分述於後

第一　主敬法門

主敬法門宋儒主之最力程朱一派皆是也其師說遠原於書訓所謂敬勝怠者吉怠勝敬者凶蓋君子以禮律身無所不用其敬曰修敬曰中禮所以嚴威儀之瞻觀而望之儼然其有容壯志氣之剛正而臨之凜然不可犯豈徒固肌膚之會而堅筋骸之束已哉實所謂一敬可勝百邪矣凡分三派列敘於次

一曰克治派　省察克治之功以此派爲獨多論語云克己復禮爲仁至於一日克己復禮而天下歸仁焉則克治之功至此已造乎其極矣其始亦不過有不善未嘗不知知之未嘗復行顏耳

子之不貳過。子路之喜聞己過。豈止寡過云乎哉。此其所以爲難矣。呂與叔之克己功夫屬此派。

二曰修持派。　聖人之言曰。修己以敬。其始也不過言中倫而行中理。敬以直其內耳。而其至也。則動而世爲天下道。行而世爲天下法。言而世爲天下則。是以易繫辭傳有云。言行。君子之樞機也。樞機之發。榮辱之主也。程伊川朱紫陽皆屬此派之中堅。

三曰齋戒派。　朱子云。敬却似箇畏字。然則君子之有三畏。即此意。曾子之十目所視。十手所指。子思之戒愼不睹。恐懼不聞。蔡西山之獨行不愧影。獨寢不愧衾。皆屬此派。

第二　主靜法門

主靜法門。出於黃帝。弘於道家。而闡於宋儒。尤盛於陸王一派。禮記樂記篇曰。人生而靜。天之性也。感於物而動。性之欲也。淮南子亦言之。其殆主靜之師說乎。或竟主張半日靜坐。半日讀書。未免太着痕迹。而衛攝之功。實有不可湮者。然非上乘之說也。或謂寧靜思慮。默喻理道。或謂林泉逸勝。淑性怡情。豈徒曰。有所不爲而已哉。實可由一靜。以制百動矣。凡分三派。列敍於次。

一曰寂感派。　易曰。无思也。无爲也。寂然不動。感而遂通。大學曰。知止而有定。定而能靜。靜而能安。安而能慮。慮而能得。邵康節之虛心無爲而萬物備我。周濂溪之主靜立人極。謂無欲則靜。靜虛則明。明則通。皆屬此派。

二曰存養派：孟子云養心莫善於寡欲。荀子云不以夢劇亂知曰靜。此主靜之正軌也。宋之程明道、陸象山、明之王陽明皆屬此派。

三曰默契派：此派之說。實已與主觀之說相近。而尤盛於明儒。

第三　主觀法門

主觀法門淵源於易老。周易觀卦彖傳曰。觀天之神道而四時不忒。是以觀我生。觀其生。觀其所感而天地萬物之情可見矣。老子道德經曰。常無欲以觀其妙。常有欲以觀其徼。又曰萬物並作。吾以觀其復。此皆主觀之師說也。夫主敬之過。流於拘迫。其極必至於爲狷。主靜之過。流於放蕩。其極必至於爲狂。敬一變而爲靜。即再變而爲觀。與其靜而斷念。當靜而善觀。蓋靜時心有寄頓。不至如猢猻之失枝。故靜中有動。動亦是靜。不至似死灰與槁木。而閑思遊念。有所距。不至雜起。以紛陳刻參觀諸境界。則理想日益高遠。智慧日益精進。豈徒此心不昧而已哉。實本乎一觀而備衆理矣。凡分三派。列叙於次。

一曰主觀派：此派以我爲主。以物爲客。故曰主觀。凡孔孟之徒。均主此派說。中庸曰能盡其性。

則能盡人之性。能盡人之性。則能盡物之性。能盡物之性。則可以贊天地之化育。可以贊天地之化育。則可以與天地參矣。

二曰客觀派　此派以物爲主。以我爲客。故曰客觀。凡莊列之徒。均主此派說。莊子見山中之木以不材得終其天年。見主人之雁以不材死。歎曰。周將處夫材與不材之間。似之而非也。故猶未免乎累也。

三曰懷疑派　此派以物我之間。無分主客。故曰懷疑。凡子莫告子之徒。均主此派說。告子曰。性猶湍水也。決之東方則東流。決之西方則西流。人性之無分於善不善。故也。

中篇　宋明道學諸家之修養訣

儒家之修養方法。既有三大法門。溯其宗派。支流亦甚衆多。惟是皆入門之不同耳。登堂以後。則彼此更無分別。而要其所歸。則存天理之公。而去人欲之私而已。理學之興。盛於宋明。茲略述宋以後儒家之修養法於次。

第一　主敬法門之各家說

主敬法門以程伊川朱紫陽爲理學之宗師。

修身養心處世法門、六

胡安定與孫泰山石徂徠倡明正學，始以師道自任。胡安定教人以身先之。雖盛暑必公服坐堂上，嚴師弟子之禮。視諸生如其子弟，諸生亦信愛如其父兄。

程伊川教人，不出涵養須用敬，進學則在致知二語。敬爲修己制內之極功，故曰切要之道無如敬以直內。

楊龜山于程門：獨享耆壽，遂爲南渡洛學大宗。三傳而得朱子，爲理學正宗。其方法則合中庸與大學之說而一之，故謂格物、致知，以得修、齊、治、平之道，而行之以誠。苟不以誠意爲主，雖有道不能行。

謝上蔡曰：聖門學者大要以克己爲本，克己、復禮、無私，心焉，則天矣。又言敬是常惺惺地。朱子謂其近於禪學者以此。嘗與伊川別一年，復見問其所進，曰但去得一矜字耳。伊川曰何故，曰檢點病痛盡在此處。伊川歎曰所謂切問而近思者也。

呂藍田初以防檢窮索爲學，後見程子作克己銘以見志。博極羣書，涵養益粹，言如不出口，粥粥若無能者。

尹和靖在程門：天資最魯，而用志最專。朱子亦曰，和靖直是十分鈍底，被他只一個敬字做工夫，

終做得成又云和靖不覩他書只是持守得好他語錄中說持守涵養處分外親切

羅豫章從楊龜山學最久又學于程伊川其操存涵養之功最深故再傳而得朱子

李延平從羅豫章學冥心獨契於是退而屏居謝絕世故餘四十年簞瓢屢空怡然自適一傳而得朱子開理學正宗朱子曰李先生終日危坐而神彩精明略無隤墮之氣

張南軒文集中多有言修養實踐之功者如曰力貴乎壯工夫貴乎密若不密雖勝於暫終不可久又曰理義固須玩索然求之過當反害於心涵養栽培日以深厚則玩索處自然有力又曰急迫之與因循只是一病不失之此則失之彼滅於東而生於西要須本原上用功其道莫如敬則弊可漸滅

朱紫陽自見李延平其學益大進乃盡棄從前一切空虛泛說而以二程之言爲歸其學在窮理以致其知反躬以踐其實而以居敬爲主嘗舉程伊川涵養須用敬進德則在致知二語教人又論敬曰敬不是萬慮休置之謂只是隨事專一謹畏不放逸爾非專是閉目靜坐耳無聞目無見不接事物然後爲敬整齊收斂這身心不敢放縱便是敬嘗謂敬字似甚字却似箇畏字

蔡西山在朱門爲領袖其處家也以孝弟忠信儀刑子孫以身殉道被謫杖履同其子沈行三千

里脚爲流血貽書戒諸子曰獨行不愧影獨寢不愧衾勿以吾得罪故遂懈

黃勉齋能得朱子之傳夜不設榻不解帶少倦則微坐一椅或至達曙朱子以其子妻之

眞西山謂收放心養德行雖曰二事其實一事又曰窮理以此心爲主必須以敬自持使心有主宰無私意邪念之紛擾然後有以爲窮理之基本心旣有所主宰矣又須事事物物各窮其理然後能致盡心之功欲窮理而不知持敬以養心則思慮紛紜精神紛亂於義理必無所得知以養心矣而不知窮理則此心雖淸明虛靜又只是個空蕩蕩底物事而無許多義理以爲之主其於應事接物必不能皆當

元之許魯齋學多切近之言不徒爲高遠如曰凡事一一省察不要逐物去了雖在千萬人中常知有己此持敬大略也又曰日用若不自加提策則怠惰之心生焉怠惰心生不止於悠悠無所成而放僻邪侈隨至矣

明之吳康齋上無所傳而聞道最早身體力驗只在走趨語默之間出作入息刻刻不忘久之自成片段所謂敬義夾持誠明兩進者也嘗論爲學大體曰聖賢所言無非存天理去人欲聖賢所行亦然學聖賢者舍是何由哉又曰心是活物涵養不熟不免動搖只常常安頭在書上庶不爲

外物所勝

薛敬軒謂克己最難然必能主靜以歸於敬乃能克己故云主靜以立其本慎動以審其幾又曰人不主敬則此心一息之間馳騖出入莫知所止也又曰居敬有力則窮理愈精窮理有得則居敬愈固又謂居敬時敬以存此理窮理時敬以察其理

胡敬齋之學得力於敬故其持守可觀嚴毅清苦左繩右矩每日必立課程詳書得失以自考其說持敬之要曰端莊整肅嚴威儼恪是敬之入頭處提撕喚醒是敬之接續處主一無適湛然純一是敬之無間斷處惺惺不昧精明不亂是敬之效驗處又曰眞能主敬則自無雜慮欲屏思慮者皆是敬不至也

羅整庵家居每平旦正衣冠危坐觀書獨處無惰容

清之陸桴亭教人以立志居敬爲本以聖經八條目爲程主敦守禮法講明實用然後漸進於天人之微

陸稼書世號當湖先生以朱子解太極推本於敬惟能敬然後能靜虛動直而太極在我其學以居敬窮理爲要謂窮理而不居敬則玩物喪志而失於支離居敬而不窮理則將掃見聞空善惡

其不墮於師心自用而爲倡狂恣睢者鮮矣蓋儼然有程朱之氣象焉

顏習齋年三十與王養粹共爲日記凡言行之善否意念之欺歉逐時自勘注之嘗暮行委巷中背癢欲搔旋自省曰昏巷無人容貌不莊何以服鬼神習齋年老不理他功惟常習恭覺萎怠習恭莊覺放肆習恭謙覺暴戾習恭溫覺矜張習恭謙覺多言習恭默覺矯柔習恭安其自治如此

一〇

第二　主靜法門之各家說

主靜法門　以周濂溪程明道爲道學之祖師陸象山王陽明爲心學之宗師

周濂溪太極圖說曰聖人定之以仁義中正而主靜立人極焉朱子太極圖說解釋有曰衆人具動靜之理而常失之於動又曰靜者誠之復而性之眞也苟非此心寂然無欲而靜則又何以酬酢事物之變而一天下之動哉故聖人中正仁義動靜周流而其動也必主乎靜周濂溪通書聖學篇曰聖可學乎曰可曰有要乎曰有請問焉曰一爲要一者無欲也無欲則靜虛動直靜虛則明明則通動直則公公則溥明通公溥庶矣乎按靜虛無欲之言宋以前釋老多說之自周濂溪以後又爲儒者修養之本矣

程明道曰自見茂叔（濂溪之字）後吟風弄月以歸有吾與點也之意又曰茂叔窗前草不除問之云與

自家意思一般黃山谷曰茂叔人品甚高胸懷洒落如光風霽月李延平謂山谷此言善形容有道者氣象侯師聖學於程伊川未悟造訪周濂溪濂溪留之對榻夜談越三日乃還伊川驚異之曰非從周茂叔處來耶周濂溪之善開發人心大都類此周濂溪主靜之旨一傳而得程明道遂爲洛學之祖而開道學之門

邵康節觀物外篇曰心一而不分則能應萬變此君子所以虛心而不動也按與程明道廓然大公物來順應之意相同一旨也又曰心爲太極又曰道爲太極又曰先天學心法也圖皆從中起萬化萬事生於心實開楊慈湖己易說之源

程明道學於周濂溪涵養功深和粹之氣盎於面背門人交友從之數十年未嘗見其有忿厲之容遇事優爲雖當倉卒仍不動聲色少時卽慨然有求道之志泛濫諸家出入於釋老者幾十年返求之六經而後得之其言修養之法莫備於定性書中其說曰所謂定者動亦定靜亦定無將迎無內外又曰天地之常以其心普萬物而無心聖人之常以其情順萬物而無情故君子之學莫若廓然而大公物來而順應此明道發明主靜之說而立至善之標準者也

謝上蔡承明道之說以心爲仁且云是活物非死物也謂學佛者知此謂之見性遂以爲了故終

歸幻空聖門學者是此消息必加功焉故曰回雖不敏請事斯語矣雍雖不敏請事斯語矣操之則存舍則亡黃東發曰象山之學原於上蔡全謝山曰陸子之學近於上蔡蓋上蔡之說實開心學之端矣

楊龜山師事程明道明道喜之甚每言楊君會得再容易其歸也目送之曰吾道南矣明道沒又師事伊川其門人王震澤張橫浦（亦稱無垢居士）皆啟陸象山心學之先者也

王震澤師事楊龜山又師程伊川而龜山最許之朱紫陽最貶之其後王陽明又最稱之全謝山曰予讀信伯（震澤之字）集頗啟象山之萌芽其貶之者以此其稱之者亦以此象山之學本無師承東發以爲遙出於上蔡予以爲兼出於信伯蓋程門已有此一種矣

陸象山少時已悟宇宙二字之義謂宇宙、即是吾心、吾心即是宇宙、又曰塞宇宙一理耳學者之所學欲明此理耳此理之大豈有限量程明道所謂有憾於天地則大於天地者矣謂此理也又曰天地之所以爲天地者順此理而無私焉耳人與天地並立爲三極安得自私而不順此理哉又曰此理、本天所以、與我非由外鑠、明得此理即是主宰眞能爲主則外物不能移邪說不能惑又曰仁即、此心、也此理、也又曰當使心一於理而不容有二所謂宇宙內事皆吾分內事議之者

謂除了先立乎其大者一句無伎倆象山聞之曰誠然

楊慈湖作己易謂天地卽我易卽我其言曰易者己也非有他也以易爲書不以易爲己不可也以易爲天地之變化不以易爲己之變化不可也天地我之天地變化我之變化非他物也私者裂之私者自小也

袁絜齋曰人生天地間所以超然獨貴於物者以是心也心者人之大本也此心存則雖賤而可貴不存則雖貴而可賤又曰此心此理貫通融會美在其中不勞外索楊袁二人皆象山之門人也

元之趙寶峯讀慈湖遺書恭默自省有見於萬象森羅渾爲一體吾道一貫之意其學以靜虛爲宗明之曹月川學以力行爲主一事不容假借其論修養之要曰人之所以可與天地參三才者惟在此心又曰事心之學須在萌上著力又曰學者須要識得靜字分曉不是不動便是靜不妄動方是靜故曰無欲而靜到此地位靜固靜也動亦靜也

陳白沙之學以虛爲基本以靜爲門戶以四方上下往古來今穿紐湊合爲匡郭以日用常行分殊爲功用以勿忘勿助之間爲體認之則以未嘗致力而應用不遺爲實得故曰聖賢之心廓然

若無感而後應不感則不應又不特聖賢如此人心本體皆一般只要養之以靜便自開大

王陽明出入於佛老者久之及至居夷處困動心忍性因念聖人處此更有何道忽悟格物致知之旨不假外求其學凡三變而始得其門自此之後盡去枝葉一意本原以默坐澄心爲學的有未發之中始能發而中節之和視聽言動大率以收斂爲主發散是不得已江右以後專提致良知三字默不假坐心不待澄不習不慮出之自有天則蓋良知即是未發之中此知之前更無未發良知即是中節之和此知之後更無已發此知自能收斂此知自能發散不須更期於發散收斂者感之體靜而動也發散者寂之用動而靜也知之眞切篤實處即是行行之明覺精靈處即是知無有二也居越以後所操益熟所得益化時時知是知非時時無是無非開口卽是本心更無假借湊泊如赤日當空而萬象畢照是學成之後又有此三變也陽明之致良知說本於程明道其知行合一之說又本於程伊川而心即理說則承陸象山而來故陸王二子同爲心學之宗師也

心學之健將能自樹修養之法式者則有鄒東廓之主戒懼聶雙江之主歸寂羅念庵之主無欲逯劉蕺山提淸誠意約歸愼獨而良知之學益臻實地其論修養如何用工夫曰其要只在愼獨

工夫只在靜故云主靜立人極又曰動中求靜是眞靜之體靜中求動是眞動之用體用一原動靜無端心體本是如此故做周濂溪太極圖而作人極圖焉

清初黃宗羲承劉戢山之傳則以修德爲心學之本而以愼獨爲入德之要

李二曲嘗因心體論易謂求易於易不若求易於己其論學以人心爲天下之大根本人心正邪則視學術凡學在反身道在守約功在悔過自新而必自靜坐觀心始靜坐乃能知過知過乃能悔悔乃能自新

第三　主觀法門之各家說

主觀法門　以周濂溪爲誠學之宗師邵康節爲先天學之宗師張橫渠程明道爲仁學之宗師李延平湛甘泉爲體認學之宗師而以調和程朱陸王之學說者附於此

周濂溪通書有誠上誠下等篇蓋誠則天理自然無一不備不勉而中不思而得從容中道矣其言誠實本於大易及中庸之誼即孟子所謂萬物皆備於我及反身而誠之說也故周濂溪之法門在教人觀天地生物氣象

邵康節觀物篇曰以物觀物性也以我觀物情也性公而明情偏而暗按以我觀者即主觀之說

也以物觀者蓋邵康節主張客觀之說也故其論爲學之極功曰學不至於樂不可謂之學又曰學不際天人不足以謂之學

張橫渠之西銘以民胞物與爲懷善觀者莫切於此矣其論學者修養之功謂莫先於變化氣質與虛心相表裏孟子曰居移氣養移體況天下之大居乎居仁由義自然心和而體正更要約時拂去舊日所爲使動作皆中禮則氣質自然全好禮曰心廣體胖心既弘大自然舒樂也若心但能弘大不謹敬則不立若但能謹敬而心不弘大則入於隘須寬而敬大抵有諸中者必形於外故君子心和則氣和心正則氣正

程明道識仁篇曰學者須先識仁仁者渾然與物同體義理信智皆仁也識得此理以誠敬存之而已不須防檢不須窮索孟子言萬物皆備於我須反身而誠乃爲大樂其說識仁之方在於隨事精察勿忘勿助能識仁體自有萬物皆備之樂學者加以存養之功久則可庶幾於此明道嘗與呂藍田問答中庸喜怒哀樂未發之中一節以觀喜怒哀樂未發時之氣象即開李延平之驗心法

李延平每默坐澄心以驗夫喜怒哀樂未發之前氣象爲何如嘗自謂曩從羅豫章學時羅先生

令靜看喜怒哀樂未發之中未發時作何氣象此意不唯於進學有力兼亦是養心之學故朱子曰李先生敎人大抵令於靜中認大本未發時氣象分明卽處事應物自然中節此乃龜山門下相傳指訣

王震澤答問致知之要曰宜近思且體究喜怒哀樂未發之中又曰莫被中字礙只看未發時如何

魏鶴山私淑朱子之學而以心爲人之太極而人心又爲天地之太極以立兩儀以命萬物不越諸此自繼善以及於成性皆一本而分也而人心之靈則所以奠人極人極立而天地位焉此頗近楊慈湖之已易說實本於邵康節之心爲太極圖及周濂溪之太極圖說又謂人生有剛柔故有善惡在變化氣質則可以至聖賢是又本於張橫渠之變化氣質說矣其論修養之要曰吾儒只說正心養心不說明心又論無欲與寡欲之辨曰聖賢言寡欲矣未嘗言無欲也不入主敬主靜兩門故附於此

元之吳草盧嘗言朱子于道問學之功居多而陸子以尊德性爲主問學不本于德性則其敝必偏於語言訓釋之末又曰朱陸二師之爲致一也此可見有和會二家之意

鄭師山嘗以太極圖說與西銘比較，謂二書之言雖約，而天地萬物無不備矣。此非精於周濂溪、張横渠之書者不能道。又道朱陸異同，曰：陸子之質高明，故好簡易；朱子之質篤實，故好邃密。各因其質之所近，故所入之途有不同。及其至，大本達道，豈有不同者？嘗謂學者曰：斯道之懿，不在語言文字之間，而具於性分之内；不在高虚廣遠之際，而在日用常行之中。以此窮理，以此淑身，以此治民，以此覺後，亦和會二家之說者，故二人均附於此。

明之胡敬齋、陳白沙同師吳康齋，而略有異趣。胡敬齋近於狷，故曰：靜中有物，則只是常有箇操持主宰，而無空寂昏塞之患。又曰：心常有主，乃靜中之動；事得其所，乃動中之靜。陳白沙近於狂，其與賀克恭書曰：爲學須從靜中養出箇端倪來，方有商量處。又曰：見吾心之體常如有物，日用間種種應酬，隨吾所欲，如馬之御銜勒也。體認物理，稽諸聖訓，各有頭緒來歷，如水之有源委也。

湛甘泉學於陳白沙，與王陽明同時講學，及門者甚盛。王陽明標致良知爲宗旨，湛甘泉標隨處體認天理爲宗旨，學者遂以王湛學說之異，各立門戶。其間爲之調停者，謂天理與良知一也，體認與致亦一也。甘泉又言知行並進，又言求放心，嘗作心性圖說，然二家往復辯詰，終不可以强合也。

潸之孫夏峯持身務自刻砥而與人無町畦每晨起謁先祠畢澄心端坐雖疾病未嘗有惰容有問學者隨其高下淺深必開以性之所近使自力於庸行其學始以象山陽明爲宗晚更利通朱子之學其旨以愼獨爲宗而于人倫日用間體認天理嘗言喜怒哀樂中節視聽言動合禮子臣弟友盡分乃終身行之不能盡者又言自七十以往每閱十年功加密惟獨知之地不敢自欺無或懈而已家故貧日食常不繼嘗與友講學自晨至日昃始得豆麵作羹怡然無不足之色自言從憂患困鬱中默識心性本原生平得力實在此。

湯潛庵學于孫夏峯十年爲學兼綜程朱陸王之長大指主于刻厲實行以講求實用身居揆職自奉甚儉佐膳惟豆腐羹而已故時號爲豆腐湯實有乃師之遺風此二人皆會合程朱陸王之說者故附于此。

下篇　道學之導源及靜坐

道學：

道學之名起自宋儒周邵程朱以來蓋兼採道家佛家之精華消化融通善變而成儒家哲理之中心者也濂溪太極圖康節先天圖實爲導源之始厥後一變而爲紫陽之理學再變而爲陽明

之心學焉。

第一　宋明道學出於道家之證

周濂溪太極圖本名無極圖。得之於道家。昔河上公傳修養之旨於魏伯陽。伯陽以其說授鍾離權。權以受呂洞賓。嵒以授陳圖南。摶以授种放。放以授穆伯長。修以授周濂溪。其圖四位五行。其中由下而上。初一曰玄牝之門。次二曰煉精化氣。煉氣化神。次三曰五行定位。五氣朝元。次四曰陰陽配合。取坎塡離。最上曰鍊神還虛。復歸無極。故曰無極圖。乃養生家修鍊之術也。周濂溪取而轉易之。爲圖亦四位五行。其中由上而下。最上曰無極而太極。次二曰陰陽配合。陽動陰靜。次三曰五行定位。五行各一其性。次四曰乾道成男。坤道成女。最下曰化生萬物。更名之曰太極圖。仍不沒無極之旨。然則太極圖出於道家。而原於易致。故陳濂溪因之以明易。

邵康節先天圖及卦變圖。亦均得之于道家。同出於陳圖南。摶以授种放。放以授穆伯長。修以授李挺之。之才以授邵康節。康節因之以明易。而演爲皇極經世一書。然則周邵二子。皆得其學說於道家。以歸儒家。而其原實同出於周易也。故周易一書。貫天人。而致中和。贊化育。至修養云者。僅其萬分中之一端耳。

宋儒修養之術，所以本於道家，而又勝於道家者，正以其能善利用之，取其精華，棄其遭粕，豈徒後來者居上而已哉，善變與不善變之辨也。

第二、宋明道學各家之靜坐

秦漢以來，學者不聞教人默坐澄心以爲修養之學，自宋以後，靜坐之說甚盛，其源雖本於道家，而其風實行於宋儒，故自周濂溪、邵康節、程明道等，既主靜以爲學者法式，而伊川亦嘗瞑目靜坐，游、薦山、楊龜山立侍不敢去，久之乃顧曰：日暮矣，姑就舍，二子者退則門外雪深尺餘矣。靜坐法門，程伊川傳之楊龜山，龜山傳之于羅豫章，豫章傳之于李延平，延平論靜坐曰：某曩時從羅先生學問，終日相對靜坐，只亡文字，未嘗及一雜語，先生極好靜坐，某時未有知，退入室中亦只靜坐而已。

朱紫陽承李延平之學，亦言靜坐，曰：延平先生嘗言，道理須是日中理會，夜裏却去靜坐思量，方始有依此法去做，眞是不同。朱子之學，擷取佛道兩教之精華，以發揮儒教之至理，而於陰符經、參同契，尤爲玩索有得，故朱子固嘗以靜坐之法教人，惟不專主於靜坐已耳。

楊慈湖初見陸象山，聞其本心之說，忽覺此心澄然清明，既退拱坐達旦，質明納拜受業，後觀書

有疑終夜靜坐不能寐曈曈欲曉灑然有物脫去此心益明

元之趙寶峯承楊慈湖之餘習頗論靜坐嘗曰凡除合應用之事外必入齋莊之所靜坐又曰凡得此道融化之後不可放逸所貴者清泰之妙猶恐散失宜靜坐以安之又曰凡日夜靜坐之後若即寢席無非此道若非此道不即寢席庶不失雖寢而不寢之妙又曰凡行往坐臥雖未能精一亦必有事焉雖應酬交錯之間未能無間斷無忘可也

明之吳康齋嘗示細密至微之修養法曰食後坐東牕四體舒泰神氣清朗讀書愈有進益數日趣同此必又透一關矣

胡敬齋論調息非存心之法曰人以朱子調息箴爲可以存心此特調氣耳只恭敬安詳便是存心法豈假調息以存心害道甚矣此敬齋靜坐之法也

陳白沙築陽春臺靜坐其中不出國外者數年

劉蕺山云主靜工夫最難下手姑爲學者說方便法且教之靜坐日用間除應事接物外苟有餘刻且靜坐坐間本無一切事卽以無事付之即無一切事亦無一切心無心之心正是本心又云只在尋常日用中有時倦則起有時感則應行住坐臥都作靜觀念息起居都作靜念昔人所云

勿忘勿助。間未嘗致纖毫之力。此其眞消息也。又云程子每見人靜坐。便知其善學。善學云者。只是求放心親切工夫。從此入門。即從此究竟。非徒小小方便而已。會得時。立地聖域。會不得時。終身狂馳了。更無別法可入。不會靜坐。且學坐而已。學坐不成。更論甚學。坐如尸。坐時習。學者且從整齊嚴肅入。漸進于自然。劉蕺山靜坐之說備矣。學者闡研蕺山之宗旨。可以知儒教靜坐入手工夫之所在矣。

此上所述。皆儒家修養之法。平正切實。簡易可行也。學者果能于修身養心。得其法門。則處世之道。始可與言矣。

第三　修身養心之極功即齊家治國平天下之聖道

道家儒家同出于易。道故同言道術。豈徒同言修養而已。周禮天官太宰篇曰。儒以道得民。漢書司馬相如傳注曰。凡言道術者。皆曰儒。可證也。蓋自伏羲畫卦以來。神農作易首艮。夏人因之曰連山。黃帝作易首坤。商人因之曰歸藏。周人因伏羲首乾而作易曰周易。初柱下史老聃參考三代之易。獨祖述黃帝。證諸漢志道家書目。有黃帝。列子天瑞篇引黃帝書。莊子知北遊篇引黃帝曰。其文皆即老子書中語。故言道家者。皆並稱黃老。而以老子爲道術之大宗。儒有六學。皆先聖王所以明天道正人倫、致至治之成法。其執中一貫之學、尤爲列聖傳授之道統、心法、自伏羲神農黃帝堯舜禹湯文武周公傳之孔子、孔子獨契周易集羣聖之大成、爲時中之至聖。得其傳者顏曾至子思爲正宗、再傳而有孟子爲大同學宗、荀子爲人文學宗、莊子爲進化學宗、莊子兼嗣道家爲道術之大宗、孟子獨傳儒家爲道術之正宗。道家專講修養、無論矣。儒家尤分言修身養心、見于正宗四聖者、孔子象傳曰、不遠之復、以修身也。曾子大學曰、自天下以至于庶人、壹是皆以修身爲本。子思中庸曰、故君子不可以不修身。孟子曰、君子之守、修其身而天下平、皆言修身之要也。按朱子解修身謂省察克治之功是也。其在論語則曾子吾日三省吾身、或變身言己、如克己復禮、及修己以敬、而至安人安百姓。在文言傳又言修業修辭矣。中庸又言修道矣。其實所修者無不同也。而養心莫善于寡欲、昌于孟子、極其能養之功、則有養性、養氣、養志、以至養體之養、其養雖同、其所以養不同矣。然養其心亦即盡其心、存其心也。大學則稱正其心矣、亦即孟子欲正人心之正心也。所謂正己而後能正人、子率以正、孰敢不正、其身正、不令而行、其身不正、雖令不從、未有己不正而能正人者也。是故心正而後身修、身修而後家齊、家齊而後國治、國治而後天下平矣。修身養心之極功如此、聖人處世法門、宜莫大于是。

入聖階梯爲人必讀 卷一

楊踐形講

第一篇 爲人之道

第一章 人物之辨不徒在形

所貴乎人者何在乎。惟人爲萬物之靈也。人亦萬物之一耳。獨何以貴爲萬物之靈。夫飲食男女之欲。物類有之。即人類亦有之。是飲食男女之欲。人類與物類無異也。智識造作之能。人類有之。即物類亦有之。是智識造作之能。亦人類與物類無異也。推之人稟天性。而物類亦稟天性。人知感化。而物類亦知感化。然則人類之與物類。將何所從而有異耶。世人或多狃於形體說者。每謂人有人之形。物有物之形。人物之成形不同。故人物之爲類可辨也。其最著者。即在圓顱方趾。昂身直身。唯人類有獨然。而非物類所能共也。其說然矣。而尚未也。蓋潛躍飛走之屬。成形本各不同。圓顱方趾。昂首直身。人之所以爲形耳。使徒具人形而不盡人理。詎足以自顯靈蠢之別。貴賤之殊哉。即使節之於言語。以爲靈。文之於衣冠。以爲貴。然鸚鵡能言不離。飛鳥。猩猩猴而冠。不離走獸。人所以貴爲萬物之靈者。亦何嘗有在於是。是故人得天地之正氣以生。而與萬物不同者。不在徒有此人形。而在既得此成人之形。尤須能盡此爲人之道也。其說蓋莫詳備於儒者之書矣。

第二章　儒者爲人之道

夫儒者之道明忠恕止至善樂天知命修己安人以身作則務求實踐而已故其立身處世待人接物之常別嫌明微辨幾應變之方隨在必斟酌天理人情之合宜與權衡時勢地位之適當各就其環境所需能力所及損益趨避而爲之法則焉所以使人有軌可循有路可達則自然共由道義爲君子而不復迷陷邪僻爲匪人矣故儒者之教人也必告之以言行動默之方進止從違之宜是非得失之途吉凶悔吝之故以求知其事理之當然此蓋所謂爲人之道者歟以此化人固爲教以此自勉則爲學儒者之所教所學無非爲人之道而已是故前聖諄諄其所垂訓爲教者皆教此爲人之道也後賢孜孜其所進修爲學者亦皆學此爲人之道也教非此爲人之道則前聖無事乎垂其教學非此爲人之道則後賢亦無事乎進其學至矣哉此爲人之道乃既受人身而具人形者應盡之天職也故人之一生所以爲身家爲社會苦其心志勞其筋骨者無非實踐此爲人應盡之天職焉耳人能實踐此爲人應盡之天職庶幾無愧於天賦之人形矣

第三章　聖賢與衆人何別

夫所謂聖賢善人者同有是五官四肢則其形同也同有是七情六欲則其心亦同也見之於動

靜則同是言行推之於身世則同是倫常聖賢亦猶人未必聖賢之有異於衆人也何以彼獨爲聖賢而衆人乃不能蓋聖賢不徒有是成人之形而能盡是爲人之道修其實以副其名實而不虛盡而無缺是故歷來聖賢所說所傳之道莫不切於人生日用之常極易躬行實踐之理雖匹夫匹婦之愚皆可與知與能效而行之則而象之又皆得受其立身處世之實益聖賢教人無非爲人之道應盡之天職此其明徵也然則爲人之道固聖凡同具賢愚皆備既同是形必同是理天爵之尊天民之貴聖賢不獨有也惜乎衆人有之而不自知雖有其形而不能盡其理雖有其名而不求踐其實靦然人身而深味爲人之道不亦枉虛此生去聖愈遠乎

第四章　如何不負此人身

夫理寓於形既有是形必具是理是故得物之形而具物之理者然後號之曰物有人之形而盡人之理者然後號之曰人人物之成形不同即人物之爲理各殊也號之曰人曰物者備其名而所以爲人爲物者則其實也人類參乎天地而爲三才貴爲萬物之靈而與萬物不同既得人身尤須盡得人理然後有其實乃能稱其名實之所在即名之所在也形之所在即理之所在也人類本其所得於天者以有是形以有是名則莫不有所以然之故焉莫不有所當然之則焉此所

謂天性也即所謂實理也戴震曰人物成性不同故形色各殊焦循曰禽獸之形色不同乎人故禽獸之性不同乎人惟其爲人之形人之色所以爲人之性聖人盡人之性即所以踐人之形正欲維持爲人之道以與禽獸別也不然人之所以異於禽獸者幾希苟不明爲人之道而拂乎人性之善則不能盡人之性必不能踐人之形隄防既撤樊籬盡毀將與禽獸奚擇焉是不啻以形人之身而自入於禽獸之途矣李安溪曰不盡性無以踐形不踐形無以爲人旨哉斯言可以爲入聖之要矣程明道曰惟聖人爲能盡人之道故可以踐形又曰聖人人倫之至故可以踐形人倫實即人道如君臣父子兄弟夫婦朋友之類凡有五倫聖人千言萬語無非爲五倫說也禮記中庸篇曰惟天下至誠爲能盡其性孟子曰惟聖人然後可以踐形盡性者盡此五倫之天性也踐形者踐此五倫之人形也一倫之性有未盡則一倫之形有未踐也是以恐懼修省反身而誠有所不足不敢不勉焉嗟夫形色天性人皆一之仁義道德人皆有之愚不肖者縱其肢體之欲戕此性命之全徒具爲人之形而不能踐人之實辜負此人形即辜負此天賦也將何以內報父母教養之恩外對國家期望之殷人之生身於天地間者不亦贅乎尚何貴爲萬物之靈哉

第五章　如何能踐此人形

形者天之所賦人之所稟語類以爲耳目之類是也是故既成耳目之形即有耳目之性而具耳目之理箕子曰視曰明聽曰聰視謂之明聽謂之聰皆耳目自然之性本然之理也能盡視聽之本然自然則能踐耳目之形矣苟視聽不足於聰明則是有耳目之形而無耳目之實德也無如衆人牿於形氣之偏狃於習俗之蔽而不能無私欲之累是以視則不明聽則不聰貌則不恭言則不從蓋不能盡其自然之性本然之理所以然之故所當然之則故雖有是形而實無以踐其形也惟聖人能盡其理能盡其性而無一毫私欲之累雜于其間是以視則極明聽則極聰貌則極恭言則極從蓋凡形色自然之性本然之理無一不盡既有是形而又可以踐其形焉踐形之旨約有二義一是實踐此形而不虛一是盡踐此形而無缺總之循踐此彝倫稟賦之常形而充踐夫品物含章之美形也人之視聽貌言發之於心而彰之於形人果能革去其利欲熏染之人心而擴充夫仁義漸摩之道心則亦可充實此美形而自踐矣世之學者莫不以正心修身爲處世進德先務之急然不知心何以使正身何以使修高談妙理寧能有當於徵驗況心乃虛無而形則實體也虛者不可見而實者有可恃與其語人虛無之心以詔世而鑽研夫性命之精微者爲難於領悟則何如指出實有此形以示人而體貼夫倫常之切近者爲易於曉喻耶故聖賢敎

人必就其知能日用之理而可以躬行實踐者爲之範圍楷模不離乎爲人之道也故謂之踐人之形。

第六章　善師古人之言行

夫人類所禀天賦之形既皆同則人類所由實踐之道亦無異故踐形之義又與踐迹之義相成也。踐迹者程子謂如言循途守轍語類謂猶言循規蹈矩而論語後錄則云循道也甚是道者即指子張問善人之道也踐迹之踐潘維城論語古注集箋引說文云步處也踐形按步處者正善人所遵行之道即步亦步趨亦趨之義也故顧炎武日知錄曰服堯之服誦堯之言行堯之行所謂踐也先聖之教皆說命所謂學於古訓康誥所謂紹聞衣德言以至詩書六藝之文三百三千之則有一非踐迹者乎孔廣森經學卮言曰善人所行之道當效前言往行以成其德譬諸入室必踐陳涂堂戶之迹而後可循循然至也孔氏所謂善人當效前言往行以成其德者即易大畜象傳所謂君子以多識前言往行以畜其德也夫詩書六藝固皆古人之陳迹然循而遵之則亦可以漸於聖賢之域豈不以嘉言懿行實有足以令人景仰而興起者是故君子以人爲鑑以古爲鑑多見聞以慎其餘博學文以紹前修好善如不及見賢而思齊有爲者乃有舜何人也予何人也之嘆然則能踐一已之形者亦必能踐古人之迹惟其能循踐夫前言往行之懿迹以求主其道而後乃能充踐夫天賦人稟之美形以盡復其性踐迹即所以踐形也故始知孔子之言踐迹孟子之言踐形其說雖各有取意而其旨則皆以爲人之道寡過之方教人所謂言寡尤行寡悔樂在其中矣孔子聖人然兢兢以徙義改過之未能爲憂故卒以學易而可以無大過吾儕困學勉行服膺自策亦庶幾寡過而自新以實踐此天賦之人形也世之賢人君子苟有志於聖賢爲人之道者請先從實踐此天賦之人形爲始而凡立身處世待人接物之常明嫌別微辨幾應變之方隨在必斟酌天理人情之合宜與權衡時勢地位之適當以求知其言行動靜進退從違之宜是非得失吉凶憂虞之故而嚴自省察篤志進修則行道有路入德有門矣

第七章　善修己身之言行

子以四教文行忠信而答顏子四勿之目又以言動繼視聽之後人有耳目則斷不能無視聽言動繼之可以知言動之要矣動即行也子嘗言之行有餘力則以學文是學文必在裕行之暇也子叙四科以德行言語政事文學爲序實即仍以四教爲四科而崇言行於政文之上耳此皆聖門之重尚言行有足徵者大戴禮曰言不遠身言之主也行不遠身行之本也是故聖賢之教人

也告之以言如何行如何則理得而事吉吉當趨之動是也默非也又告之以言如何行如何則理失而事凶凶當避之動非也默是也使人咸知吉凶禍福之機在於己即在己之動靜語默有得有失而已得且吉人所喜也失且凶人所惡也人孰不欲趨於得之途是之途避於失之途非之途哉人知吉凶禍福在於己不在於他則趨避之間自必爲之權衡矣昔我孔子嘗極論言行之道而著其意於易繫辭傳所謂君子居其室出其言善則千里之外應之況其邇者乎居其室出其言不善則千里之外違之況其邇者乎言出乎身加乎民行發乎邇見乎遠言行君子之樞機樞機之發榮辱之主也言行君子之所以動天地也可不慎乎是故孔子以來聖訓之所垂法範之所存者至今猶可想見焉即經傳所說亦莫非嘉言懿行之常道其論言行本質之實一則曰非禮勿言非禮勿動再則曰非法言不敢言非法行不敢行蓋人能如此則言滿天下無口過行滿天下無怨惡矣所謂言忠信行篤敬是也其論言行相關之理一則曰言之非艱行之維艱再則曰其言之不怍則爲之也難蓋人能如此則言顧行行顧言言行相顧矣所謂庸言之行庸行之謹是也至於聖賢修省言行之方極有層次循序漸進其始也言必信而行必果其繼也言寡尤而行寡悔其盛也言有物而行有恆其終也言中倫而行中理而極其至也則言而民莫不

信行而民莫不悅斯可以言而世爲天下則行而世爲天下法矣此則聖學之大成非及其門升其堂入其室者莫能道也有志聖賢之學者可不知所勉夫。

第八章　忠恕是聖門一貫之學

從來言聖之至者無過於孔子矣孔子者集羣聖之大成號時中之至聖動而世爲天下道行而世爲天下法言而世爲天下則立人道之至極爲萬世之師表自生民以來實所未有也豈第中國之言六藝者皆欲折中於孔子而在舟車所至人力所通天之所覆地之所載日月所照霜露所隊凡有血氣之倫莫不尊親孔子之道至大蓋可知矣然其所以躬行而與教人者則惟一貫之道嘗著爲人處世之方以告曾子曰吾道一以貫之一貫之傳惟曾子獨得其旨而其解一貫之義則曰夫子之道忠恕而已矣忠者盡己心之誠恕者推人物之同也人能盡己心之誠而推人物之同則胞與爲懷而無間則仁矣故我孔子嘗舉仁道之大而必由忠恕一以貫之也夫曾子親傳孔子一貫之道而每日嘗以爲自省之方曰吾三省吾身爲人謀而不忠乎與友朋交而不信乎傳不習乎又變忠恕而言忠信者推己之誠則爲恕待人以誠則爲信知忠信之即爲忠恕也論語記孔子以四教而忠信居其二是我孔子平生所常言者厥維忠信二字曰主忠信無

友不如己者曰主忠信徙義崇德也曰言忠信行篤敬曰十室之邑必有忠信忠信者孔子教人之言亦即孔子躬行之實也人無信不立而信之實必本於忠忠信不二所以爲一貫之道也至所謂愛之能勿勞乎忠焉能勿誨乎又變忠信而言忠愛者在我自存則爲信對人所施則爲愛也然其愛人之心必發於盡己之忠故孔子有時亦獨言忠焉如曰言思忠者蓋與人交際之始莫先於出言言而能誠乃可推之他事樊遲問仁孔子告之曰與人忠此可見忠爲交際要道矣子貢問友則告之曰忠告而善道之可知聖人與人無所不盡其忠即無所不存其誠也季康子問使民而告之曰孝慈則忠此又上行下效風厲草偃所謂不言而勸不令而行盛德感化之至也夫聖人之教無非盡己之誠以盡人物之誠而已盡己之誠所謂忠也盡人物之誠所爲恕也約其旨則稱忠已足賅其義則舉恕乃備而凡忠信忠愛等語皆隨所施而立名耳惟忠恕之義最大故曾子謂爲夫子一貫之道禮記中庸篇引孔子曰忠恕違道不遠即大學所謂君子有大道必忠信以得之周易文言傳云忠信所以進德也故中庸以忠恕爲道大學以忠信爲道中庸之所謂道即大學之所爲道也學庸之所謂道又即文言之所謂德也是故人能盡己之誠以推之人物則可以知進德之基入道之門矣所謂道不遠人求仁即得萬物皆備在我而已

第九章　盡己推人即入聖階梯

孔子贊易於復卦象傳曰。不遠之復，以修身也。曾子之傳大學曰，自天子以至於庶人，一是皆以修身爲本。子思子之述中庸曰，故君子不可以不修身，孟子繼之曰，君子之守，修其身而天下平。孔曾思孟，一脈相傳，皆以修身立人道之極。而修身之方，則在誠正而已。誠正之存於己者，忠也。而其施之於人物者，則恕也。忠恕者，實聖人之所以爲教，聖人之所以爲學，而修身之本，爲人之道，須臾不可離，所以一貫也。我孔子之教人也，無行而不與二三子。言一貫之傳，雖惟曾子所獨得，而一貫之道，實亦門人所共解，撮其爲人處世之要，忠恕一貫之義，則所謂己所不欲，勿施於人之八字，可以盡之。中庸曰，施諸己而不願，亦勿施於人。程子以爲恕也，而子貢曰，我不欲人之加諸我也，吾亦欲無加諸人。程子以爲仁也，實皆即一貫之道，忠恕之義也。蓋孔子嘗語子貢矣，曰予一以貫之。子貢豁然有悟於孔子一貫之旨，故發明其義，而有此說，是聖門之傳一貫之道者，曾子之外，尚有子貢存也。而子思中庸之說，雖上承家學之淵源，亦兼得曾子之心傳。故於一貫之道，如出一轍耳。曾子一貫之道，見於大學一篇，其言曰，所惡於上，毋以使下。所惡於下，毋以事上。所惡於前，毋以先後。所惡於後，毋以從前。所惡於右，毋以交於左。所惡於左，毋以交於右。此之謂絜矩之道。曾子所謂絜矩之道，即孔子一貫之道也。子思子一貫之道，見於中庸一篇，引孔子之言君子之道曰：所求乎子以事父，所求乎臣以事君，所求乎弟以事兄，所求乎朋友先施之。君子之道即至誠之道也。子思子至誠之道，即孔子一貫之道也。其後孟子得其傳而昌明仁義，約其旨曰：反身而誠，樂莫大焉。孟子反身之道，亦即孔子一貫之道也。一貫之道者，孔曾思孟四聖互相傳授之道，亦即自堯舜禹湯文武周公以來列聖相傳允執厥中之道也。在時位謂之中，存於己心謂之忠，其義一也。中則無不正也，故大學有正心之目，孟子有正人心之辨，皆所以成其爲中也，即所以盡其一貫之道也。一貫之道者，盡己心之誠而推人物之同也。夫人之生不過數十寒暑耳，然其精神之磅礴布濩，大涵宙合，細入無垠，充其量可以位天地，育萬物。德業之盛，悠久無疆，若是者何也？盡己心之誠而推人物之同也。此一貫之道，即入聖之階梯也。踐形服膺一貫之道既久，故特表而出之，以與世之有志聖賢之學者共勉之。

入聖階梯爲人必讀　卷二

楊踐形講

第二篇　作善之方

第一章　人能明理所以靈貴

夫人之所以貴爲萬物之靈而與禽獸異者其幾希之微不在形式不在精神乃在明理與不明理之別耳人能明理故所作所爲一遵諸理事之合於理者則爲之其不合者則不爲也所謂理者自然之法則萬類之生存百事之成功無不以此爲斷如此而能生存而能成功則其所作所爲必合於理亦即以此爲理也故事無善惡理無臧否順自然之法則可爲而爲之毫無些微之勉强其成功其生存亦不自期而不得不然故可以爲理如天寒則必增其衣被腹飢則必充以飲食衣之而暖食之而飽此自然之理毫無勉强者也若已暖而更加之衣已飽而更進之食則過乎自然之度失其理之自然非但無益而又害之此自然之理所以非人力可勉强也即小以喻大由此以推彼凡人動靜語默一是皆有自然之法則若依其法則而爲之則取暖取飽隨所欲爲無不如願或過其自然之度則所得反是自然之法則世人謂之道合乎自然之法則則謂之善人之動靜語默皆遵道而行依善而立則此人世必謂之善人矣

第二章　天性與習慣

人之初生氣質雖或不齊而天性本來皆善縱有賢愚之分初無厚薄之殊即有厚薄之殊斷無存亡之異及其長也所受四面環境之積感無非知誘物化之浸潤凡平日所以薰其心濡其耳染其目者皆足使其志向墮落欲根堅深蔽以偏執而忘其全備養以四肢而遺其大體朝於斯夕于斯與日俱進潛移默化轉變而不覺習焉而不察於是習非成是習與性成遂有第二天性之名與俗相摩與初相違所謂性相近習相遠也甚至有見外物形形色色舉足以動其心搖其神者無不馳心外物而汩其固有之天良棄其當盡之本職日就月將漸積果於爲惡而性與惡俱化本性之善不復存矣噫此惡之所以日長而善之所以日消也善日消則惡自日長至於善之本性全沒則惡之客氣全肆是即世之所號爲惡人者也此豈人之本惡耶知誘物化漸積而心日即於邪有以致之使惡積之人一旦悔悟滌去從前一切爲惡之舊染積習而格其非心新其明德則人皆可以爲善也人皆可以爲善者人人同具五官四肢之形人人同賦天命至善之性則固人人可以爲善亦即皆可以至於善人之域也是故互鄉難言而孔子化之闕黨將命而孔子進之所謂與其潔也不保其往也與其進也不與其退也今日自省其身自求其心即今日

而與其新也今日自修其身自正其心即今日而與其立也新德既彰舊惡自除此聖人勉人改過遷善以至善之地自適也然而人欲易肆天理易泯敬心稍衰而非心即繼可不畏哉是以中庸著戒慎恐懼之義大學著十目十手之嚴論語著三省四勿之旨甚矣心之易入於僻而難臻於正也其可不戰戰兢兢如臨深淵如履薄冰一刻不容怠忽時時常存敬畏之念防微杜漸惟恐外物之來引誘所以如保赤子如憂疾病而收束身心安於廣居此即正心之旨而君子修身之義也

第三章　性之至善

從來說性之至確至當者莫孟子若孟子私淑孔子之薪傳上紹列聖之心法獨有得於性道之理夫性道之爲義至精至微雖以孔子之聖設教以化三千七十之徒而性與天道孔子獨不爲門弟子言者以子貢之賢猶以不可得聞爲嘆性道之理爲聖人所不言而聖門所不聞也噫此說似矣而實非也夫性相近習相遠之語非親出諸孔子之口而記於論語之書者耶性近而習遠此孔子之言也天命之謂性率性之謂道此子思子之言也是故孟子上契孔子而承子思子之傳遂昌明性善之說其後董仲舒與朱子之徒皆紹述其旨而朱子直斷曰人性皆善而覺有

入聖階梯爲人必讀　　四

先後覺有先後者即先覺後覺之義亦即及其知之一也及其成功一也其所行之者一也亦即先聖後聖其揆一也是故孟子有言人皆可以爲堯舜即所謂聖人亦人也聖人先得我心之同然耳又曰堯舜與人同耳然則人無聖凡之別其性無不皆至善也故孟子又曰人無有不善水無有不下又以不善爲非才之罪至於乃若其情則可以爲善矣此孟子極端昌明性善之說者即孟子上紹孔子而承子思子之傳也或曰子思子言天命之性故無不善之理若孔子止言性之近未嘗言性之善也何以徵知孔子必主性善之說耶徵諸周易繫傳而知之孔子著其性善之旨於易象而曰一陰一陽之謂道繼之者善也成之者性也其文前後相承一貫此性說之可據者也蓋孔子刪詩書而採擷其菁華故述其性善之意於周易之傳耳夫人之生也旣稟天命以爲性發爲天德見爲天則形於言行而爲天良秉於職分而爲天性尊之爲天爵貴之爲天民其有善無不善蓋可思矣

第四章　性情合一

古人論性情之關係約有四種一曰性善情惡二曰性情皆惡三曰性情皆有善惡四曰性無不善情有善惡說雖有四其認情爲萬惡之源則一也其然乎豈其然乎蓋嘗稽諸周易之傳孔孟

之說矣孔子贊易繫傳曰設卦以盡情僞又曰情僞相感而利害生以僞偶情即以害偶利可知情之不爲不善也故文言傳曰利貞者情性也情之爲利所以偶僞之爲害也情豈有不善乎孔子既沒微言不存情之學說遂湮後之人鑑於戰國之世人欲橫流道心寖微遂分情惡之辨至於其極更有性惡之論獨孟子抱同善之願肩當仁之槩私淑孔子之心傳始曰乃若其情則可以爲善矣若夫爲不善非才之罪也又曰人見其禽獸也而以爲未嘗有才焉者是豈人之情也哉是故人無有不善豈止性善而已情亦善也情者性之發也當喜怒哀樂之未發謂之中此性之善也及其發而皆中節謂之和此情之善也使果性善而情惡是將未發是善已發即惡乎善發而爲惡是善即爲惡惡從善生也善惡之辨何在善必未發發無不惡是將滅其人情而後爲善乎聖人之教無非盡夫人情而已若必滅情以率性而後方爲去惡從善是不近人情之尤者也又安能以此垂訓嘗讀漢董仲舒春秋繁露深察名號篇曰情亦性也可知性情互爲體用正是異名同實性外無情情外無性性即是情情即是性天命之性本來至善人發之情獨不至善乎異哉後世情惡之說也是故惻隱之心仁之情也羞惡之心義之情也恭敬之心禮之情也是非之心智之情也是四端者存之於天命則爲性見之於人發則爲情性情豈可離二乎

第五章　情之至善

夫人之情活潑流行理無間斷是故至全無缺雖有喜怒哀樂之異苟非知誘物化之變則性中
情和時然後發誰非至善所謂誠於中形於外者不能自期亦不能自禁也禮記樂記篇有云中
和之紀人情之所不能免也豈可阻其生機抑其時發而後爲至善乎亦惟有一任天則順其自
然導以至誠使之中節而已所謂因人之情而爲之節文是也況乎天性之命常止至善而人情
之發隨感有應孩提之童無不知愛其親乍見孺子將入於井則怵惕惻隱之心不期而生此皆
至情之流行有非可以勉强安排者即性之自然也故皇侃論語義疏引王弼註云自然親愛爲
孝推愛及物爲仁仁孝本於自然之愛此至情之本於天性即至誠之所以無息也聖人敎人舍
此至情之外復何有故周易豐卦彖傳曰天地感而萬物化生聖人感人心而天下和平觀其所
感而天地萬物之情可見矣又恒卦彖傳曰天地之道恒久而不已也觀其所恒而天地萬物之
情可見矣又大壯彖傳曰大者壯也正大而天地萬物之情可見矣又萃卦彖傳曰萃聚以正也
觀其所聚而天地萬物之情可見矣聖人屢言天地萬物之情若情不善聖人何爲而屢舉天地
萬物之情也萬物之情或有不善天地之情豈亦不善乎聖人觀於咸恒大壯萃而見天地萬物

之情故知幽明之故知生死之說知鬼神之情狀至於範圍天地之化而不過曲成萬物而不遺禮記中庸篇所謂致中和而天地位焉萬物育焉正是聖人能見天地萬物之情故能盡己之性盡人之性盡天地萬物之性而與天地參也世說文學篇曰易以感爲體蓋至情之流行本是無思無爲隨感而應無不恰好所以萬物化生無非天則之流行雖爲道屢遷變動不居然皆行所無事總不失其至善之存是以聖人之動靜語默悉符天則即日用應酬亦莫非至情之流露故沛然莫之能禦矣豈有或助或禁而錮其至情以爲善耶蓋至情之體至善周行於天地萬物之中而無所不在至情之用又至大至剛充塞乎天地萬物之間而無發不和故繫辭傳曰以類萬物之情又曰聖人之情見乎辭可知情者至善之發而作聖之秉也人苟不欲爲善人則已果欲爲善人者可不於至善之情已發之和而三致意乎

第六章　善惡之對待在得失

夫善者人性之本天命之理學之所師國之所寶可以正己可以治人可以接物可以處事凡百令德惟善是依大學云止於至善至善者固有之職分當然之性分良知之正則本務之極則也人無有不善水無有不下並非超乎庸言庸行之上出乎中倫中理之外別有善者在苟非尋常

日用當然固有之理者則無所謂善不善者不合天道人心之良知處事接物之本務亦非善之外別有不善者在善者夫人當爲本性自然無可矜異一自世人趨入不善之途每干非分之跡而後克循天理力除人欲者美其名曰善人而聖人且以爲不得而見之其實善之名由有惡之對待而生苟世無惡人則善之名且不必用矣是故理初本無善惡而有善惡者後來別立對待之名也對待之名起於有對待之實而對待之有由於對待本無如出同途其實一也人人共由而無可分適有旁歧焉則往來之人不出一途而路與徑之名始別別名之興起於有他歧也歧者誰人人心中之我也我直道而行則當由之正路莫坦於此若委曲取巧從便則舍正路而不由於是乎始趨捷徑故道無徑路之異其所共由者一也而以正歧大小之殊爲所由之殊是故理無善惡二名因所由者之得效喪效以爲之別也得喪者善惡之實也善惡者得喪之名也必先有得喪而後有善惡得者謂之善喪者謂之惡故有得喪即有善惡苟無善惡則得喪必不立故指人爲善不如徑樂人之得也斥人之惡不如徑悲人之喪也善者固可欣善與人同即樂其得於彼也惡者尤可戚惡必禁止即悲其喪之及也謂讚其善爲揚善不如恤其辜爲隱惡也謗之訐之是曰樂禍故善者無責人之心而有厲己之志無稱己之功而有容人之量非曰爲德如

此即以同情於物也，彼可欣而我欣之，於我無所增。彼可憫而我哀之，於彼或有益。故如得爲不善者之情，有哀矜而無欣喜。非欲見情於人也，所以順得喪之誼耳。蓋善惡本一途，以用於物而殊。情如贍人資用，慈善也。有時不爲善，或損人。行止凶惡也，有時不爲惡，則當不當也。苟贍盜賊以資用而助其掠奪之威，爲慈善非乎？苟錮盜賊之行，止使不得逞其戕殺之暴，爲凶惡非乎？故行無善惡，由所爲之當否別也。同一事物而善惡殊，同一慈殺而善惡分，故不可一例視也。是以理也、名也、事也、物也、行也、止也、言也、默也，均無善惡之殊，而時也、勢也、地也、位也，均有當否之別。所別者在既爲之實，而非在欲爲之名也。準是說，凡於情實時勢地位見其得喪，即可以別其善惡。見其得喪之所及者或廣或狹，即可以別其善惡之量有輕有重，功罪之報有淺有深矣。故凡善惡之辨不出三途：一曰得喪之量，二曰得喪之範，三曰得喪之實。人能識此三者，則於理名事物行止言默之間，自能得其當然之節制，而止于至善之地，不復陷於放僻邪侈無所不爲之境矣。

第七章　善惡之對待可轉變

善惡二字，對待之名也，比較之詞也。世無絕對之善，亦無絕對之惡。子貢曰：君子之過，如日月之食焉過也人皆見之是君子亦有過也孟子曰雖有惡人齋戒沐浴則可以祀上帝是惡人亦有善焉可知善惡由於相形本無偏成之理試就周易繫傳太極兩儀之說徵之太極者天性之全也兩儀者陰陽之偏即善惡之分也喻如圓球而以白黑平分其半白半爲陽明爲善黑半爲陰暗爲惡太極本具陰陽之全既不能偏陽而無陰更不能偏陰而無陽善人不免有過惡人亦可爲善即在於此惜人每偏執一面而忘其全至使所餘相反之一面則隱而未見熏染積習尙能觀識之哉凡人喜怒哀懼愛惡之情無時不具而其轉現於象又頃刻萬變或顯或隱出入夫識域之上下顯在表則人皆得而見之隱在裏則惟愼獨之君子始能自覺也其發而皆中節也謂之和即謂之善其發而或失當也謂之乖即謂之惡故善惡者由性情和乖而有非截然異處者也若以爲善惡必判若兩人謬矣聖人不云乎以言取人失之宰予以貌取人失之子羽是故智者千慮必有一失愚者千慮必有一得賢不肖之分夫豈天定劃然亦每事適逢其機耳故曰不見可欲其心不亂蓋凡一切足以汨沒天性戕賊人靈者遠之疎之勿使近勿使見則心中自絕外物內欲之化即所謂不見可欲也不見可欲即自無可欲之心既無可欲之心即自無可欲之言之行故老子極意形容之曰其心不亂夫心之不亂豈易言哉心有所思則亂矣有所偏則亂

矣其亂之極至於心不在焉視而不見聽而不聞食而不知其味原其所由皆見可欲而心之亂也故不見可欲而心不亂者所以求未放之心辨危微之幾而性靈之至善無物欲之蔽無外內之鑠其性自中其情自和其靈自明即其知能自本乎天而良矣不然則既見可欲安知其心不亂哉見不見者偶然之機也亂不亂者作爲之事也不得其機不幹其事者人情囿於勢也非天性不爲也既得其機必幹其事者亦人情囿於勢也非天性樂爲也既得其機必幹其事者亦人情囿於勢也非天性樂爲也凡當然之理固有之良含靈之屬所同具也孔子謂聖人與人同類孟子謂人皆可以爲堯舜王陽明云滿街都是聖人夫果何所見而云然豈非深識良知良能聖凡同具匹夫匹婦與知與能之趣乎書云惟狂克念作聖惟聖罔念作狂一念之殊聖狂立異其幾甚微能不加愼正惟聖狂即是一人可知善惡即是一心猶之陰陽即是一道兩儀即是一太極也然何以吉人凶人之辨善積惡積之徵則同出而殊途分途以異觀耳蓋以圓球之白半即陽儀處向外則人見其善行所謂善人也善之能至純者爲聖人若以黑半即陰儀處向外則人見其凶德所謂凶人也凶之能悔改者爲吉人善惡雖同具一心而或表或裏則君子小人異其稱矣是故轉人欲而爲天理易私利而爲公義化小人而爲君子進庸凡而爲聖賢夫豈有他道

亦不過閑邪存其誠正己以律身耳誠正之士果欲變化氣質之不善以復其本性之至善可不於陰陽表裏三致意乎

第八章　爲善所以辨禍福之幾

書云天道無親常與善人訓曰國無以爲寶惟善以爲寶傳曰學無常師惟善是師是故作善者降之百祥作不善者降之百殃既見於商書伊訓之辭而積善之家必有餘慶積不善之家必有餘殃又見於周易文言之傳嗟乎福善禍淫天道之權世之人苟深明作善降祥作不善降殃之旨自當正一己之心誠一己之意聞善則服見善則遷有過速改無過加勉庶幾戒愼恐懼夙夜厲惕不復爲惡而可以爲善矣夫爲善之人雖在暗室屋漏之際對於良心可告無罪是故心日以正仰不愧於天俯不怍於人內省不疚於神明衾影可質愼禱無懈雖不獲福已自免禍使心不善又不知更遭幾許尤悔矣幸世之人勿以善小而勿爲勿以惡小而爲之河海始於泉流即小可以知大一滴之水不覺其輕重至穿石載舟而後知其固有力也易曰積小以成高大可不愼哉嗚呼周易十傳之作聖人之垂敎深矣是故善不積不足以成名惡不積不足以滅身小人以小善爲無益而弗爲也以小惡爲無傷而弗去也故惡積而不可掩罪大而不可解過涉滅頂

剝盧無國非一朝一夕之故其所由來者漸矣由辨之不早辨也善惡兩途要在辨之於早復小而辨於物則辨之早矣不遠之復以修身也復其見天地之心乎此禍福之幾也故曰君子知微知章蓋惡習浸膚滋蔓難圖故修身之道首在去惡務盡芟夷蘊崇之絕其根本勿使能殖則善者信矣是以君子之遠惡也斷以決心有若快刀之斬亂麻避之惟恐浼焉人能如此則於善惡兩途辨之審矣善念常生譬如春園之草雖不見其增而日有所長惡心時起譬如礪刀之石雖不見其滅而日有所消昔者宗聖三省其身關西四知垂戒虞廷著傳心之法孔門修克己之功獨於善惡之幾明辨若此豈不以一念之微即履霜之漸事可畏也故積善而有餘慶積不善而有餘殃不於其身必於其子孫無施不報古人之垂戒深矣夫十目所視十手所指則暗室屋漏尚宜警惕戒愼況乎著之於心宣之於口見之於行事之實乎人之動靜云爲可不嚴自心之戒哉苟誠嚮善則自天佑之吉無不利矣聖人之言又何疑乎

第九章　爲善所以盡爲人之道

夫天下之人同是戴髮含齒之屬何有善惡之分聖凡之別蓋人心皆善而未能自至於善天理皆好善而未必嫉視不善何也上天降賦人稟無不全予知能故孩提之童無不知愛其親及其

長也無不知敬其兄此皆不學而能不思而得隨在無不入於至善之地位也然可知天賦人秉之所同矣若其性僻情乖或至凶悍狠戾殘賊逃惡而不可與適人道者習於不善而喪其善非天命使然也人之過也其在天心無不期人爲善而人自違返天心敢於爲不善以自棄其善天心雖好善罔極而未能盡禁人之爲不善亦惟有任其惡貫滿盈自趨敗亡而已善之爲不爲人之能也非天也而福之授不授則天之權也非人也人自爲善天必福之而天初未嘗强人必爲善也人自爲不善天必禍之而天初未嘗禁人爲不善也人自作之人自受之天固未嘗有須臾之干涉而積善餘慶之福報積不善餘殃之禍報皆人之自召禍福自取眚祥耳與天乎何有所爲善所當爲也當爲則必爲之所爲惡所不當爲也所不當爲則必不爲之爲與不爲在人非在天自以爲可爲而爲耳夫以當然必爲之善而希冀爲善必報之心是以善沽福祥也非爲善也爲報也此善人不得而見之歎所以興於聖人之感也人能爲所當爲不爲所不當爲斯可以爲善矣惟爲善所以盡爲人之道本良知之能非爲責報而爲善欲以自安於吾心焉耳莊子所謂泰宇定而天光發論語所謂從心所欲不踰矩大學所謂心廣體胖者其殆爲善之報見而盎背動於四體暢於四肢者如此苟爲善而有責報之心愈於爲不善與不爲善者幾希若夫爲善必

報乃自然造化之流行無心求報而自天佑之不得不爾喻如著火必焚入水必濕炭不期其煖而自煖冰不期其冷而自冷此即善惡感應之理也人每爲感應之理或不必盡然如某也爲富不仁某也善而多困或當福而反禍或當禍而反福其例皆鑿鑿然可舉也世人執此說也則以爲禍福之不應嗚呼豈眞不應耶未之全見耳或先福而後禍或因禍而得福是故禍者福之倚也福者禍之伏也如夏之伏陰冬之伏陽非有嚴寒何有酷暑欲明其故不可不研求所以感應之理夫有施必有報有感必有應造化之理不爽毫末雖有輕重遲速遠近先後之殊而隱顯微著至不能逃於兩氣之間猶之出乎家者不得不歸之家借物於人者不得不返諸原人也故感應之理轉折委曲或有之其究也無謬此出乎爾者必反乎爾言悖而出者亦悖而入貨悖而入者亦悖而出其出其入絲毫不二正感應之可見者也古人之言天也曰天道無私曰天道至公又曰以其心普萬物而無心又曰皇天無親常與善人可知惠迪則吉從逆則凶禍福無門確在人之自召矣是故禍因惡積福緣善慶人欲免禍而求福者其可不默存善字而止於至善耶

第十章　如何可以爲善

夫誠意爲善者刻刻存心孜孜爲善猶如不及至於無時不念善無動不行善無言不語善以是

故一日有三善猶之爲惡者之身口意三業日造其過也若曰必有時地乃可以爲善則苟非其時非其地善不足爲矣或須旁人慫恿乃可以爲善則苟無勸導無同志善亦不足爲矣是不然也是皆有待而爲之者也善本無所待在我不在物由內非由外其人之材力奚乎然人莫不好善聞人談善舉善德則色然喜景然慕聞人談惡事惡德則艴然怒懲然戒是人人全具善因而不必皆得善緣也有材力者未必即能爲善則材力亦不足恃也惟有志者事竟成具大願者雖備嘗困苦有百折而不磨也故卒底於成是爲善以志願爲歸誘有所待吾直謂之不欲爲善而已

第十一章　如何可以不爲惡

人之所以不爲惡者蓋有四故一曰時地不暇爲二曰力量不能爲三曰畏懼不敢爲四曰志願不屑爲時地不暇爲者謂其人或有爲之之心而無爲之之時無爲之之地非不欲爲也乏相當之機宜是以雖欲爲而不暇爲且所謂不暇者以其心力盡於他事出作入息竟無爲之餘暇遂至不遑更生欲爲之念然謂之不暇則可謂爲不願則未也此正所謂不見可欲者其本心何嘗有不爲之志哉力量不能爲者非徒不暇爲材能且有不足也無爲之之利器無爲之之天資需

爲之之學力所以姑且忍耐縱有欲爲之心念可爲之時地亦惟有悵然不爲耳若假以利器賦以天資助以學力則其發也勃焉勢且不可遏矣畏懼不敢爲者以上懾於道德之名中顧聲譽之揚下畏法律之及故自束其心痛自抑制兢業戰栗而不敢放肆所謂勉强而行之也此等人較之前二者爲愈雖有時地材力亦必不肯爲然非本心之不爲也有所畏也進而上之乃可以爲君子若夫志願不屑爲者誠本心之不欲爲也其志向高超願望遠大不以當時之環境自局其量雖勸之爲惡而必不肯也即誘之以利而利本不貪挾之以勢而勢有不行夫至雖勸之而亦不肯爲正所謂一介不義不以與取富貴威武且不可屈況其他乎至矣其聖賢夫

第十二章　懺悔何意

懺者除也除舊布新之謂也悔者改也改過遷善之謂也除舊布新則去其舊染之汚明其自新之德傳曰舍其舊而新是謀新者與其進也與其潔也之意故曰其德維新改過遷善則知過必改見善必遷傳曰過而能改善莫大焉善者惟善爲寶惟善是師之意故曰止於至善懺者殲也字實從心從殲省有絕滅之意必使舊染之汚絕迹胸懷靡有孑遺方足稱懺悔者誨也字實從心從誨省有教訓之意有一不善未嘗不自知也知之未嘗復行也所謂不使復也故曰不貳過

必如顏子之不貳過方足稱誨。是以遇一椿苦楚則多受一椿教訓。遭一次失敗則多添一次覺悟。逢一番挫折則多得一番學問。如此悔而革革而新。悔而悟悟而變故能獲益。若徒事噓吁嗟歎悼憾悽惻雖日夜綢繆而無絲毫補救則謂之吝可耳憂虞可耳。夫悔者自誨也。不自誨則悔心何從生。懺者自殲也。不自殲則懺心何從起。而必先絕滅惡意之源然後善念乃能滋生故懺字在前。亦必有教訓善念之方庶使惡意不再萌芽故悔字承後。二字相足偏廢不得。若徒有悔心而惡意姑息不去或雖去而除惡未盡則死灰可以復燃將來惡意蔓延連善念皆捲入旋渦豈非怙惡不悛之咎乎。又若徒有懺心而善念仍舊不生或雖生而樹德未滋則夜氣終至牿亡將來善念潛消致惡意復盡力膨脹豈非爲善不卒之咎乎。是故去惡務盡樹德務滋二語實懺悔二字之確切註腳。學者自當奉爲圭臬以作座右箴銘。庶幾能改過即是能懺能遷善即是能悔。如此簡易明白何爲支離煩遁務爲異說曲解哉。古人止言一悔字後世乃云懺悔俗亦稱懊悔實即悔悟也。懊者懊惱懊喪之意懊爲自悔前非也。悟者覺悟解悟之意悟必由悔後得也。如以懊悔悟三字相連則悔之義益明。凡人因放而過過而失失而懊懊而後悔悔而後悟悟則必改改必遷遷乃善善乃得。如是懊悔悟三字嗣續相生之義既明而懺悔二字之義亦得矣。

第十三章　聖門寡過之學

踐形癖嗜國故，尤寢饋於易學，三十年來，尚友古人，自覺視聽言動，猶未能一遵易教，深自媿疚。夫易道廣大精微，實我中華最古之國粹，六經諸書，悉被秦火，惟易經獨免亘刼，故研究易經，尤足以窺見羲文周孔之精義微言，此易經在國故學中最稱完備也。我孔子讀易，用功之勤，至於韋編三絕，鐵撾三折，以此發明爲人處世之正道，不禁自喜曰：加我數年，五十以學易，可以無大過矣。此易經所以爲敎人寡過之書也。諺云：人非聖人，孰能無過，雖然，聖人何嘗無過哉，視聽語默之間，一或失檢，終稱非禮，所謂君子之過，如日月之食焉，過也人皆見之，故孔子曰：丘也幸，苟有過，人必知之，是聖人且不能無過焉，則常人之過，豈能獨免乎。惟君子有過必自知，自知必自改，又所謂及其更也人皆仰之，不若小人之文過飾非，揜其不善而獨著其善也。傳曰：人孰無過，改之爲貴，又曰：過而能改，善莫大焉，過而不改，是謂過矣。是故過者，盡人之所不能免，而君子小人之別，則在能改與不能改耳，能改則人仰爲君子，不能改則自甘爲小人，一念之悟，而善惡判途。故孔子平日誥誡門弟子三千人者，首在敎人寡過之方，曰：過則勿憚改，勿憚改者，過而不復爲其過，以蹈覆轍爲戒，所謂善補過也。且所貴爲聖人者，非以其無過，正以其善補過也，故孔子曰觀過斯知仁矣夫勇如子路人告之以有過則喜是子路之樂聞己過所以爲大勇也賢如顏子以不二過著聞是顏子之不二過所以爲大賢也孔子歎美顏子之賢而嘉許子路之勇是以改過爲貴足稱爲人之表率而全符易致寡過之義也周易益卦象傳曰風雷益君子以見善則遷有過則改朱子曰風雷之勢交相助益遷善改過益之大者而其相益亦猶是也程子曰君子觀風雷之象而求益於己爲益之道無若見善則遷有過則改也見善能遷則可以盡天下之善有過能改則無過矣益於人者無大於是蓋善惡之間不容毫髮有過則惡無過則善苟能改過即是遷善苟能遷善即是改過與其存心爲善無甯克念改過故見賢思齊見善則遷一見於聖人之書而觀過知仁獨詳審於聖人之門也雖然改過遷善豈易言哉孔子嘗自道以警後學矣曰聞義不能徙不善不能改是吾憂也而其親善遠惡之極至於見不善如探湯此正周易遯卦象傳所謂君子以遠小人不惡而嚴也故於顏子之問而有四勿之目非禮勿視非禮勿聽非禮勿言非禮勿動如此庶乎過自寡而善自長矣明劉蕺山先生人極圖說終之曰遷善改過以作聖可知作聖無他道祇在能自改過遷善而已改過遷善則聖域可登此易道之所以爲聖道而學易之卽所以學聖也願世之治易君子於此研幾極深而身體力行焉

入聖階梯爲人必讀　卷三

楊踐形講

第三篇　識仁之本

第一章　仁字之定誼及界說

仁之爲字於六書屬會意从人二者或說以爲即相人偶之誼蓋以對於人而能盡其彼此相與關係之道則所謂仁也相與關係之道即人之所以爲人之道也夫人之生也不能離羣而獨居故於己身之外必對人有相與關係之道此人道之所由立也人道之所由立即仁德之所由生其實始自二人以上有相與關係者存也此仁之爲字从人二之說也然考諸仁之古文則有作忎者形頗似忍故有仁者忍也之誼其實从人心以會意也繕寫者作人如千後世有誤以仁爲千心者大謬不知千之爲文本从人而識之以爲十而古人作書者輒加點畫以識其美故人心之仁每加識於所从之人而幾似於千故誤以爲千心耳或曰千之爲言以喻衆人使人加識以似千正所以形其能容衆人之度量明其人不一人而有以盡夫衆人之心者斯爲能存仁心也仁从千心夫奚不可雖然其意則是而其說則非夫仁人心也出於孟子之說以與義人路也爲偶不聞仁有千心之說也然即以千爲喻衆人而衆人之量有限猶千之數有限也苟以有限

量之數而指無限量之人者是所指之人皆有量之可限矣況以無限量之心而存有限量之衆乎是所存之心又有量之可限矣夫人之量猶可以有限言而心之量則未始可以有限言也孟子所謂仁人心也此以人心言仁即以人道存心者言仁也以人道存心言仁則凡爲人於天地間者無乎不存而人心之人豈復有量可限哉故仁字之定誼若界說自當以孟子之說爲正然孟子之說亦非孟子所自撰也蓋本諸子思子之傳而實私淑於孔子者也

第二章　仁德內蘊在能踐此爲人之道

子思子憂道學之失傳也而作中庸上承家學之淵源以發乃祖之微言其解仁字之誼較諸孟子之說尤簡而盡蓋可於敘孔子荅魯哀公問政之言見之承人道敏政而曰爲政在人取人以身修身以道修道以仁又繼之以仁字之訓曰仁者人也子思子之所引非即孔子之所說乎非即孟子人心之說乎即人道以爲仁而不煩辭費非孔思之訓尤簡而盡乎善乎朱子之註曰仁者天地生物之心而人得以生者又曰人指人身而言具此生理自然便有惻怛慈愛之意蓋人之身既得人之理以生即人之心必存仁之德以發也然則仁者非他即人之所以生也人是所生之物仁是所生之理蓋人道是也此仁之本誼即爲人之道也是故好仁非他愛好此爲人之

道也。欲仁非他。願學此爲人之道也。志仁非他。趨向此爲人之道也。依仁非他。優游此爲人之道也。求仁非他。踪跡此爲人之道也。蹈仁非他。循踐此爲人之道也。爲仁非他。施行此爲人之道也。得仁非他。實有此爲人之道也。歸仁非他。共由此爲人之道也。近仁非他。庶幾此爲人之道也。能仁非他。習熟此爲人之道也。成仁非他。成就此爲人之道也。安仁非他。充踐此爲人之道。安之若素也。利仁非他。充踐此爲人之道。利於有爲也。當仁非他。力肩此爲人之道。仁以爲己任也。違仁非他。心存此爲人之道。有時不免或忘也。去仁非他。拂逆此爲人之道。而自暴自棄自遠乎仁也。親仁非他。人而有此爲人之道。則親近焉。就正焉。取以爲師友之資也。輔仁非他。取資於師友。以匡我。翼我。輔長此爲人之道也。居仁非他。位此天之尊爵以爲貴。處此人之安宅以爲樂。立乎此爲人之道而不遷也。有意破壞此爲人之道。則爲賊仁。無志保全此爲人之道。則爲害仁。程明道有識仁之篇。庶幾認識此爲人之道。而有以奮勉矣夫。

第三章　仁功外發在能推此爲人之道

仁者。人也。固述於子思子之作中庸。而孟子盡心篇亦云。仁也者。人也。是以入釋仁實思孟之所同。於此足徵思孟傳授之道統。相承一貫。有如此者。而告子篇則云。人仁心也。蓋就仁之存乎天理者而言則仁者爲人之道也故曰人也又就仁之存乎人情者而言則仁者本此爲人之道存諸己心而推諸人物者也故曰人心也其誼實非殊也總之聖人千言萬語無非教人爲人之道人能不違此爲人之道自然可以自臻於仁至於視聽貌言不離乎仁則五事無非率性而肅乂哲謀聖之道在是矣至於父子兄弟不離乎仁則五倫無非本天而親義信序別之道在是矣是則舍仁別無人亦別無道嘗謂既得形人之身而可不盡爲人之道乎人而果能盡此人爲之道以踐諸身則世謂之仁人也是故本此爲人之道以存諸心則仁心也發此爲人之道以宣諸口則仁言也體此爲人之道以措諸事業則仁術也推此爲人之道以施諸民物則仁政也存宣措施此爲人之道其德蘊諸一己而其澤溥諸天下則仁聞也其績著諸事業而其功播諸歌頌則仁聲也以之爲身即慈祥愷惻而無不善也以之爲家則敦厚和睦而齊且正也以之爲國則保民而王莫之能禦所以無敵於天下也是故天下之本在國國之本在家家之本在身而修身以道修道以仁其端亦不過自盡此爲人之道而已

第四章　諸家仁字訓釋

孔子教人以仁爲本思孟繼之其道一貫故仁者聖賢傳道之學也在易又謂之元蓋仁之與元

其字形雖別其字誼未嘗不同依六書正譌及六書精蘊之說則天地之大德所以生生者元也人之所以靈長於萬物者仁也故元字从二从人仁字从人从二在天爲元在人爲仁在人身則爲體之長孔子嘗著仁元一誼之旨於易乾文言傳有曰元者善之長也又曰君子體仁足以長人仁元二字並從二人相會成意即並有長之誼也由是而發焉則謂之長長卽本也長善行之本在乎元長人道之本在乎仁而惟盡人道者乃能有善行是仁即元元即仁也故文周言元而孔子言仁夫發明仁字之功雖必推原孔子而權輿仁字之用實不始自孔子其仁字之見於古書者莫若書經先周書金縢篇曰予仁若考能多材多藝是周公之詞也至於僞古文商書仲虺之誥則已有克寬克仁之語矣此先乎孔子而以仁爲說者也其後乎孔子而以仁爲說者則無非以孔子之說爲說也思孟之外其說厥推莊子天地篇曰愛人利物之謂仁愛人謂仁非即孔孟愛人（樊遲問仁子曰愛人又孟子曰仁者愛人）之說乎漢鄭康成亦曰仁者愛人以及物是也許祭酒說文解字以爲仁者親也以親爲仁非又即思孟親親（中庸曰仁者人也親親爲大孟子曰親親仁也）之說乎唐韓昌黎則曰博愛之謂仁宋周濂溪曰德愛曰仁程明道曰仁者以天地萬物爲一體李延平曰仁者當理而無私心朱子曰仁者心之德愛之理又曰仁者無私心而合天理之謂綜觀以上諸家之說則仁之爲仁其誼可以

知矣仁之誼爲人之道也在於己則能自盡爲人之道對於人則能充盡推愛之念故仁之用爲愛之理也擴仁之量必自能愛始愛者天地萬物之心人道之所同也時無古今地無中外俗無文野說無新舊苟是人類無不知有所謂愛焉即凡釋迦之慈悲墨翟之兼愛耶穌之博愛雖其爲愛不同而未有不出於仁之一念者仁之爲誼廣矣大矣舉天下之至善無以加於仁矣

第五章　仁爲孝弟之本

孔子之仁說莫備於論語一書當時門弟子各記所聞各述師說其理最爲詳盡然其能與仁說相發明者莫如一貫之道孔子所謂吾道一以貫之者蓋即指仁之全體而言也孝弟忠恕仁中之一德也而忠信實本孝弟而出故以曾子之孝方能唯然頓悟一貫之傳至謂夫子之道忠恕而已矣堯舜之道孝弟而已矣蓋互辭可以見意又足徵忠恕之必本孝弟而出也學而篇記有子曰君子務本本立而道生孝弟也者其爲仁之本與以孝弟爲爲仁之本正所謂百善以孝爲先故孝經云夫孝德之本也教之所由生也又云愛敬盡於事親而德教加於百姓刑於四海又云天地之性人爲貴人之行莫大於孝又云聖人之德又何以加於孝乎故孝爲百行之原泰伯篇曰君子篤於親則民興於仁上行下效感化之深至於民皆興仁則仁之德澤溥矣而其始不

過在君子之自篤於其觀自篤於其親非孝之誼乎推事親之孝移以爲事長之心非卽弟之誼乎推孝弟之心以施諸民物事業則爲忠恕故曰惟孝友於兄弟施於有政是以聖人親親而仁民仁民而愛物此孝弟所以爲爲仁之本也

第六章　仁卽知能之良

人之所以爲學與聖人之所以爲敎不過復其本然之初固有之性不學不慮之體以充踐此爲人之道而已外乎爲人之道者無所謂學無所謂敎也夫人莫不有能有不待學習而自與成法照合者乃吾性初天然自具之能卽孟子所謂良能也亦莫不有知有不待思慮而自與至理默契者乃吾性初天然自具之知卽孟子所謂良知也良知良能皆本吾良心之所發也所謂良者本然之善也善之本也卽仁之本也與生俱生性初自具故不待學慮而無不能無不知程子曰良知良能皆無所由乃出於天不係於人以余觀之雖不係於人欲亦未始不本乎人情惟良知良能之發見於何觀之最爲切實試觀孩提之童其於親也顧之則能知喜違之則能知戚唉而遠也則能知慕是無不能知孝其親者也其於長也臨之則能知畏加之則能知讓出有往也則能知隨是無不能知敬其長者也孟子曰親親仁也敬長義也（盡心篇）又曰仁之實事親是也義之

實從兄是也離婁篇　夫仁主愛愛莫切於愛親孩提之愛即仁之本也義主敬敬莫先於弟長稍長之敬即義之始也仁義者天下之公理愛敬者天下之公心本天下之公心以行天下之公理此人道之至也於是上老老而民興孝始於一人之愛其親達之天下至於人人無不愛其親所謂君仁莫不仁也上長長而民興弟始於一人之敬其長達之天下至於人人無不敬其長所謂君義莫不義也此天理之大同實人心之至公矣嗚呼仁義之道其用至廣至大而其實不越乎愛親敬長之間蓋良心之發最爲切近而精實者於孝弟足以徵之有子以孝弟爲爲仁之本實緣孝弟二德性初自具不待學慮而無不知能所以爲人道之本也人之所以爲學與聖人之所以爲教不過復此性初不學不慮之體始自此人道之本推之於民物事業擴而充之而仁不可勝用矣

第七章　仁乃禮樂之實

孟子既以仁義之實爲事親從兄之道矣又繼之曰知之實知斯二者弗去是也禮之實節文斯二者是也樂之實樂斯二者樂則生矣生則惡可已也惡可已則不知足之蹈之手之舞之離婁篇

蓋惟眞知孝弟二者爲爲仁之本則篤守而固執之實踐而力行之俾不學不慮之體全我性分

之所固有盡我職分之所當爲而無或遺外無或失墜是孝弟二德已在我矣則其餘諸德莫非由此一理而類推之本乎一貫而擴充之而已果能此道矣乃所謂知之實也孔子曰知及之仁能守之莊以涖之動之不以禮未善也（論語衛靈公篇）是不徒仁與義相維仁與知相維仁亦與禮相維也故顏子問仁而孔子以復禮告之是復禮即所以爲仁也亦行仁即所以盡禮也禮非仁則人心已亡仁非禮則節文何存惟其節文孝弟二德以底於大中至正其他皆可由以漸充此乃禮之實也是故以禮制知則精而不失於蕩以禮輔仁則溫而不失於寬以禮御莊則威而不猛故安上治民莫善於禮之和也及其至也自然從容乎孝弟二德樂以行之無事勉强焉夫至於樂則不見其難而但覺其易於是愛親敬長之心油然自生矣愛敬之心既生而蘊蓄諸內則愛敬之事必發而形著於外有欲罷不能之勢惡可已也由是心與道化道與心俱性與德合德與性成手舞足蹈皆懿德之動乎四體者耳此行仁至於純熟然後發揮爲禮樂之實聞武城弦歌方知里仁爲美以人道感化之仁德爲移風易俗之利器此本先王制禮作樂之遺意也不然人而不仁其如禮樂何哉

第八章　仁在好惡之當

仁者本乎天性而發乎人情方喜怒哀樂之未發性也惟仁之德雖內蘊而不形及喜怒哀樂之既發情也斯仁之迹乃外溢而始彰凡可指爲仁者未有不見於行事之實者也若其徒存諸己心而不施諸於民物則雖德邁伊周功擬禹稷仁而何用其誰能淑故所謂仁者人道之著於好惡之情者也論語里仁篇曰惟仁人能好人能惡人禮記大學篇亦曰惟仁人爲能愛人能惡人里仁篇云好人無異大學篇云愛人也大學篇云愛人本即顏淵篇云愛人也夫好善而惡惡天下之同情也然人每失其正者心有所繫而不能自克也惟仁人至公無私故能好惡不偏於所私惟仁人正己循理故能好惡悉當於至理惟仁人一以爲人之道自安無所謂愛好也人能合於其仁以自盡爲人之道則本其親仁之理而愛好之心生焉故見一善也從而揄揚之揄揚之不已又從而左右成就之成人之美不啻其在己焉是爲能愛人能好人矣亦無所謂惡也人或拂乎其仁以自棄其爲人之道則本其惡不仁之念而惡之心生焉故見一不善也從而懲創之懲創之不已又從而哀矜惻怛之去人之惡不啻其切膚焉是爲能惡人矣仁人雖愛好人矣而其心實未嘗有所愛好也仁人雖憎惡人矣而其心實未嘗有所憎惡也當好則好當惡則惡好惡於我有何與哉仁人之心無非同人之心而已然而衆好之必察焉衆惡之必察焉苟非實見

其有可好之狀雖衆所共好亦未敢輕於賞也苟非實究其有可惡之處雖衆所共惡亦未敢濫於罰也惟其知之眞故好惡能各盡其量蓋眞知仁之可好則知天之所以與我者惟有此仁吾之所以爲情者惟有此好而天下事物無以尚之故其心誠在於仁而無爲惡之事矣眞知不仁之可惡則惡之必極其嚴即其生平之所以爲仁者私自內生不使一息之偶萠欲自外誘不使一毫之少雜早於不仁未加之先豫絕其端不待及身而後克之矣故孔子曰好仁者無以尚之惡不仁者其爲仁矣不使不仁者加乎其身（論語里仁篇）夫好仁者固所以爲仁而惡不仁者亦所以爲仁惟人能爲仁所以好仁而惡不仁也好仁而惡不仁所以好惡當理無私發乎人情即本乎天性也

第九章　仁統四德爲首

昔者文王演易而作彖辭首著元亨利貞之四德于乾卦厥後孔子贊易而傳十翼于文言乃以性之四德仁義禮智釋之曰元者善之長也亨者嘉之會也利者義之和也貞者事之幹也君子體仁足以長人嘉會足以合禮利物足以和義貞固足以幹事君子行此四德者故曰乾元亨利貞孟子私淑孔子而謂君子所性仁義禮智根于心又謂仁義禮智非由外鑠我也我固有之也

其言仁義禮智之實也則曰仁之實事親是也義之實從兄是也知之實知斯二者弗去是也禮之實節文斯二者是也其言仁義禮智之端也則曰惻隱之心仁之端也羞惡之心義之端也辭讓之心禮之端也是非之心智之端也此即人之心有是四端也凡有四端于我者知皆擴而充之矣故其言四端之擴充即爲四德也乃曰惻隱之心仁也羞惡之心義也恭敬之心禮也是非之心智也此言恭敬之心猶彼言辭讓之心也孟子在公孫丑篇以爲四端在告子篇又以爲四德彼欲其擴充此著其本體故言有不同也至言其非由外鑠而固有也一則曰惻隱之心人皆有之羞惡之心人皆有之恭敬之心人皆有之是非之心人皆有之一則曰無惻隱之人非人也無羞惡之心非人也無辭讓之心非人也無是非之心非人也人之所以爲心者要不外是四端亦即心之所以爲性者要不外是四德也夫既人皆固有之矣則無之者必非人類所宜也可知然此四德者分言之則仁之于父子也義之于君臣也禮之于賓主也智之于賢者也（孟子盡心篇）而有仁義禮智四德合言之則仁統四德之首以爲長也是故可以稱元大哉乾元萬物資始至哉坤元萬物資生天道以元統易之四德故人道以仁統性之四德而義禮智又各爲其所以爲仁之一體焉

第十章　仁與諸德互明

夫義禮智三德固由仁所統而分具一體亦與仁爲耦而互辭以明計其所耦約有三互一仁義互明二仁知互明三仁禮互明是也一仁義互明者如禮記中庸篇云仁者人也親親爲大義者宜也尊賢爲大孟子梁惠王篇云未有仁而遺其親者也未有義而後其君者也盡心篇云親親仁也敬長義也殺一無罪非仁也非其所有而取之非義也居惡在仁是也路惡在義是也居仁由義大人之事備矣離婁篇云吾身不能居仁由義謂之自棄也仁人之安宅也義人之正路也告子篇云仁人心也義人路也此皆仁與義相爲對待而言也盡心篇又云人皆有所不忍達之于其所忍仁也人皆有所不爲達之于其所爲義也人能充無欲害人之心而仁不可勝用也人能充無穿窬之心而義不可勝用也此則互言仁義之充達也梁惠王篇云賊仁者謂之賊賊義者謂之殘此又並言仁義之違反也而孟子之對梁惠王也一則曰何必曰利亦有仁義而已矣再則曰王亦曰仁義而已矣何必曰利一再云仁義而已矣即一再云何必曰利也故仁與義之相爲對待有如此者此皆仁義之互明也仁知互明者如中庸篇云成己仁也成物知也論語顏淵篇云樊遲問仁子曰愛人問知子曰知人雍也篇云知者樂水仁者樂山知者動仁者靜知者

樂仁者壽又曰務民之義敬思神而遠之可謂知矣仁者先難而後獲可謂仁矣孟子公孫丑篇引子貢曰學不厭知也教不倦仁也盡心篇云知者無不知也當務之爲急仁者無不愛也急親賢之爲務堯舜之知而不徧物急先務也堯舜之仁不徧愛人急親賢也孔子不云乎擇不處仁焉得知此皆仁知之互明也仁禮互明者如孟子離婁篇云仁者愛人禮者敬人是也又如論語顔淵篇云一日克己復禮而天下歸仁焉八佾篇云人而不仁如禮何此皆仁禮之互明也外此有仁勇互明者如論語憲問篇云仁者必有勇勇者不必有仁是也有仁恕互明者如孟子盡心篇云彊恕而行求仁莫近焉是也有仁聖互明者如論語述而篇記子曰若聖與仁則吾豈敢抑爲之不厭誨人不倦則可謂云爾已矣他日又曰默而識之學而不厭誨人不倦何有于我哉證以孟子所引辭氣如出一轍益信仁聖之有以互明矣是故苟志于仁矣必無惡也若君子去仁惡乎成名仁之不可緩也如是夫奈何竟有人而不仁者其如禮樂云何論語述而篇孟子嘗以仁與利互明之亦有仁義何必曰利陽貨嘗以仁與富互明之爲富不仁矣爲仁不富矣孟子滕文公篇引或人之問仁而不佞孔子之答不知其仁焉用佞又以仁與佞互明之論語公冶長篇聖賢之體貼人情也則曰觀過斯知仁矣論語里仁篇是仁與過可互明也聖賢之策勵人志也則曰仁則榮不仁則辱孟子

公孫丑篇是仁與榮又可互明也若夫仁知之互明兼有及于勇以成三德者中庸篇所謂知仁勇三者天下之達德也孔子曰好學近乎知力行近乎仁知恥近乎勇此三者雖未及達德而皆可爲入德之門故言三近子罕篇既依三近三達德序而曰知者不惑仁者不憂勇者不懼憲問篇又曰君子道者三我無能焉仁者不憂知者不惑勇者不懼尹氏嘗辨明其說謂成德以仁爲先進學以知爲先故夫子之言其序有不同者此皆三達德之說也又或以仁知之互明兼有及禮者衛靈公篇所云知及之仁能守之動之以禮是也孟子離婁篇亦云愛人不親反其仁治人不治反其知禮人不答反其敬此皆本性之四德而義不與焉四德再加信則謂性之五常也反者反求諸己而已矣故云有人于此其待我以橫逆則君子必自反也苟自反而仁且禮矣其橫逆由是也君子必自反也我必不忠離婁篇前文下盡心篇又云反身而誠樂莫大焉彊恕而行求仁莫近焉曰忠曰恕皆自反諸身而得斯盡己推人之道實即無間則仁之一貫也孔子曰吾道一以貫之一者仁統四德爲首而與諸德互明也貫者曾子曰夫子之道忠恕而已矣人能明乎此誼始可與言仁矣

第十一章　仁與榮辱之關係

入聖階梯爲人必讀

入學階梯爲人必讀

論語里仁篇記孔子告曾參曰吾道一以貫之而孟子離婁篇又引孔子曰道二仁不與而已矣吾道之道猶是道也何以論語記道一而孟子引道二耶道一者專指仁德之純亦不已也道二者分言仁與不仁之相爲對待也朱子云二端之外更無他道出于此必入乎彼君子之動靜語默可不于仁不仁之間而加之意乎仁則自充踐爲人之道不仁則自暴棄爲人之資孟子嘗極言其不可避之效以勉世人矣所謂仁則榮不仁則辱（公孫丑篇）夫人孰不好榮而惡辱然榮辱皆非外至實由我之仁不仁致之人而苟志于仁矣雖不期其有榮也然榮固不得不自來歸人而或爲不仁矣雖甚懼其有辱也然辱亦不得不自來歸榮辱之歸各有其道故曰道二得其道則榮失其道則辱故曰道一孟子分言各有其道故區仁與不仁而二之孔子統言貫得其道故就仁之無間而一之其實孟子所引道二之道不外孔子所教道一之道意有所指故詞有不同也且孔子亦嘗分言仁與不仁矣如曰人而不仁如禮何人而不仁如樂何（八佾篇）又曰人而不仁疾之已甚亂也（泰伯篇）又曰不仁者不可以久處約不可以長處樂又曰惡不仁者其爲仁矣不使不仁者加乎其身（皆里仁篇）又言舜禹之有天下選于衆舉皋陶伊尹而曰不仁者遠矣（顏淵篇）又斥宰我無三年之愛父母爲不仁（陽貨篇）此孔子分言仁不仁之明證也此外子思子云仁者以財發身不仁

者以身發財陽虎云爲富不仁矣爲仁不富矣亦皆分言仁不仁也惟孟子更極意形容仁不仁榮辱之至曰夫仁天之尊爵也人之安宅也莫之禦而不仁是不智也不仁不智無禮無義人役也人役而恥爲役由弓人而恥爲弓矢人而恥爲矢也如恥之莫如爲仁（公孫丑篇）曰天爵榮之至也曰人役辱之至也如恥人役之辱而羨天爵之榮也莫如去不仁而爲仁以此證仁則榮不仁則辱尤有力雖然榮辱之效僅言其端非仁不仁之至也若言其至也孟子所謂仁之勝不仁也猶水勝火今之爲仁者猶以一杯水救一車薪之火也不熄則謂之水不勝火此又與于不仁之甚者也（告子篇）夫水能克火火固不能勝水也則仁者能勝不仁不仁者不能勝仁也然能勝之于所勝亦必有其可勝之量之程焉苟逾其量若程則可勝亦未必勝也杯水輿薪逾量若程已超數倍又安能勝雖然謂水之力不足以勝火可也謂火勝水則不可也故又曰不仁而可與言則何亡國敗家之有（離婁篇）然則仁之勝不仁也復又何疑乎此榮辱之至道二之所由也

第十二章　仁與富貴之關係

禮記大學篇云仁者以財發身不仁者以身發財孟子滕文公篇云爲富不仁矣爲仁不富矣如斯二言也似仁與富相對待而不相並行矣踐形謂爲富不仁或有之爲仁未有不富者也孟子

引陽貨之言豈欲求爲仁而不富哉正欲使爲富之不可不仁耳且孔子嘗言之矣富與貴是人之所欲也不以其道得之不處也貧與賤是人之所惡也不以其道得之不去也里仁篇夫人孰不欲富與貴而惡貧且賤哉然或處或不處或去或不去則得其道與不得其道爲之其道者何道也爲人之道即仁道是也得其道者仁則榮故富與貴處之貧與賤去之不得其道者不仁則辱故富與貴不處貧與賤不去也然以聖賢之存心觀之則君子謀道不謀食憂道不憂貧苟非其義一介不以與取不義而富且貴于我如浮雲國無道富且貴焉恥也富貴在天非可幸致富而可求雖執鞭之事吾亦爲之如不可求從吾所好學也祿在其中矣聖賢亦人豈獨不欲富與貴哉正謂得之必以其道耳若不以其道得之則君子有弗爲也故天下有達尊三而仁者有其二孟子曰彼以其富我以吾仁彼以其爵我以吾義公孫丑篇是知仁義之不爲不富貴也且爲仁則統萬善而無所不有舉天下之富莫與比倫即不爲凡富定爲義富易不云乎富有日新況乎行仁尤盛德大業之至乎不過仁者散財以得民不仁者亡身以殖貨財耳故謂不仁者之不善處其富則可謂仁之不能有其富則不可也孟子謂君不鄉道不志于仁而求富之是富桀也告子篇又曰君不行仁政而富之皆棄于孔子者也離婁篇然則富之未嘗不可獨不仁而富之是助不仁而

濟其惡也。于理有所不可。孟子謂梁惠王曰。王曰何以利吾國。大夫曰何以利吾家。士庶人曰何以利吾身。上下交爭利而國危矣。然則不行仁義而求富利者。富利不保。而危害踵至。不仁者烏能有其富哉。惟仁者而後能有其富也。

第十三章　仁與安危之關係

孔子之言仁者不憂也。一見于子罕篇。再見于憲問篇。孟子之言仁人之安宅也。一見于公孫丑篇。再見于離婁篇。孔孟之于仁。何其相依之至也。豈不以居安宅之仁。由正路之義。則大人之事備矣。若吾身不能居仁由義。謂之自棄也。曠安宅而不居。舍正路而不由。哀哉。里仁篇曰。仁者安仁。蓋惟仁者內心不疚。何憂何懼。從心所欲。無不自得。所以比于人之安宅也。然君子有終身之憂。而無一朝之患。乃若所憂則有之。舜人也。我亦人也。舜爲法于天下。可傳于後世。我猶未免爲鄉人也。是則可憂也。憂之如何。如舜而已矣。若夫君子所患則亡矣。非仁無爲也。非禮無行也。如有一朝之患。君子則不患矣。（離婁篇）夫孔子言仁者不憂。而孟子乃言君子有終身之憂。又何說之互睽也。不知孟子所言有終身之憂者。正指與賢之殷憂。先天下之憂而憂也。維其有終身之憂。故能無一朝之患也。終身之憂。憂而安樂者也。一朝之患。憂而危險者也。仁者有安而無危。故有終身之憂而無一朝之患也孟子既言仁者之安矣更極言不仁者之危曰不仁者可與言哉安其危而利其菑樂其所以亡者不仁而可與言則何亡國敗家之有（亦離婁篇）蓋不仁者不知危險之可畏反據以爲安不知菑害之可虞反趨以爲利不知荒淫暴虐所以取亡之道反恬然以爲甚樂使不仁而可與言則感悟有機挽回有路何處至于亡國敗家哉惜乎不仁者之卒不可與語也此一朝之患所以留爲不仁者作最後之警戒歟可知仁與不仁正安危之途所由分也人苟知危之可憂安之可依則好惡趨避之間自宜于仁與不仁愼辨之

第十四章　仁與言色之關係

孔子之稱顏淵也曰賢哉回也又曰不違如愚又曰回也其心三月不違仁回之賢固不待言回之如愚何以獨能其心三月不違仁也證之時人之稱仲弓曰雍也仁而不佞其義可思矣時人美仲弓之優于德而病其短于才苟未深思德與才之相關也孔子曰不知其仁焉用佞謂不知爲人之道何事于佞若既知爲人之道更何事于佞夫有德者必有言有言者必不有德惟無德者正患其有才以益濟其惡不然才自德生德由才立苟誠有德矣豈復無才哉況有德者和順積中英華發外能言者不過便佞口給屢憎于人而已然巧言如簧利口足以覆邦家故孔子深

惡而痛絕之學而陽貨兩篇一再曰巧言令色鮮矣仁不特一再言焉用佞而已且將拒之于千里之外故又曰遠佞人而令色云者正斥鄉愿之色厲而內荏即辨鶩聞者之色取仁而行違（顏淵篇）是也苟不務實而專務求名則虛譽漸隆而實德益荒矣觀聖門之斥子張可知子游曰吾友張也爲難能也然而未仁曾子曰堂堂乎張也難與並爲仁矣（子張篇）朱子注曰子張行過高而少誠實惻怛之意又曰堂堂容貌之盛言其務外自高不可輔而爲仁亦未能有以輔人之仁也惟其巧言令色不足以言仁故孔子曰剛毅木訥近仁（子路篇）蓋氣質柔脆者有物欲之累而剛毅則不屈于物欲將與無欲之仁不遠矣華樸者有外馳之失而木訥則不至于外馳將與在內之仁不遠矣夫剛能自立即仁者之中立不倚毅能有爲即仁者之至誠無息木無令色即仁者之盛德若愚訥無巧言即仁者之吉人詞寡以是四者而已造于仁矣若言其方事于爲仁也則剛即可爲求仁者克己之本毅即可爲求仁者不反之守木即可爲求仁者忠信學禮之藉訥即可爲求仁者修詞立誠之資堂堂乎張宜其難與並爲仁矣回也如愚宜其心三月不違仁矣然則雍也焉用佞哉故孔子答司馬牛問仁曰仁者其言也訒又曰爲之難言之得無訒乎（顏淵篇）夫仁者心常存而不放事審慎而不苟故其言自不得不若有所忍而不易發者謹之至也又何必禦人

以口給而屢憎于人乎然則仁者之言色宜如何試觀中庸篇所云肫肫其仁一語形容盡情可以知之蓋至仁必出于至情至愛實流貫于倫常之間慈祥浹洽委曲綢繆懇切而不虛浮周至而無虧欠斯所謂肫肫也夫知此則知所以爲仁矣

弟十五章　仁與學行之關係

中庸曰好學近乎知力行近乎仁學者學習此爲人之道也行者行踐此爲人之道也學習此爲人之道愛好不已而必篤此志以無愧先聖是即子貢稱孔子所謂學不厭知也行踐此爲人之道用力不已而更推此心以廣詔後學是又即子貢稱孔子所謂敎不倦仁也然則知者知此爲人之道必本于孝弟忠恕以成其德實知此理而無私欲以間之也仁者行此爲人之道必先從孝弟忠恕以成其德實行此理而又立達以推之也夫此爲人之道聖門一貫之道也得之則人失之則禽學此之謂學敎此之謂敎知此之謂知行此之謂仁不然則所學者何習而所敎者何指也所知者何物而所行者何事也子貢之言曰學不厭知也敎不倦仁也聖門言仁每與知相提並論者蓋惟知之深則必行之力亦惟行之力乃見知之深也不知不必能行不行不足爲知故孟子以知及仁義爲知之實孔子以知及之仁不能守之雖得之必失之仁之不可已也如是夫

程伊川曰知之深則行之必至無有知之而不能行者王陽明曰未有知而不行者知而不行只是未知此知仁之所以互明而敎學之所以相長也孔子曰友其士之仁者（衛靈公篇）曾子曰以文會友以友輔仁（顏淵篇） 朱子曰講學以會友則道益明取善以輔仁則德日進是爲仁之有待于觀摩也又子夏曰博學而篤志切問而近思仁在其中矣（子張篇） 是爲仁必由學問而進學問正示爲仁之方也不然孔子嘗與由也言之好仁不好學其蔽也愚（陽貨篇） 爲仁可不由學問而進哉好仁能好學則有等有殺而其施不窮能擧能錯而其澤更遠若不學而强仁或爲兼愛或爲姑息充其類無非從井救人可陷之以身之所危可罔之以理之所無未入于仁而先入于愚非以愛人而反以失己蔽過于厚而不知輕重豈成德君子之所爲乎雖然有顏回者好學其心三月不違仁而孔子稱其如愚是顏回以仁而愚直以學而愚也將又何說夫不違如愚顏回之盛德若愚也曰如曰若果非愚也可知不然聞一知十孔子且與子貢不如也曾訓愚者能若此乎惟柴也愚庶幾近之然則學而行乃所以爲爲仁之方歟

第十六章 仁與政敎之關係

孟子歷說諸侯無非提倡仁義其論經國之方不外行仁政（滕文公篇云夫仁政必自經界始） 與不行仁政兩途行

仁政而王莫之能禦也(公孫丑篇)若不以仁政則不能平治天下今有仁心仁聞而民不被其澤不可法于後世者不行先王之道也故曰徒善不足以爲政徒法不能以自行(離婁篇)蓋心爲出治之本而政爲致治之法苟徒有仁心之善而不施仁政以達之則慈祥愷惻之藴無由推廣實不足以爲政若徒有仁政之法而不本于仁心以主之則紀綱法度之施祇爲具文不能以自行也是則仁政必無不本諸仁心而仁心尤在能推之仁政也此仁與政之關係也孟子又引子貢之言仁與教之關係曰教不倦仁也(公孫丑篇)是政教皆爲仁分内之事仁道之大無非政教而已盡心篇曰仁言不如仁聲之入人深也善政不如善教之得民也蓋治道之隆不外仁術而仁有仁厚之言有仁愛之聲仁言發于己而未必其然仁聲傳于人而已有所試則虚實有不同仁言出于一時仁聲傳于平素則久暫又有不同況仁言在未入人之先而仁聲在既感化之後對塗炭而言衽席在塗炭者無不色飛若在衽席而歌衽席其洋洋又何如也向顛危而言太平在顛危者不禁神往若處太平而頌太平其藹藹又何如也然則仁聲乃有仁之實而爲衆所稱道者尤足以見仁德之昭著故其感人尤深也是故仁言不足道矣而所以爲仁聲者不外政教兩端而政教之效又有異政在法度禁令僅所以制其外也教在道德齊禮乃所以格其心也政之善者與教之

善者皆有所得于民。而善政不過爲治之粗迹。雖得民財。而民畏之。故所得者淺。善敎實爲治之精意。既得民心。而民愛之。故所得者深。是善政不如善敎之得民也。朱子注顏淵篇樊遲問仁章曰。舉直錯枉者知也。使枉者直則仁矣。夫以使枉者直爲仁。則善政而至于善敎矣。今茲中國。且難言善政。更何言善敎哉。睡獅酣臥。外侮日逼。誰復能承范文正先天下憂。顧亭林匹夫有責之言。而奮發以爲天下雄。則孟子之所謂善敎者。得天下之英才而敎育之。使循遵正軌而不誤入岐途。則昌明道德。恢復禮義。在此時矣。蓋亦仁人之用心也。所願天下之善士。不徒空言愛國。先從愛國之根本。仁心仁術着想。立善敎以通民瘼。而蘇民困。施善敎以正民心。而養民氣。使邪說暴行不得作。于其間邪說誣民。充塞仁義也。作于其心。必害于其事。作于其事。必害于其政。此善政尤有待于善敎也。仁之于政敎。不綦重乎。

第十七章　仁與人位之關係

夫仁言。不如仁聲。善政。不如善敎。則孟子既爲天下後世之仁人告矣。然又告陳相曰。分人以財謂之惠。敎人以善謂之忠。爲天下得人者謂之仁。（滕文公篇）是何說也。蓋以善施爲仁者。憂人之不生而分人以財。然所分之財有窮也。以善敎爲仁者。憂人之失性。而敎人以善。然所敎之善有限也。

惟爲天下得其養民之人不則必分之以財而天下之財無不豐爲天下得其教民之人則不必教人以善而天下之善無不復其恩惠可大而可久其教化無外而無間雖然爲天下得人豈易言哉非有知人之識則不能得非極用人之愼則不能得乃曰爲天下得人乎凡所謂天下者有一時之天下有萬世之天下既能爲天下得人矣不徒一時獨利賴之實萬世共利賴之曰惠曰忠倘有未達于仁者一間惟爲天下則必憂天下之害未除利未興養未舉教未溥而汲汲得人以治之眞有一念不忍置一刻不容緩者如許勞心故曰仁也不然聖人汎愛衆矣何以獨親于仁（學而篇） 雖有周親何以不如仁人（堯曰篇） 孔子云友其士之仁者（衛靈公篇） 曾子云以友輔仁（顏淵篇） 蓋惟仁者而後能與仁者友同道爲朋亦天下之善士斯友天下之善士之意也故子夏曰舜有天下選于衆舉皋陶不仁者遠矣湯有天下選于衆舉伊尹不仁者遠矣（同上） 蓋仁人在位則人皆化而爲仁不見有不仁者不啻不仁者遠矣傳謂禹稱善人而不善人遠與此正復類似豈非一日克己復禮而天下歸仁焉感化之深至有如此者故聖人論仁不仁之關係獨于聚人守位致意鄭重而曰惟仁者宜在高位不仁而在高位是播其惡于衆也（離婁篇） 蓋不能爲天下得人不幸而使不仁者僭竊國政則非但不能擴充仁心仁聞以行治道必且以治道爲不足法以仁政爲不足

行不在高位則惡僅止于其一身若在高位逞私縱欲將其惡一一播出始焉一身繼爲天下必至無一處非其所播之惡矣民何不幸長處不仁人積威之下水深火熱如入陷阱網罟而不能自適也惟仁人在位則必視民如傷而煦之翼之不忍民之不保豈忍民之或罔不教而誅誘使陷罪耶故孟子答齊宣王王德之問與答滕文公爲國之問皆曰焉有仁人在位罔民而可爲也然則仁人爲天下得仁人顧不重乎

第十八章　仁與國家之關係

嗚呼爲政孰難爲天下得人難古之人卑禮厚幣以招賢者虛位下問以揚側陋豈不以邦家之重寄托宜審乎昔者陽貨以懷其寶而迷其邦不可謂仁諷孔子而孔子乃以九合諸侯一匡天下謂如其仁賞管仲然則仁之于國家可知矣蓋嘗論之道德文章者治世之寶也政教民物者始世之器也有其器而無其寶則才力不足以治世有其寶而無其器則高尙未免于忘世國事日非矣尙懷藏其寶坐視其迷而不恤則心不在民物非不仁乎苟能力肩弘願仁以爲己任則福國利民其澤溢于後世非仁乎故仁人在位則保民而王富有四海保民而王國不患弱矣富有四海國不患貧矣此國之富强實基于仁人之仁政仁政也若夫欲求富國强民而不以仁政

雖有嘉猷良謨，亦比之緣木而求魚，不可得矣。孟子既曰：不以仁政，不能平治天下。又曰：三代之得天下也以仁，其失天下也以不仁。國之所以廢興存亡者亦然。天子不仁，不保四海；諸侯不仁，不保社稷；卿大夫不仁，不保宗廟；士庶人不仁，不保四體。今惡死亡而樂不仁，是猶惡醉而強酒。又曰：不仁者可與言哉？安其危而利其菑，樂其所以亡者。不仁而可與言，則何亡國敗家之有。（離婁篇）蓋不知危險之可畏，反據以爲安；不知菑害之可虞，反趨以爲利；不知荒淫暴虐所以取亡之道，反恬然以爲甚樂。孟子對齊宣王所謂賊仁者謂之賊，賊義者謂之殘，殘賊之人謂之一夫。聞誅一夫紂矣，是不仁之人且在可誅之列也。亡國敗家，固其宜耳。又謂齊宣王曰：天下固畏齊之強也，今又倍地而不行仁政，是動天下之兵也。（兩引皆梁惠王篇）夫畏強已有乘之之心，倍地益起衆人之忌，不行仁政，又得令人執以爲詞，豈非自己鼓動天下之兵以自伐哉？苟猶不知感悟以求挽回，則敗亡之不暇，又焉從而求富且強哉。孟子曰：君子之事君也，務引其君以當道，志于仁而已。君不鄉道，不志于仁，而求富之，是富桀也。君不鄉道，不志于仁，而求爲之強戰，是輔桀也。辟土地，充府庫，今之所謂良臣，古之所謂民賊也。（告子篇）又曰：君不行仁政而富之，皆棄于孔子者也。況于爲之強戰，爭地以戰，殺人盈野；爭城以戰，殺人盈城。此所謂率土地而食人肉也。（離婁篇）孟子私淑孔子者也孟子之所說即孔子之微言也季氏富于周公而冉求爲之宰無能改于其德而賦粟倍他日孔子深惡而痛絕之曰非吾徒也小子鳴鼓而攻之可也（論語先進篇　孟子離婁篇）由孔子責冉求之言觀之可見君不行仁政而反爲聚斂以富之皆名敎之罪人見擯于孔門者也然富其君不過奪民之財未至傷人之命孔子猶深惡而痛絕之如此況于爲之强戰者與人爭地殺人至于盈野與人爭城殺人至于盈城原其始時欲擴土地之故耳而其慘乃一至于是此非率土地而食人肉耶雖服上刑何能蔽其辜雖天地之大何能容其惡哉國家之勝敗興亡胥于仁不仁之間覘之可矣

第十九章　萬世受賜之仁

孔子罕言仁爲其難言歟然言仁之書厥惟論語爲至其能發明孔子之微言者實推孟子最也孔子嘗言仁者不憂矣而孟子乃更言仁者無敵（梁惠王篇）又云仁人無敵于天下（盡心篇）又云國君好仁天下無敵（離婁篇　盡心篇）孔子嘗言天下歸仁矣而孟子更言行仁政而王又云以德行仁者王（皆公孫丑篇）且引邠人曰仁人也不可失也從之者如歸市嗚呼仁之爲仁夫豈易言哉孔子罕言或以此歟且以令尹子文之忠陳文子之淸孔子皆曰未知焉得仁以仲由之果端木賜之達冉求之藝公

西赤之禮而孔子皆曰不知其仁也冉雍可使南面而孔子猶曰不知其仁孔子旣稱殷有三仁之外在逸民則于伯夷叔齊稱其求仁而得仁而在及門弟子獨于顏淵王佐之才稱其不違仁至于尊周攘夷用夏變夷之管仲子路猶疑其未仁子貢猶嫌其非仁而孔子竟以九合諸侯一匡天下爲管仲之力且極言其功德曰民到于今受其賜微管仲吾其被髮左衽矣故深許管仲之仁一再稱之曰如其仁如其仁（論語憲問篇）謂其功德之盛天下後世誰如其仁也夫仁之爲仁聖人未易輕許人也即以孔子至聖而于仁猶自謙曰則吾豈敢南宮适之尙德宓子賤之成德旣皆許以爲君子矣子產有君子之道四其爲政也實古之遺愛而孔子僅以惠人目之是猶未可遽許以仁也而特于尊周攘夷之管仲用夏變夷之管仲竟一再稱道其仁而不置至謂其功德之盛天下後世誰如其仁然則孔子言仁之旨蓋可互辭比例以見矣如是之爲仁如是之未得爲仁聖人之言寧可不三復含咀而深長思乎嗚呼仁之爲仁豈易言哉孔子罕言其亦有難言耳

第二十章　天下無敵之仁

爲國有術務在鄉道志仁而已道者爲人之道也仁者爲人之心也邦有道者有爲人之道也即

以人道待斯民之仁政也。以仁道待斯民之仁政，則民皆感德而樂爲之用矣。故孟子勸梁惠王曰：王如施仁政于民。（梁惠王篇）夫仁心之見于政事者，仁政也。施仁政于民無他道，不過即以人道待斯民耳。然則不行仁政者，直以土芥牛馬待斯民，而不以人道待斯民也。人君能行仁政，以人道待斯民，則有司皆愛其民，而民亦親愛其上。有危難，則赴救之。愛人者人恒愛之也。民親愛其長上之至，雖勞而勿怨，雖死而勿辭矣。故孟子對鄒穆公曰：君行仁政，斯民親其上，死其長矣。即不然，亦如對滕文公引太王去邠，而邠人曰：仁人也，不可失也。從之者如歸市。（皆梁惠王篇）仁之感化人心深浹人情，其不可奪也如是夫。孟子曰：以力假仁者霸，霸必有大國；以德行仁者王，王不待大。湯以七十里，文王以百里。（公孫丑篇）夫假仁者本無是心，不過隨時隨事借仁以爲功，托仁以博名耳。若夫以德必有及人之實澤，行仁則自吾之得于心者推之，無適而非仁也。又答公孫丑問曰：行仁政而王，莫之能禦也。且王者之不作，未有疏于此時者也；民之憔悴于虐政，未有甚于此時者也。飢者易爲食，渴者易爲飲。孔子曰：德之流行，速于置郵而傳命。當今之時，萬乘之國行仁政，民之悅之，猶解倒懸也。故事半古之人，功必倍之，惟此時爲然。（亦公孫丑篇）今天下之君有好仁者，則諸侯皆爲之毆矣。（離婁篇）蓋當此獺鸇橫行之秋，而有與聚勿施，如湯武之好仁者，則諸侯之暴虐適皆爲之敺民來歸若以是君爲淵爲叢矣雖欲不統一寰宇亦有不可得而辭之勢焉孟子嘗對梁襄王謂天下定于一又謂不嗜殺人者能一之又對齊宣王謂保民而王莫之能禦也夫不嗜殺人仁之至也彼不仁無道者之陷溺炮烙其民而不恤得以至仁伐不仁往拯斯民于水火則斯民將簞食壺漿崩角稽首歌舞歡迎之不暇夫誰敢與至仁敵故曰仁者無敵（梁惠王篇）故曰仁人無敵于天下（盡心篇）故夫國君好仁天下無敵焉（離婁盡心篇同）夫至天下無敵則雖有百萬之衆環攻至仁亦必不能當孟子嘗引孔子曰仁不可爲衆也至仁者之一怒而安天下也得非難乎其爲衆歟然則苟欲天下之不敢我敵舍至仁其何由不然雖欲無敵于天下而不以仁是猶執熱而不以濯也烏乎可

第二十一章　交鄰有道之仁

孟子對齊宣王問交鄰之道曰惟仁者爲能以大事小又曰以大事小樂天者也又曰樂天者保天下（梁惠王篇）夫仁人之心寬洪惻怛而無較計大小强弱之私至于以大事小是不欲恃其勢之在己而自然合理故曰樂天其視天地萬物爲一體直欲使天下諸侯各得其所無此疆彼界之爭無爾詐我虞之嫌雖治一國天下皆在其度內故曰保天下嗚呼交鄰有道爲國以禮世之封疆

握土地之政人民之命者可以觀矣虞芮之爭田鄧鍾之爭功非有道者所忍出此是故兩仁相遇則相讓兩不仁相遇則互爭苟有仁者介乎其間則有苗可格尙何待乎戎衣相見耶即不然至不得已而義應王師以彰天討則是以至仁而伐不仁必有雲霓奚后之殷望絕無血流標杵之嗜殺且壹戎衣而天下可定矣孟子深恐後世之窮兵黷武者假武城之義以爲塗炭生靈之口實故于武城一篇僅取二三策而有盡信書不如無書之歎且爲之斷曰仁人無敵于天下以至仁伐不仁而何其血之流杵也（盡心篇）可見以德行仁則保民而王近悅遠來所感則化初不待武力爲統一也然則兩國交戰無問曲直皆非交鄰之道甚至同國異黨鬩牆內訌爭鷸蚌蠻觸之徵而授人以可乘之隙置大局于不顧殘民命以逞欲爭城以戰殺人盈城爭地以戰殺人盈野則無問先後主客之勢皆率土地而食人肉也孟子曰善戰者服上刑其詞愈厲而其心滋痛矣彼生逢不辰而與黍離之歎者不知于此竟作如何感想也

第二十二章　不忍人之仁

孔子生當春秋之世諸侯務戰而好殺近于不仁之甚惟孔子獨懷其撥亂濟人之志乃揭出仁字以救正之孟子私淑孔子又當戰國之秋爭城爭地迄無寧歲糜爛其民曾土芥牛馬之不如

嗚呼。所謂人道主義者。尚復何存。孟子以不忍人之心。發不忍人之言。歷說梁惠齊宣諸大國之君。及鄒滕文諸小國之君。將以一己所存不忍人之心。推諸天下之在位爲政者。共存不忍人之心。而發施爲不忍人之政。以拯斯民于水火塗炭之中。是用上承孔子說仁之旨而反復說仁。至不能自已也。蓋仁者愛之理。心之德也。愛之至而不忍之心生焉。不忍之心。乃所以爲仁心也。孟子之言曰。人皆有所不忍。達之于其所忍。仁也。又曰。人能充無欲害人之心。而仁不可勝用也。（盡心篇）謂凡人無論賢否。見可哀可憐之事。皆有所不忍。此仁之端也。但爲氣稟所拘。物欲所蔽。乃有不忍于此而偏忍于彼者。是雖有不忍之心而不能擴而充之推而及之也。必自其所不忍達之于所忍而亦不忍焉。是卽吾心全德之仁也。人能推其所不忍以達于所忍。卽能擴其無欲害人之心而無之。非仁人能擴其無欲害人之心而無之。非仁。卽能推其所不忍以達于所忍。故無欲害人之心。卽不忍人之心也。此心之存而未發也。則爲不忍人之心。發而施之于行事之實也。則爲不忍人之政。孟子曰。人皆有不忍人之心。先王有不忍人之心。斯有不人忍之政矣。以不忍人之心。行不忍人之政。治天下可運諸掌上。（公孫丑篇）又曰。聖人既竭心思焉。繼之以不忍人之政而仁覆天下矣。（離婁篇）仁覆天下。故仁不可勝用矣。蓋聖人不忍人之心。徧覆無量。一夫不獲。時予之辜大禹下車泣罪成湯網開三面文王視民如傷皆不忍之仁心不覺而表現也惟其有此不忍之仁心故能發爲不忍之仁政聖人不忍于民物而欲使之各得其所既盡竭其心思之愷惻焉自有不容以徒善辜其望也繼之以不忍人之政以厚民生以正民德而當時之天下後世之天下咸在仁之所覆冒矣此仁之量所以充乎宇宙也而推其本不過不忍人之心所發現耳所以謂之不忍人之心者今人乍見孺子將入于井皆有怵惕惻隱之心非所以內交于孺子之父母也非所以要譽于鄉黨朋友也非惡其聲而然也（公孫丑篇）凡人須自識其眞心夫此怵惕惻隱之心即不忍人之心乃人之眞心也非思而得非勉而中天理之自然人情之必然也豈容私僞利欲羼雜于其間哉故公孫丑篇曰惻隱之心仁之端也告子篇曰惻隱之心仁也惻隱之心雖爲仁之端然推而及之擴而充之則仁之全德也發乎天性偏于人類故告子篇曰惻隱之心人皆有之公孫丑篇曰無惻隱之心非人也雖然人莫不具不忍人之心矣而何以有仁不仁之辨則在能充與不能充之間辯之能充其量則求仁得仁仁遠乎哉孟子嘗告齊宣王曰鰥寡孤獨此四者天下之窮民而無告者文王發政施仁必先斯四者（梁惠王篇）此本其不忍人之心形之爲不忍人之政以施其推恩之仁也雖然仁能推恩其恩足以及禽獸民吾同胞物吾與也故君子仁民而

愛物不忍之心不獨于人類爲然也孟子又以齊宣王不忍牛之觳觫若無罪而就死地稱之曰是乃仁術也以爲君子之于禽獸也見其生不忍見其死是以君子遠庖廚也同上蓋人之于禽獸同生而異類故用之以禮而不忍之心施于見聞之所及其所以遠庖廚者亦以豫養是心而廣爲仁之術耳嗚呼君子之于禽獸猶能以不忍之心爲推恩之仁況于人類乎況于同胞乎奈何猶有率獸而食人者何其于人皆不忍而獨忍也試一讀孟子之書必有恍然于心目者矣

第二十三章　無不愛之仁

仁之爲誼不忍也即愛也不忍之仁消極之愛也愛之仁積極之不忍也惟其根愛之心而後發之于不忍乃有怵惕惻隱之心不期而生亦惟其存不忍之心而後形之于愛乃有飢溺立達之心推己所同上已述不忍之仁茲復述愛之仁其說莫盡于孔孟仁者愛人之說矣本仁之德發而爲愛充愛之理涵而爲仁故孟子盡心篇曰仁者無不愛也然無不愛則兼愛矣兼愛而無差等則墨翟之道矣故又繼之曰急親賢之爲務又曰堯舜之仁不偏愛人急親賢也且既曰無不愛矣乃又曰不偏愛者互辭以明愛之所以爲愛也況乎偏愛勢所未必能盡惟急親賢者能爲天下得人則仁覆天下較之偏愛人者徒勞而無功其博洽爲何如也故又曰君子之于物也愛

之而弗仁于民也。仁之而弗親。親親而仁民。仁民而愛物。夫親而仁。仁而愛。此仁愛親疎之辨也。蓋人之于物也。固取之有時。用之有節。以愛之矣。而未必有體恤周詳之意。則物與人究有異也。其于民也。固己立立人。己達達人。老及人老。幼及人幼。以仁之矣。而未必有天倫維繫之思。則疎與親自有別也。至夫一本之誼。九族之戚。不同民物之數者也。君子休戚與共。好惡與同。以親之。由是推親親之道。以仁民。必又推其仁民之餘。以愛物。于無不愛之中。仍不泛用其情。此君子之仁所以歷萬世而無弊也。若夫能愛于物而不能仁于民。能仁于民而不能親于親。則其所薄者厚。而其所厚者反薄矣。得非不識親疎顛倒上下之過歟。惟君子知其有輕重緩急之宜。故親親而後仁民。仁民而後愛物。正是以孩提知所愛之親。而推及于其所不必愛之民物。而亦無所不愛焉。故又曰仁者以其所愛及其所不愛。不仁者以其所不愛及其所愛。至以其所不愛及其所愛。則天下之可與爲愛者其誰乎。雖率土地率獸以食人肉。亦勢所相因。必至者也。此又不仁者之獨忍矣。是故忍則不仁。不忍則仁。惟有不忍而後能爲無不愛也。

第二十四章　近取譬之仁

君子之于民也。以仁存心。彊恕而行。非獨成己而已也。（成己仁也）亦所以成物也。（中庸言誠）孔子嘗言之矣。

入聖階梯爲人必讀　　三八

夫仁者，己欲立而立人，己欲達而達人。能近取譬，可謂仁之方也已。（論語雍也篇）朱子贊美而發明之曰：近取諸身，以己所欲譬諸他人，知其所欲亦猶是也，然後推其所欲以及于人，則恕之事而仁之術也。于此勉焉，則有以勝其人欲之私，而全其天理之公矣。又曰：以己及人，仁者之心也。于此觀之，可以見天理之周流而無間矣。狀仁之體，莫切于此。朱子所謂仁之體，即孔子所謂仁之方也。孔子所謂能近取譬，正即孟子所謂彊恕而行也。近取譬，本是恕之事，謂之能，則見其有不易能，而又不可不能者，在正與孟子所謂彊者同一用意也。子貢嘗問曰：如有博施于民而能濟衆，何如？可謂仁乎？孔子曰：何事于仁，必也聖乎！堯舜其猶病諸。（同上篇）夫博施濟衆，其及于天下者至溥，自非行仁造極之聖人不能，何止于仁者而已哉！即堯舜其心于此猶有所不足焉。蓋仁者之心雖無窮，而仁者之事則有限，若必以博施濟衆爲仁，則求仁愈難而愈遠矣。不近取譬，將何由而致力哉！況人心本至公，而初無私于己，天理自周流，而常無間于物，仁者之所以爲仁如此而已。由是而博施焉，濟衆焉，固仁也；即施而不必博，濟而不必衆，亦仁也。仁論人心之公不公，豈論事勢之廣不廣哉！自恕而至仁，自仁而至聖，其間本無階級之差，實一蹴而可即臻也。即謂之聖，亦不過聖之至者耳。仁雖未聖，而無非聖之心；恕雖未仁，而無非仁之心。能近取譬，恕之事，而聖

之基也故謂之仁之方

第二十五章　反諸身之仁

孟子曰萬物皆備于我矣反身而誠樂莫大焉彊恕而行求仁莫近焉（盡心篇）孟子所謂彊恕而行即孔子所謂能近取譬也嘗言之理之本然者大則倫常小則事物其所當然無一不具于性分之內反諸身而所備之理皆如惡惡臭好好色之實然則其行之不待勉强而無不利矣其爲樂孰大于是反身而無不誠則無不仁矣其或有未誠則是猶有私意之隔而理之所以未純也何以去此私意亦曰彊恕而已矣故當勉强推己及人庶幾心公理得而仁不遠矣于是推己之所欲以處人所求乎子以事父所求乎臣以事君所求乎弟以事兄勿私所欲于己也推己之所惡以處人所惡于上毋以使下所惡于前無以先後所惡于右毋以交左勿私所惡于己也是雖未能廓然大公然私由是而可克是雖未能與禮爲一然禮由是而可復彊恕雖未必即得爲仁而于求仁爲近也反身而誠仁即不遠則萬物之備于我者亦不失矣孔子有反身而誠之樂中庸有反諸身不誠之戒彼此互明可以知反諸身之所以爲仁矣反諸身之仁約有二誼一曰待己公孫丑篇曰不仁不智無禮無義人役也人役而恥爲役由弓人而恥爲弓矢人而恥爲矢也如

恥之莫如爲仁仁者如射射者正己而後發發而不中不怨勝己者反求諸己而已矣孟子以射者反己喻仁正是爲仁待己之秘訣也二曰待人離婁篇曰君子所以異于人者以其存心也君子以仁存心以禮存心仁者愛人有禮者敬人愛人者人恒愛之敬人者人恒敬之有人于此其待我以橫逆則君子必自反也我必不仁也必無禮也此物奚宜至哉其自反而仁矣自反而禮矣其橫逆由是也君子必自反也我必不忠自反而忠矣其橫逆由是也君子曰此亦妄人也已矣如此則與禽獸奚擇哉于禽獸又何難焉又曰愛人不親反其身又曰行有不得皆反求諸己其身正而天下歸之孟子之意蓋謂待人之道端在自盡毋徒責人而忘己也我以仁愛待人凡被吾惠澤者自宜感德而親附矣乃人或不我親附復加橫逆則惟有反求諸己深恐我之仁有未至誠有未盡同胞同與之心有未充也故猶懼必不忠至待人之心已至已盡而仍不見諒于人則亦不足與之校也已此皆君子反諸身之仁也

第二十六章　觀過知仁

子曰人之過也各于其黨觀過斯知仁矣（里仁篇）　蓋人之過發必有故或以勢不得已而有過者則其迫切眞情似[illegible]委曲可諒或以偶不及檢而有過者則其本心惻怛更覺發露最眞故觀過足

以知仁。然古人有引用此言以見意者，如後漢書載吳祐遷膠東侯相，嗇夫孫性私賦民錢以進父。父怒曰，有君如是，何忍欺之。促歸伏罪。祐曰，掾以親故受汚辱之名，所謂觀過斯知仁矣。使歸謝父。還以衣遺之。所引雖非本誼，亦足見觀過知仁之微意矣。

第二十七章　仁于人己

君子盡己推人，無所不用力于仁。必使人己兩方各得其所，而後始能履仁而無愧。苟有一方之未獲，則過猶不及，皆非中正庸和之道，去仁遠矣。孔門弟子親炙于聖人，爲仁之方，縱不能皆至三月不違之程，而亦必日月一至焉。獨有宰我乃不可雕之朽木。（公冶長篇）孔子斥之曰，予之不仁也。（陽貨篇）夫宰我之不仁，正爲宰我之信道不篤，而憂爲仁之有陷害。故嘗問孔子曰，仁者雖告之曰，井有仁焉，其從之也。孔子正之曰，何爲其然也。君子可逝也，不可陷也。可欺也，不可罔也。（雍也篇）君子即仁者也。君子聞人有難，使之奔走而往救可也。若使之入井而陷其身不可也。何者，事不可知而理有可據。人在井上始可救人，是固理所應有也。應有者猶可欺以近理。乃若從井中復能救人，是又理之必無也。必無者不可罔以非道。豈謂君子之人而并此亦不知乎。且仁者愛也。君子之愛人等于愛己，而君子之愛己正所以愛人。殺人以生人，君子不忍爲也。况殺一己而并不能生一人乎君子處事之當由于見理之明天下旣無外于理之君子則亦無誤乎事之君子矣宰我之間固足以見其不仁而孔子之言又足以曉喻後世使知仁之于人己之間其明白有如此者

第二十八章　仁于生死

人非水火不生活故不可一日或無也然更有甚于水火者則仁也孔子曰民之于仁也甚于水火水火吾見蹈而死者矣未見蹈仁而死者也（衛靈公篇）蓋水火雖以生人或有時而又殺人若夫仁守之貴行之利擬之配天地爲己順而祥爲人愛而公爲天下國家無所處而不當未見有蹈于仁中而死者此民之于仁所以甚于水火也奈何尚有去仁違仁而不知志于仁耶雖然仁能廣生而又能不殺者正天地之大德也至夫君子于仁權衡輕重而知所欲有甚于生所惡有甚于死者則舍生以取死者有之孔子又曰志士仁人無求生以害仁有殺身以成仁（同上）朱子謂仁人則成德之人也理當死而求生則于其心有不安矣是害其心之德也當死而死則心安而德全矣然則心安理順爲仁成仁者只是成就一個是而已夫成仁旣只是成就一個是則凡可以成就一個是者雖赴湯蹈火冒刃飮彈義所不辭即至殺其身亦可也苟不足以成就一個是而或

致龍醜一個非者，雖萬鍾何加，富貴浮雲，義不苟取，亦惟有隱遯固窮以獨善其身，大明其節耳。即使苦其心志，勞其筋骨，餓其體膚，行拂亂其所為，人不堪其憂，而君子不改其樂焉。自古有一死重于泰山，亦有一死輕于鴻毛者，不當死而死者謂之戕生，當死而不死者謂之貪生，戕與貪皆非君子之善養其生也。可以生則生，可以死則死，仁人成仁，無他道，亦只是成就一個是而已。

第二十九章　孔門言仁

論語記孔子罕言而仁與焉，一若仁之道大，門弟子所不易聞者。然歷來言仁之書，惟論孟為最。孟子之說，且私淑孔子而得，則自古仁說之傳，實祖孔子，而孔子之言盡記于論語，其與門弟子問答之言，略可考見也。顏淵問仁，孔子曰：克己復禮為仁，一日克己復禮，天下歸仁焉，為仁由己，而由人乎哉。（顏淵篇）己謂吾身之私欲也，禮謂天理之節文也，為仁者所以全其心之德也，蓋心之德莫非天理，而亦不能不壞于人欲，故為仁者必有以勝私欲而復于禮，則事皆天理而本心之德復全于我矣。朱子解里仁篇好仁者無以尚之曰：好仁者真知仁之可好，故天下之物無以加之。踐形按：天下歸仁之天下，亦即天下之物之天下，天下歸仁者，謂仁者以天地萬物為一體故求仁之方既在力去物我之隔而行仁之效必至物與無間此天下之民物莫不同歸一體之仁也又仲弓問仁孔子曰出門如見大賓使民如承大祭己所不欲勿施于人在邦無怨在家無怨同上上二句言敬以持己下二句言恕以及物能如此則私意無所容而心德全矣內外無怨亦以其效言之使以自考也朱子謂告顏子是殺賊告仲弓是防賊蓋克己復禮乾道也主敬行恕坤道也顏冉之學其高下淺深于此可見然學者誠能從事于敬恕之間而有得焉亦將無己之可克矣又司馬牛問仁孔子曰仁者其言也訒又曰爲之難言之得無訒乎同上仁者心常存而不放故事愼審而不苟事不苟故其言自不得不若有所忍而不易發者非强閉而不出也謹也又樊遲問仁孔子曰先難而後獲可謂仁矣雍也篇先難非好爲苟難先所當先不畏難而自阻耳仁者存心之純而已有如純心于所難凡身心所切性分所關勇往以先至于所獲雖亦功效之相因直聽之而已程子謂先難克己也以所難爲先而不計所獲仁也他日又問仁孔子曰居處恭執事敬與人忠雖之夷狄不可棄也子路篇又子張問仁于孔子孔子曰能行五者于天下爲仁矣請問之曰恭寬信敏惠恭則不侮寬則得衆信則人任焉敏則有功惠則足以使人陽貨篇又子貢問仁孔子曰工欲善其事必先利其器居是邦也事其大夫之賢者友其士之仁者衛靈公篇以是證

之孔子之于仁不第未嘗罕言且諄諄爲門弟子言之矣

第三十章　爲仁之難

爲仁不易也雖聖如孔子猶謙言豈敢可知仁之難盡矣夫所稱爲仁者必其動靜語默無須臾之間違仁方足稱仁而人不能無過焉即不能無違仁焉故孔子答時人之問非曰不知其仁即曰未知焉得仁雖及門弟子亦不遽許以仁僅曰回也其心三月不違仁其餘則日月至焉而已矣雍也篇　三月者言其久也仁者心之德心不違仁者無私欲而有其德也日月至焉者或日一至焉或月一至焉能造其域而不能久也一至其域者眞良心發見之謂即人心盡而天心純之時也回之三月不違者尹氏曰此顔子于聖人未達一間者也若聖人則渾然無間斷矣故孔子曰君子而不仁者有矣夫未有小人而仁者也憲問篇　君子即仁人也又何以不仁謝氏解之云君子志仁矣然毫髮之間心不在焉則未免爲不仁也嗚呼仁至難盡也如人而君子矣或其立心之間一念不純制董之際一事或雜則不自覺而至于不仁者往往有之顔回三月不違則其遠也雖謂之不仁可也其餘日月至焉則其未至也雖謂之不仁可也夫以及門弟子亦不遽許以仁且竟不能不違于仁信乎君子而有不仁矣若彼小人者亦非無既剝暫復之機然而善無根而

不可襲取欲有種而難以頓拔是故良心雖萌于夜氣之時而旦晝之爲已梏矣天機雖發于有感之際而縱欲之害已戕矣甚至即一念之天亦隨見而隨滅一事之理亦旋得而旋失將來一念一事之仁亦不可得也謂非小人而不能仁歟小人不能仁而君子有不仁然則仁豈非難盡歟雖然君子之所以爲君子者以其仁也自離其仁而無君子之實尚何以成其君子之名哉故孔子曰君子去仁惡乎成名又勗勉之曰君子無終日之間違仁造次必于是顛沛必于是（里篇）夫顯與仁離曰去隱與仁違曰悖君子子仁不可忽也君子靜存動察舉一念行一事皆在于仁而無終食之間違之此非但優遊貞之而急遽遂忽之也即推諸造次之頃乘我以猝似于仁或不暇顧而我亦必于是仁焉又非安常持之而遇變遂忘之也即推諸顛沛之際動我以險似于仁或不能顧而我亦必于是仁焉從容不勉斯乃謂終食無違也夫終食之間爲時至暫猶中庸所謂須臾者以對久長言也里仁篇無終食之間違仁之仁即中庸篇不可須臾離道之道也仁即爲人之道若違離爲人之道尚得謂之人乎哉而孔子未遽許及門弟子以仁者不第鞭策督責之綦嚴正以仁道有難盡也故爲仁之難實即爲人之難

第三十一章　求仁即得

夫爲仁之難也如此而孔子一則曰欲仁而得仁又焉貪（堯曰篇）再則曰求仁而得仁又何怨（述而篇）一若得仁之易又如此然則仁可欲且求乎何由而知其可且易也仍以孔子之言明之孔子曰仁者安仁知者利仁（同上）夫安仁者或安而行之也利仁者或利而行之也倘有或勉强而行之者非即欲與求之謂歟故當爲續一句于下曰學者求仁以明孔子之微言或安或利或求其用力雖異及其成功一也成功可一知求仁可即得矣未求之先不能不違于仁既得之後自然與仁爲一矣安者自然而然性情相依㝠寐俱化也謝氏曰仁者心無內外遠近精粗之間非有所存而自不亡非有所理而自不亂如目視而耳聽手持而足行也蓋安其仁而無適不然矣利雖似稍帶勉强然亦覺得此理津津有味不能自已謝氏曰知者謂之有所見則可謂之有所得則未可有所存斯不亡有所理斯不亂未能無意也蓋利其仁而不易所守耳又嘗言之有能一日用其力于仁矣乎我未見力不足者（同上）此謂仁之成德雖難其人然學者苟能實用其力則亦無不可至之理正謂及其成功一也又曰苟志于仁矣無惡也（同上）志者心之所之之謂其未得也則求之心誠在于仁則無論或安或利皆能造乎其域故必無爲惡之事矣又曰志于道據于德依于仁（述而篇）道謂人倫日用之間所當行者爲人之道是也夫爲學莫先于立志而志必于爲人之道

求諸人倫而見其所當然者必專心以致之求諸日用而見其所當爲者必畢力以圖之一念嚮往之誠實終身依據之地矣行道而有得于心所謂德也得之于心而執守勿失則終始惟一可有日新之望矣由是私欲蕭去心德純全而人道大備乃所謂仁也工夫至此而無終身之違則存養之熟無適而非天理之流行矣道德與仁名若有異其實止此一理而已嗟乎人皆志于聲色貨利之欲而不志于爲人大道之仁蓋有妄用其力者至于惜善而不萌爲惡而不悟非仁之不可求也苟能移外物之欲以求仁則此能悟之心即仁也使精神一翕聚間而固有者不覺復有于我理之所以隨觸證應者此也轉己私之欲以求仁則此乍萌之心即仁也使志氣一嚮往間而根心者不免復生于心機之所以合一而神者亦此也故孔子又曰仁遠乎哉我欲仁斯仁至矣（同上）欲仁斯仁至即欲仁而得仁也欲仁而不求仁亦不能得仁也一日用力于仁斯一日得其仁即一日依于仁終身用力于仁斯終身得其仁即終身依于仁求仁即得而後至終身得依斯可無終食之間違仁矣然則爲仁雖難而亦未嘗不易也

第三十二章　當仁不讓

孔曰當仁不讓孟曰舍我其誰聖賢担當天下之誠何其氣象森嚴至于此盛也學者學孔孟之

學心孔孟之心亦當担當孔孟之担當然後方不虧負于孔孟嗚呼人能弘道非道弘人苟有此身而不能肩重任以承道統亦何貴有此身者孔子嘗言仁以爲己任不亦重乎（泰伯篇）仁之爲道全體不息非大其心以容天下之沓則必不能體全體之仁非堅其力以貞百年之守則必不能體不息之仁仁爲人心之全德而必欲以身體而力行之故謂重矣人而仁以爲己任則當仁不讓于師（衛靈公篇）勇往必爲雖師亦無所遜也蓋仁即爲人之道人所自有而自爲之非有爭也何遜之有仁又即身內之理人所自備而自當之無所爭也亦無可讓況師有師之仁我有我之仁我之事師者以其能當仁也師之成我者以其能詔我之當仁也既曰當仁矣豈復能讓哉苟曰讓之則微而心術一讓而千古之脈絕顯而人倫一讓而五常之任墜既曰當仁矣豈復能讓哉願世之讀是篇者皆作如是想則庶乎人心可日正而世風可日醇矣身負社會教育之責者幸毋忽諸

入聖階梯爲人必讀　卷四

楊踐形講

第四篇　時中之道

第一章　中字二誼

劉康公曰民受天地之中以生所謂命也程明道亦曰民受天地之中以生天命之謂性也夫劉子之言以中爲命程子之言以中爲天命之性其皆有得於人之所以受命於天而天之所以賦命於人者乎是故天命人稟惟此一中而已舍此一中之外更無所謂天命之性矣是中者天地之所以生人也子思子曰中也者天下之大本也程子曰中者天下之正道朱子曰極其中而天地位矣是中者又人之所以終始立極而與天地參也故書有五十九篇而龜山先生以爲一言蔽之曰中而已矣夫中之本然不偏不依中之當然無過不及不偏不倚者猶立而不近四旁心之體地之中也無過不及者猶行而不先不後理之當事之中也夫不偏不倚之中古之人有言之者淮南子原道篇曰泰古二皇得道之柄立於中央文中子周公篇曰吾常守中則卓然而無可動感而遂通蓋即老子所謂不如守中莊子所謂立乎其中央即康節所謂皆從中起者也故程明道云中則不偏伊川云中者只是不偏此皆言不偏不倚之謂中也而無過不及之中古之

人亦有言之者周濂溪太極圖說云聖人定之以仁義中正而主靜立人極焉通書又云聖人之道仁義中正而已矣張橫渠正蒙中正篇曰極其大而後中可求止其中而後大可有誠明篇又曰審其本末大小而善反之不外以德勝氣以致於中道之善是故二程全書明道曰天下善惡皆天理謂之惡者非本惡但或過或不及便是如此嘗考中庸輯略程子云凡人說性只是說繼之者善也孟子言人性善是也朱子釋之曰言性不可形容而善言性者不過即其發見之端而言之如孟子言性善與四端是也嘗考橫渠之意則極善者須以中道方謂極善故大中謂之皇極蓋過則便非善不及亦非善也而程明道之意則所謂善惡本是一體就其過不及而謂之爲惡就其過不及之中而謂之爲善也故呂藍田曰良心所發莫非道也又曰聖人之德中庸而已中則過與不及皆非道也眞西山曰事有萬端未易裁處惟揆之以當然之理則舉措當而無一事之不中此皆言無過不及之謂中也大哉中乎人之所以受命而自生又所以繼天而立極誠天下之正道誠天下之大本也故人之所貴乎人可以靈長萬物位參天地者惟在此不偏不倚無過不及之中焉耳

第二章　歷聖之執中

中字之誼莫備於孔子之贊易矣繫辭傳所謂雜物撰德辨是與非則非其中爻不備此孔子歎美中德之至而情見乎辭矣夫易與天地準故能彌綸天地之道範圍天地之化天地設位而易行乎其中矣乾坤成列而易立乎其中矣乾以易知坤以簡能易簡之善配至德是以天下之理得而易成位乎其中矣邵康節觀物外篇曰天地之本其起於中乎是以乾坤交變而不離乎中人居天地之中心居人之中日中則盛月中則盈故君子貴中也君子貴中者即禮中庸篇所謂君子而時中也故中庸之道推而極之則致中和天地位焉萬物育焉商書仲虺之誥曰王懋昭大德建中於民以義制事以禮制心垂裕後昆即荀爽對策曰昔者聖人建天地之中而制禮此則所謂建中也而虞書大禹謨又曰予懋乃德嘉乃丕德天之曆數在汝躬汝終陟元后人心惟危道心惟微惟精惟一允執厥中此則又所謂執中矣至論語堯曰篇引堯命舜禪帝位之文則又曰咨爾舜天之曆數在爾躬允執厥中四海困窮天祿永終舜亦以命禹即如大禹謨所云此此又加詳焉而允執厥中四字則未或少異也至孟子曰湯執中者正是湯之私淑於禹而得此允執厥中之旨也故後世學者至以爲堯舜禹以來千聖百王相傳之心法即此執中之誼而已然孟子又云子莫執中執中無權不知允執之隨時處宜則必固執而泥滯不通矣故執中必在

用中孔子曰舜其大知也與舜好問而好察邇言隱惡而揚善執其兩端而用其中於民其斯以爲舜乎其斯以爲允執厥中乎其斯以爲舜得允執厥中之道於堯所傳授乎執其兩端者允執厥中之道也用其中於民者即爲國建中和之政以爲民建中和之極也

第三章　孔子之時中

用中之道自伏羲神農黃帝堯舜以來所以繼天立極而十六字之心法互相傳授以爲聖賢道統之一脈厥後舜以之傳禹禹以之傳湯湯以之傳文武周公文武周公傳之孔子孔子之生當周之亂世是時聖賢之君不作學校之政不修敎化陵夷風俗頹敗雖以孔子之聖而不得君師之位以行其政敎徒手執六藝之殘編口誦先王之陳迹以躑躅於杏壇洙泗之濱雖曰天生德於予何爲其莫我知也道之不行乘桴浮海則有從我其由之感浴沂風雩遂興吾與點也之歎君子之固窮有如此者然而孔子行道之志未已也故如春秋緯全命沒所謂丘以匹夫徒步以制王法又曰吾作孝經以素王無爵之賞斧鉞之制故稱明王之道孝經緯鈎命訣曰子曰吾志在春秋行在孝經並舉互辭可以見矣故其後孟子私淑孔子之傳嘗證孔子之心曰世衰道微邪說暴行又作臣弑其君者有之子弑其父者有之孔子懼作春秋春秋天子之事也是故孔子

曰知我者其惟春秋乎罪我者其惟春秋乎夫孔子在位聽訟文辭有可與人共者弗獨有也至於爲春秋筆則筆削則削至游夏之徒均不能贊一辭司馬遷史記稱春秋爲王道之大者撥亂世反之正莫近於春秋矣嗟夫被圍於匡絕糧於陳周遊列國僕僕風塵而不遇於時君皇皇若喪家之犬孔子之不得志壹至於此乎然其刪詩書定禮樂雖曰徒託之空言而在春秋之志蓋一日未能自已也故孔子不得已而自歎曰明王不興天下其孰能宗予然而天意可睹矣夫天生孔子爲欲繼衰周之德上賡唐虞三代之盛傳十六字之心法弘先聖王之道統以爲斯民建中和之極也不幸時君不識吾道不行遂使聖賢衣鉢止於孔子而不復傳夫在孔子自身道集羣聖之大成位崇素王之尊號言行則師表於萬世中國之言六藝者均欲折衷於孔子至矣乎斯誠爲生民之所未有乎然而其如天下何其如後世何斯非孔子之不幸也又不得不爲天下惜後世悲矣孔子之文章子貢雖云可得而聞也然後世欲求孔子之文章者求之於春秋則魯史也非孔子之文章也求之於書詩禮樂則皆述而不作也亦非孔子之文章也然則如之何而求之論語不云乎加我數年五十以學易可以無大過矣論語讖曰孔子讀易韋編三絕鐵撾三折故史記曰孔子晚而好易序彖繫象說卦文言讀易韋編三絕曰假我數年若是則我於易彬

彬矣。孔子獨於周易極深研機之勤。至於如此。是則孔子之文章。蓋可見於孔子之贊易矣。即孔子所作之十翼是也。故孔子乃於易繫辭傳。獨著堯舜禹湯文武周公歷聖以來相傳之道統心法。而爲一語以蔽之曰。易有太極。太極者大中之誼。即洪範之皇極。實即歷聖以來繼天所立之極也。故凡中正之說。見於彖象傳者。又皆孔子之微言大誼所在也。

第四章　中爲人道之全

夫曰中庸。曰中和。曰中正。曰大中。皆不外形容此至善之所歸而已。至善之所歸者。大學明德之道。即中庸率性之道。即周易一陰一陽之謂道也。一陰一陽。無非天命之流行。故曰繼之者善。成之者性也。是以顧諟天之明命。而修身以道。治意以誠。即文言傳所謂閑邪存其誠也。周子通書曰。誠者聖人之本。大哉乾元。萬物資始。誠之源也。乾道變化。各正性命。誠斯立焉。純粹至善者也。故能盡其誠者。即能在止於至善也。孟子有反身而誠之樂。中庸有反諸身不誠之戒。是故聖凡之別。誠與不誠而已矣。此子思極意贊美至誠之道。而謂惟天下之至誠。爲能盡己之性。盡人之性。盡物之性。贊天地之化育。以與天地參也。陰符經曰。宇宙在乎手。萬化生乎心。邵康節曰。天在一中分造化。人於心上起經綸。皆即周易所謂復其見天地之心乎。蓋人。既受天地之中以生。故人之心即天地之心也人能與天地同其心即能與天地同其量亦即能與天地同其壽矣大哉中乎堯舜禹湯文武周孔列聖相傳凡所以繼道統而承聖學者無非此一中字耳故十六字之心傳以允執厥中爲之鍵而精一之旨危微之辨皆由是一中之道而發故中者賢人所以希聖聖人所以希天實作聖之階梯爲道之樞入德之門也原列聖相傳必以中爲之綱者中則無不正中則無不和中則無不平也中正和平人道之所以爲人也人道之所以異於禽獸者即在此幾希之微向上則爲人向下則爲禽獸其間不容毫髮差之毫厘必至謬以千里此豈非道心之微乎而人欲之肆天理爲湮每易使欲海横流理性消失有不能自已之勢一或不慎而遂入於禽獸之倫喪其爲人之格則人心豈不危乎夫以人心如此之危而道心又如此之微然則人之爲人豈不可畏耶是故子思著中庸一篇而於天命之性再三致意至於戒慎乎其所不睹恐懼乎其所不聞明告人曰莫見乎隱莫顯乎微乃至云相在爾室尚不愧於屋漏其如在其嚴之至所以仰不愧於天俯不怍於人而內省可以不疚焉是故曾子有啟足啓手而其戰戰競競至於如臨深淵如履薄冰其保身之周知命之至豈徒不立巖牆之下而已即一髮一膚之於身體受之父母亦不敢毁傷在於父母則爲孝在於一已則爲敬孝敬盡於人道而一切盛德大業皆植

之於孝敬二字以爲人道之根本即人所受於天地之中也人之所以異於禽獸者在能推此中字擴而充之以建立人道之極也大哉中乎至哉中乎其人道之全乎世之願爲人道之全者其可不知所警乎

作聖百談 一集

楊踐形著

無我有我之正解

客有詢道於踐形者。問曰。宗教說無我。教育主有我。其理果孰是孰非。何去何從。踐形笑曰。嘻。道是則是。道從則從。質諸聖賢之道斯可矣。踐形年少。於聖賢之學、未窺萬一。而私心嚮往之誠實與日俱長。每歎庸衆擾擾。無非營苟。擴其所能。鑄釀浩刦則有餘。誰復能以天地爲心。胞與爲量。任弘道之肩。旋反經之手哉。原其所由。實我觀之未達。有以致此。夫天之生我。地之長我。日月之照臨我。父母之鞠育我。師友之教導我。衣食住用之瞻養我。無非爲有我而施也。我受天地日月父母師友衣食住用之錫。而有我。外而成形。則有我身。內而存神。則有我心。辨而接人。則有我名。推而及物。則有我性。理而治事。則有我情。與天地參。則有我存。自我之既有也。我何得而諉云無哉。乃世之細人。味乎我觀之辨。於是臨財則有我而苟得。臨難則無我以求免。而後我之爲我。遂日即於模稜之境。而不可窮詰矣。考無我之旨。盛行方外。經黜者。浸淫其說。假以爲肥遯。掩私之資。夫豈識我之本誼哉。昔哉孔子絕四。而殿以毋我。慨乎我觀之辨。莫切於此矣。毋史記作無。程子曰。此毋字非禁止之辭也。朱子集註曰。我私己也。語類曰。但知有我。不知有人也、或問曰。無我者、大同乎物。不私一身。精義引程子曰。至公無私。大同無我。若厭苦根塵。則是自利而已。何晏集解曰。處羣萃而不自異。唯道是從。莊從與曰。仁毋我。與人爲善。善則稱親。讓善於天也。綜以上諸說觀之。則所謂無我者。其誼概可想見矣。踐形深味、無我之旨、有二。而厭苦根塵、肥遯自甘者、不與焉。其一曰、知聖人之天德。即知聖人之無我。是故帝力何有。民頌神堯之無我也、無得而稱。民仰泰伯之無我也、丘未能一。孔子之無我也。吾日三省。曾子之無我也。願毋伐善。顏子之無我也。聞過則喜。子路之無我也、過如日月。子貢之無我也。反身而求。孟子之無我也。此皆聖人之無我。即聖人之天德也。故曰、正其誼不謀其利。明其道、不計其功。至於小杖則受。大杖不避。是曾子之未能無我也。可者與之。其不可者拒之。是子夏之未能無我也。未能無我。則所謂有間非仁矣。其二曰、識聖人之天爵。即識聖人之無我。是故敝蹝天下。大舜之無我也。過門不入。大禹之無我也。以服事殷。文王之無我也。三公不易。柳下之無我也。衣敝不恥。子路之無我也。陋巷其樂。顏子之無我也。富貴浮雲。孔子之無我也。萬鍾何加。孟子之無我也。此皆聖人之無我。即聖人之天爵也。故曰、君子謀道不謀食。憂道不憂貧。素其位而行。居易以俟命也。然則無我云者。無私欲之我而非無理義之我也私欲之我可無而理義之我不可無一日克己復禮而天下歸仁焉此私欲之我可無也人之所以異於禽獸者幾希此理義之我不可無也故以足己爲我而無之是也以修己爲我而無之非也夫我一而已而有可無有不可無即有可有有不可有不可有者驕其妻妾之我不可無者匹夫有責之我惟其爲我之體雖同而所以爲我者有公私理欲之用不同則有我無我之間君子於此亦權之宜審矣夫觀水者止於海觀聖人者折衷於孔子孔子曰躬行君子則吾未之有得又曰若聖與仁則吾豈敢未得與豈敢此孔子辭我之名也即孔子之無我也又曰惟我與爾有是夫又曰當仁不讓於師有是與不讓此孔子踐我之實也即孔子之有我也誠知無我之爲辭名即知有我之爲踐實矣若絕物以槁心而謂無我則心將焉往聖人必不然也非我所謂無我也或生心以徇物而謂有我則爲心所用聖人亦不然也非我所謂有我也凡我所謂有無云者存而與物爲體發而與物爲用閑邪存誠純是天理無一毫物欲係累其心公溥不徇私見故物情之通此相感而彼相應何嘗須臾之有間故一本乎天地之心抱與之量而內不見己外不見人惟見其可而已我可有時則有我我不可有時則無我無與有非我所逆計也吾何容心哉况無我之我即有我之我惟其竟無私欲之我是以全有理義之我也私欲之我

牽引於物理義之我稟承自天天爲大任而生我我爲膺天之大任而稟生也我不虛生則我之責盡確乎不拔則我之建存若夫拂逆之來窮乏之困動心忍性增益其所不能者正天之玉我於成也故曰多難所以啓聖殷憂所以興賢人能弘道道不遠人我欲求仁仁斯至矣三省吾身反身而求求在我者也舜予何人聖人與我同類耳聖人先得我心之同然也理義之心在我而已此天之所以與我者故萬物皆備於我矣我之爲我顧不重乎昔者孔子深著在我之重也而有加我數年之歎又著有我之貴也而有我待價之喩更自道其憂天下之深也一則曰苟有用我者再則曰如有用我者聖人之心非中於功利之熱也急欲平治天下也夫君子之於行藏也用舍無與於已而或有用焉以行吾道於天下則期月而紀綱布三年而政教行一世可以化隆俗美百年可以勝殘去殺此聖人之用心即聖人之有我也古之人已有行之者一夫不獲時予之辜此堯舜之有我也猶己飢之猶己溺之此禹稷之有我也若夫孔子之當仁不讓孟子之舍我其誰何等抱負何等擔當氣象森嚴有非降聖人一等者所能窺其蘊矣此聖人有我之至也有我之至吾得逐一而詳述之夫食無求飽居無求安就正有道一貫唯然此好學之我也見義必爲聞過必改去惡務盡樹德務滋此力行之我也非禮弗動非義弗取見危致命委身不辱此

知恥之我也。內省不疚，屋漏可質，仰不愧天，俯不怍人，此愼獨之我也。磨而不磷，涅而不緇，學而不厭，誨人不倦，此不惑之我也。危邦不入，巖牆不立，夭壽不貳，修身以俟，此知命之我也。臨深履薄，啓手啓足，身體髮膚，不敢毁傷，此歸全之我也。富貴不淫，威武不屈，窮達利害，不移其操，此持志之我也。放之則彌，卷之則密，浩然獨存，塞乎天地，此養氣之我也。仰之彌高，瞻之彌堅，忽焉在前，忽焉在後，此景行之我也。不謀其利，不計其功，用之則行，舍之則藏，此明道之我也。先憂而憂，後樂而樂，天下興亡，匹夫有責，此經世之我也。立人達人，因材而篤，任重道遠，繼往開來，此化育之我也。聲名洋溢，施及蠻貊，凡有血氣，莫不尊親，此天下之我也。行世爲法，言世爲則，聖人復起，其道揆一，此萬古之我也。至矣盡矣，不可以復加矣。夫我之爲我如是，其尊我之在我如是，其重我之有我如其是，貴世之君子，肩有我之責者，蓋可以興矣。

昌明國學可救今日之中國說

學者問於踐形，曰：夫子夙以弘道爲己任，而諄諄教人以作聖之方，一則曰爲學莫先於學能立身，再則曰爲學莫要於學能經世。夫立身之則，經世之法，已微聞其旨矣。敢問處今日之中國，欲匡輔教化之陵夷，而整飭風俗之頹敗，首以推行孔道，昌明國粹，爲先務之急，可乎？願求一言以作、救時之針砭、而爲衛道之干城。踐形蹵然曰。噫、蕪學如余。於聖賢之學未窺萬一。何能縷然詳爲吾子告。然孔子之道至大。國粹之責至重。凡有血氣之倫。莫敢不膺肩自任。祇以狂瀾既倒。世風丕變。擾擾天下。無非向蝸角爭雄。率土地而食人肉者比比皆是。誰復有千駟弗視萬鍾何加。修天爵之德。講作聖之學。以與天下更始乎。庸是私心徬徨。時增杞憂。深歎人心之陷溺、靡極國學之沉淪莫振。已有之而弗能自顯。轉讓西哲之覺者專美於外邦。數世以降。吾恐賓主之分早泯。而學殖益荒落矣。學記曰。雖有至道。弗學不知其善也。吾於今日之國粹亦云。夫國粹者國運之命脉。依焉國魂之精神存焉。國勢之强弱屬焉。教育之所起。道德之所出也。肩弘道之責者。詎可忽諸。是故國家之盛衰、全繫乎教育之隆替。尤切乎道德之存亡。我華立國夙以孔道爲修齊之大本。彌高彌堅。數千年如一日。言政言學。於斯焉折衷可矣。天生孔子。非獨厚我華也。綱常義理之蘊。人心所同具也。求則得之。舍則失之。百姓日用而不知。習焉而不察。聖人盡己之性以盡人物天地之性。從容中道。而自得耳。孔子相魯三月。而道不拾遺。夜不掩戶。駸駸乎幾臻大同之域矣。獨惜魯有孔子而不能竟其用。夫豈天之故靳魯哉。自非聖哲。知不足以知聖人也。今日之中、國壞亂已極。推原其故。實由孔道之不明不行。而小人無知妄作者之多也。誠欲規國運於隆治之域範人心於誠正之方舍孔道其何由蓋其爲道藏之則存乎一身推之則施諸萬物極之則行於天下孩提所同具夫婦可與能語皆尋常日用誦一可以終身不立異以求高不神秘以衒奇故其爲教皆可見諸行事之實準諸天下萬世有百利而無一弊邪說暴行者不能作也且禮必本於人情間俗從衆因時之宜故無不近人情之戒律亦無違反時宜之儀式而學者安心立命盡性踐形則聖賢之域人皆可自期而至所謂進吾往也韓子有言其爲道易明而其爲教易行也信夫然而舉世之人同甘儀狄已濡其首竟置易明易行之至道於不顧轉逐夫焚身灼手之勢利以自干戾何流蕩而忘返者之多也殆教育之未純而道德之未全歟教育未純故智識不正道德未全故品性不完善惡並興而莫知從違利害互叢而莫能趨避中心之操守不定亦惟有隨波逐浪同捲入旋渦而已是以君子舉善矜衆而教不能苟有所問必叩其兩端而竭凡所以期人潔已以進本立人達人之旨而與天下之士以同善也此即孔子誨人不倦孟子樂育英才之用心矣夫當今之世欲求國勢之盛民風之厚息內訌而弭外患非提倡道德教育以尊重倫理設立國粹專校以昌明經學則其道末由然提倡道德教育以尊重倫理設立國粹專校以昌明經學其道至大其責至重斷非皮毛浮誇之人可與共適必訪求敦品勵節之士訥言

敏行而可與任重道遠者屬以化導之權俾得專其責守而著其事功者也凡國內衝要之區如滬埠者最宜先設國粹專校由此廣敷可以普及全國斯誠爲道易明而爲敎易行矣至孔敎新議所云惟賴學者如宋明時提倡講學之風此言深有裨於今日之中國勵士氣振頹習輔敎育之所未周匡刑政之所不及揆諸先覺覺後之義大有與人同善之量此正孔子之所引爲己憂者而君子以朋友講習學者自遠方來則又孔子之引爲至樂者易文言傳曰同聲相應同氣相求論語顏淵篇曰以文會友以友輔仁於是天下之善士可友天下之善士他日一呼百應如臂使指其勢力之廣溥若決江河而莫之能禦也豈徒速於置郵而傳命哉故欲求聲氣之相通敎化之傳播厥維勵行宣講啟迪人心爲最著所謂因材設敎實即各處廣設國學專修校之計畫也所謂有敎無類實即各處廣組國學宣講會之成績也踐形於此再三思維以爲欲救今日之中國必先推行孔敎而欲推行孔敎必先設立國學專校以爲造養經世之人才之根本計畫又須組織宣講學會以爲交接天下之善士之正當機關而環顧海內士夫羣逞紛靡同甘醉夢誰復有此識力誰復有此擔當是以共和十四年來而武人政客壟斷國脈之命民氣爭爲奸險士風競習囂張强鄰虎視而猶全國獅睡尙得謂秦有人哉即有之甘心媚外亦不過楚材晉用耳

噫夫長此以往國家運命不知伊於胡底任道憂世之士能不爲前途危耶庸是發爲救國之論欲保國粹以留民氣尙講學以振士風庶幾肅肅國民率多飽學之善士莘莘學子蔚成愛國之良材芻蕘之議自有不能已於言者惟海內關心道德敎育之君子錄其說而取裁焉則幸甚

學校培育人才應注重國粹說

雖有嘉穀必從腴田栽培然後豐年苟不以腴田爲栽培則弗獲也雖有良材必從法型陶鑄然後成器苟不以法型爲陶鑄則無用也學校者栽培人才之腴田也課業者陶鑄人才之法型也是故學校完善則栽培之人才自穫課業正當則陶鑄之人才可用熱心敎育諸君子果有志於造就人才乎非從完善之學校正當之課業入手不爲功曷謂乎完善之學校凡所以致力夫養正發蒙之方而翕乎條理一貫者是已曷謂乎正當之課業凡所以敎人爲立身處世之道而切於彝倫日用者是已夫欲求養正發蒙之方而翕乎條理一貫立身處世之道而切乎彝倫日用者厥惟我華數千年來古聖昔賢相傳之國粹爲最深洽人情全符俗尙國家所由以自立之基礎者實在此即種族所由以保存之特異者亦在此蓋所謂一國之國魂也即一國精神之所寄也嗚呼一國有一國之精神然後乃能成其爲一國猶之一人有一人之精神然後乃能成其爲

一〇

一人精神不在則所存者既死之軀殼耳在人則不成其爲人在國亦必不成其爲國矣是故國家之能自立而不滅者必有其所以自立之道種族之能保存而不亡者必有其所以保存之方則國粹爲一國之精神所在可不重歟哀莫大於人心死痛莫劇於國粹亡人心既死即軀殼雖生亦行尸走肉耳國粹既亡即名義雖存亦附庸奴隸耳況他人縱有健全之精神而良巫醫不能移以補救無精神之行尸走肉起死而爲生然則別國即有美備之學識而賢師友亦未必能移以補救無精神之附庸奴隸興滅國而爲存矣奈何世之從事教育者徒知攻錯他山之石而竟自忘其懷中之璧棄周鼎而寶康瓠鳴瓦釜而毀黃鍾抑何所見所識之膚耶夫豈知木必有本本固則枝葉自茂水必有源源遠則流衍自長苟斧其本而溉其葉塞其源而濬其流則徒勞而無功安能有濟良由設施之未當其法措置之未得其宜耳近觀中國各地學校林立則教育不可謂不普及矣然其間所造就之人才果何如耶嗚呼學生之人格最高學生之責任最重今日之學生即將來國家需用之人才也苟不由小學時建立發蒙養正之基礎則毫釐之失勢必至千里之謬矣夫展智瀹識學府之淵深難測推陳出新思潮之變遷無窮學者苟非採取他人所長隨時興革固不足以言教育而善言教育者亦不徒採取他人所長以補其缺尤在能發揮

固有之性、以盡其才、故研究科學、與振理國故並重、若徒剽竊歐美之皮毛、而屏棄中國固有之國粹、則剜肉補瘡、何能適用、吾恐更數十年、宿儒盡死、舊學云亡、必致國粹之書、無人復能句讀講解、國粹二字、將僅留爲字典上一過去名詞矣、惟國粹之精神既盡、而國體之根本、亦不得不大受其影響焉、誠能知國本之繫乎國粹、則保存國粹、必不容緩、可知且所謂國粹者、非記誦詞章之謂也、養正發蒙之方、而翕乎條理、一貫立身處世之道、而切於彝倫日用、簡言之、即養成道德人格、提倡人道主義是也、其說莫備於聖經賢傳、數千年來、習俗相沿而不替、故能深入人心、爲我華立國之精神、以是謂之國粹云爾、幸得熱心教育之君子、提倡國粹、擇其淺近簡易切於尋常日用、可以躬行實踐者、作爲教科材料、施諸學校課業、庶乎築垣有基、行遠自邇、保國粹以留名氣、崇實學以振士風、則他日者、灼灼桃華、慶大稔樹人之嘉穫、莘莘學子、全蔚成愛國之良器、此學校培育人才、所以必先注重國粹、而注重國粹、即所以鞏固國本也、吾於是有感而言、深望興學諸君注意及之。

作聖百談　　三

作聖百談 二集

楊踐形著

人心惟危道心惟微解

江都相董仲舒曰、禹繼舜、舜傳堯、三聖相受而守一道。昌黎韓子述原道、而詳叙孔門心法道統之由來曰、堯以是傳之舜禹湯文武周孔孟。明道程子以爲非見眞實、不能出此語。然則所守之道、所傳之、是果何指耶。蓋歷聖相授。十六字之心傳是也。第此十六字者、不見於早出之書今文而獨在於晚出之書古文、遂有疑其爲僞托。然作聖之階梯惟此最捷、不可誣也。誠能如大舜之執兩用中、不爲子莫之執中無權、荀子所謂精於道一於道。則人心惟危道心惟微之旨可以身體而力行矣。心者、神明知覺妙乎形性。指其根於性而發、則道心也。指其雜乎形而發、則人心也。道心則純乎天命之賦、雖下愚。不能無道心。人心則兼乎氣質之稟、雖上智。不能無人心。二者雜於方寸之間、而在擇善以固執之耳。喜怒哀樂未發之謂中、發而皆中節謂之和、此道心惟微也。有血氣心知之性、而無仁義禮智之常、此人心惟危也。易繫以繼善爲道、中庸以率性爲道、百姓終身由之、日用而不知、習焉而不察、則莫不飲食、鮮能知味矣。周子曰、幾善惡、幾者動之微、吉凶之先見者也、惟幾也、故能成天下之務、知至至之、可與言幾也。子思子曰、莫顯乎微。又曰、知微之顯、無微而不顯者、一念之動、爲善爲惡、自知最眞、誠於中、形於外、不睹者睹、不聞者聞、惟其微乃所以爲顯之至也。庸言庸行、闇然而日章、閒居所爲、欲揜而自著、故君子必愼其獨、致謹於微、須臾不可離。道其導人爲善、每在善幾方動之初、其禁人爲惡、亦在惡幾未見之先、禮之明嫌別微、每從微處早辨而預防之於未形、故其教化之微、使人日徙善遠罪而不自知也。是以見面盎背、施於四體、不言而喻、而心爲身之主、萬物皆備於吾之身、物則即具於吾之心、苟能存其心、養其性、則必其明物察倫、以致其知者、既詳且盡、而見之於行、必能居仁由義、以盡其道、反情以和其志、比類以成其行、姦聲亂色、不留聰明、以養其內、淫樂慝禮、不接心術、以養其外、惰慢邪僻之氣、不設於身體、以養其全、使耳目鼻口心知百體皆由順正、以行其義、如此則道心雖微而顯、人心雖危而安矣。蓋耳目口鼻心知百體之用、雖屬人心、亦道心之所以秉體而不離、同流而不息者、非不善也、危焉而已。危之云者、謂其一蹴而至於不善也。所以好惡而有自然之節者、道心也、好惡無節於內、知誘於外、此道心之日微、而人心之日危也。人之好惡、本有自然之節、惟其不知自覺、無所涵養、而大本不立、是以天則不明於內、外物又從而誘之、此所以流蕩忘返而不自知也。

方其動與義俱天理自見及乎人欲日長貪嗜無厭淫湎無恥惟情是狥則天理之公卒無以勝人欲之私而道心之微者愈微人心之危者愈危幾何不爲物至而人化物矣小人不恥不仁不畏不義惟利是圖以小善爲無益而弗爲以小惡爲無傷而弗去故惡積而不可掩罪大而不可解旦旦而伐之牿之反復夜氣不足以存則其違禽獸不遠矣當其日夜之所息好惡尙與人近也息則仁義之心存牿則利害之見勝牿之反覆不已至於心但知有利害不復能精思體道欲息長仁義則利害之邪干犯仁義之良習染已深難覺而易昧陷溺既久難反而易流信乎庶民去之君子存之然道心雖日加微而不泯人心雖日加危而可治蓋以人之所得乎天而虛靈不昧具衆理應萬事之明德或爲氣稟物欲所蔽有時而昏至本體之明則未嘗息也養之則充徹之則露如草木之有種也雖早暵枯槁而遇雨則復生矣如火之有燼也雖重宿密覆而遇虛則復炎矣夫人心之動物使之然也叩之則應觸之則感相激相生循環無端皆緣物而起物動於內而心形於外淮南子曰感於物而動性之害也樂記曰感於物而動性之欲也去其害望其欲還虛靈不昧之體於本然之純粹則天地之道易知簡能繼之者善成之者性感於物而動者莫非至中至和之情道心非他得性情之正而已通性以恕推已度物發皆中節性始有實治情以

忠因其固然無有短長情乃有常中庸曰忠恕違道不遠曾子曰夫子之道忠恕而已矣是故己所不欲勿施於人己欲立而立人己欲達而達人聖人通神明之德類萬物之情亦近取諸身而已孔子曰能近取譬可謂仁之方也矣易繫曲盡萬物大學絜矩之道孟子强恕而行皆即反身而誠也不能反躬則好人之所惡惡人之所好是謂拂人之性能反其躬則人之所好好之人之所惡惡之從心所欲不踰矩蓋仁義禮智非他血氣心知之不偏者是也惻隱羞惡辭讓是非之心非他喜怒哀樂之不乖者是也此皆與生俱生不待學而知不待慮而能非由外爍我固有之吾故曰道心雖微而不泯人心雖危而可治也時至今日道心之微者日使其加微而不顯人心之危者日使其加危而不安風俗之壞亂已極道統之不絕如縷當仁不讓舍我其誰敢馨香以視天下之士

先聖後聖其揆一也解

天地雖瞬息萬變而天地之所以爲天地者終古未嘗或變我雖動靜形殊而我之所以爲我者終身未嘗稍殊可變可殊者天地與我之迹也未嘗變未嘗殊者天地與我之理也迹雖有異而理無不同是以人同此心心同此理天地與我爲類萬物與我並生天下之民殊塗而同歸百慮

而一致雖氣稟有厚薄偏全之不齊而心之所同然者仁義禮智之端蘊於吾性發爲吾德圓顱方趾之屬舉相似也其有橘枳之變者則肥磽雨露之異養非天地之降才爾殊也聖人與我同類者斯匹夫之與知與能人皆可以爲堯舜也舜何人也予何人也彼丈夫也我亦丈夫也求其所以爲舜者如舜而已矣舜而可如是則希聖可同也孟子離婁篇曰先聖後聖其揆一也揆之爲言道也揆一者道同之謂也君子出處語默不違其中其迹雖異道同則合夫禹稷之過門不入顔子之居巷尋樂所謂禹稷顔回同道使之易地則皆然也至於唐虞之揖讓夏禹之傳子湯武之征誅其事雖殊其所以爲聖者一也伯夷之治則進亂則退伊尹之治亦進亂亦進柳下惠之爾爲爾我爲我孔子之可速可久可處可仕此四人者或爲聖之清或爲聖之任或爲聖之和或爲聖之時而其所以爲聖者一也隱則獨善其身用則兼善天下位則制禮作樂師則繼往開來或動而世爲天下道或行而世爲天下法或言而世爲天下則其立德立功立言之流傳於世以不朽者雖不同而其所以爲聖者一也即使聞道有朝暮行道有難易然能自强不息克念作聖則始終條理爾力可至或生而知之或學而知之或困而知之及其知之一也或安而行之或利而行之或勉强而行之及其成功一也所入之途雖異而所至之域則同又況德不孤必有鄰

大德敎化、小德川流、而吾道一以貫之、猶歟盛哉、宗廟之美、百官之富、得其門而入者、可以徧覽而無憾。此天爵之所以爲良貴也。是故非法服不敢服、非法行不敢行、非法言不敢言、道德有於身、言行出乎己、百世以俟聖人而不惑、雖有聖人復起、不易吾言。上考往古、下徵將來、有以見之行事之實而無愧、前古有聖人、生乎吾前、吾不得而知也、其志同、其學同、其德又無不同、後古有聖人、生乎吾後、吾亦不得而知也、其志同、其學同、其德又無不同、昔日有聖人、其道同也、今日有聖人、其道亦同也、即後來有聖人、其道亦無所不同也、知乎此、庶可與語聖學之至矣。

同聲相應同氣相求論

繼往啓來、無非暢發前賢之經學、同心一德、庶幾大開天下之文風。是故魯論以學之不講爲憂、文之將喪爲畏、而以學而時習爲悅、朋自遠來爲樂、於此可以見君子之用心矣。蓋道德文章萃於君子之身、己立立人、己達達人、不忍默睹運會之潛移、道德之淪喪、敎化之陵夷、遂慨然奮發以弘道爲己任、本其飢溺猶己之心、善與人同之志、道濟天下之懷、而經綸世變、敎育英才、作中流之砥柱、挽狂瀾於旣倒、必使杏雲遍行、時雨施化、學風所播、洋溢乎中國、五方之民、達其志、通其欲、慕道好學、聞風興起者、不遠千里而來、懿德出於同好、至誠自然交孚、淵泉溥博、左右逢原、不舍晝夜、盈科後進。拔茅連茹、同登大雅之堂。詩曰、相彼鳥矣、猶求友聲、矧伊人矣、不求友生。故獨學而無友、則孤陋而寡聞。所以君子有友朋講習、學以聚之、以文會友、以友輔仁、堂室談詩書懷開霽月、門牆盡桃李、座滿春風。天下歸仁、人心自正、明經致用、朝野多篤學之人、易俗移風、閭閻盡斯文之士。所謂禹稱善人、而不善人遠者、此也。易文言曰、同聲相應、同氣相求。知幾之君子、可以觀矣。夫雷風相薄而成聲、聲同則此唱彼和而相應、扣宮而君弦響、鼓角而角弦動、此物之同聲相應也。山澤互感而通氣、氣同則彼施此受而相求、燧取明火於日、鑑取明水於月、此物之同氣相求也。是皆天籟之自鳴、天機之自動、即天理之自孚也。其於人也、亦然。來游來歌、以矢其音、明良一德、與好爵而靡焉、此人之同聲相應也。千里之應、一堂之應、無非根心而應也。應則志通、中心願矣。不能則學、疑則問、欲行則比賢就有道而正焉、此人之同氣以求也。童蒙之求友生之求、無非反身以求也。求則得仁、道不遠矣。是故木鐸金聲、孔子之播仁聲也。近悅遠來、順乎天而應乎人、則德不孤、必有隣矣。叩竭兩端、吾無隱乎爾、平旦夜氣、孟子之養浩氣也。集義配道、斆有功而求有得、則修身以俟、旦暮遇之矣。歸有餘師、舍我其誰哉。蓋天地萬物、本同一體、極其廣大精微、罔弗備於我身。君子同人物與旡妄、即天道之流行無間。至誠之自强不息、而百姓終身由之日用而不知者。惟君子爲能通其志。惟聖人爲能感人心。是以合志同方。營道同術。上下同志。以中正之道。應之類天地萬物之情。而復歸於和平。荀子云。同焉者合。類焉者應。素書云。同志相得。同愛相求。可知人之所以同者。志同也。志同者道同也。道同者學同也。學同者教同也。人心之不同如面。而教亦多術。出奴入主。是非互競。形狀聲音。而學風頹矣。何能同聲同氣以相應求哉。然與知與能者。聖人與人同類也。有教無類。人皆可以爲堯舜。聖人先得我心之同然耳。盡己之性。盡人之性。盡萬物之性。則可與天地參矣。是故木石可與。麋鹿可遊。蠻貊之邦可行。君子所居則化。殊塗而同歸。雖無心於感物。而物有不期感而自無不感者。由中而發入人之深。莫之能禦也。君子出處語默。不違其中。其迹雖異。道同則應。與善人居。如入芝蘭之室。久而不聞其香。則與香俱化矣。與惡人處。如入鮑魚之肆。久而不覺其臭。則與臭俱習矣。故人心一念向善而衆善俱隨。一念向惡而衆惡來。歸此聲氣之微。以類而聚也。同道爲朋。則君子進。小人退。而不流於惡。同利爲黨。則佞人親。賢士疏。而不至於善。此應求之漸。以羣而分也。是以君子之言行。中倫中理。必信必謹。善則誠感而和氣致祥。不善則僞感而乖氣致殃。言行所以爲樞機之發。榮辱之主。擬議以動。必愼其獨。大學著誠於中。形於外之旨。中庸發見乎隱。顯乎微之論。其以此夫。大戴禮曰

作聖百談　二〇

言不遠身，言之主也。行不遠身，行之本也。出身加民，發邇見遠，言行，君子之所以動天地也。是以一身由仁而一家仁，一國興仁，天下歸仁，則應求之感化有如此者。一鄉一國天下之善士，斯友一鄉一國天下之善士，隨其高下，以爲廣狹，則聲氣之相通，又有如此者。進而至於尚友古人，而無愧百世，以俟聖人而不惑，則後之視今，亦猶今之視昔，聲同則無所應而自應，氣同則無所求而自求。天且不違，其道常新，孔門之言，豈欺我哉。顧其造端之始，則在研經致用，講學會友，雖有至道，弗學不知其善也。學問思辨，所以進德修業也。孟子曰，君子反經而已矣。是以經正民興，誠邪道息，揚庭之夬，碩果可存，肩世道之責者，盍興乎來。

中一子雜篇甲

梁溪楊踐形著　省齋日省錄

雜篇甲篇目

雜篇甲

聖道篇第一

惟我中夏聖賢之道自堯舜禹湯文武周孔顏曾思孟心法傳授道統相承數千餘年以至于今經緯宇宙經權常變本性命于至善之自然與民物以時措之盡宜窮神知化天地弗違誠立明通體用一致是以貫萬象而亡外亘千古以常新若夫殊方異域之儔雖未必一亡所建而盛衰靡定毁譽不常隨世運以變遷視人心爲轉移可方起而否已除利未生而害先至說之不完蓋

可知矣

聖學篇第二

平等莫精于恕自由莫毅于勇慈悲莫深于仁儒家之説攝各教而有餘所謂一字可以終身行之者此也當仁不讓見義勇爲百折不撓（一介不與人、取人、臨財不苟得、臨難不苟免、）外物不誘非自由而何已飢已溺立人達人勿施無加反身絜矩非平等而何博施濟衆曲成各正視民如傷聞聲不忍非慈悲而何同具人形同體天性至平等也父子夫婦尊卑長幼至不平等也至平等者理也至不平等者分也至一律者道也至不一律者藝也天命之賦初亡彼此厚薄之殊故曰有教亡類言道也人事之造各有淺深異同之趨故曰力不同科言藝也强各人一致使失其自由賊性者也

形上者道形下者器科學家徒騖形下不知道即不知器也謂之外馳宗教家空談形上不知器即不知道也謂之迷信二者不可須臾離知此者萬物皆備其聖學矣乎

辨學篇第三

聖學異端之辨有本末全異者白之較黑其區之也易有毫芒之擬似者紫之亂朱其析之也難苟

非存養純熟雖明哲不免陷溺一濡染而潛移默化有不自知矣

生理篇第四

或謂動物以知覺運動異于植物然萬物同具太極各一其性陰陽之气五行之質雖得有偏駁則人（健全）而生理亡（天地之大德曰生）殊（生生之謂易是已）向日（葵名 向日）含羞（草名 含羞）捕蟲舞葉（不但以麗花美葉誘虫而掩捕之、亦有鬼樹、經運其枝條以繞人而吸之者、）胡爲乎然也非知覺運動所可睽也謂亡耳聞目見則可（亡官器、）謂光（日電）與響（振感）不感則不可罔非能舌嘗鼻納而根之收養（收肥料、養枝幹、）葉之吸輸（吸炭呼養轉送全體）未嘗不具腸胃心肺之用榮衛亦有經脈寒暖亡異膚覺（觸官似臭、）蕊藥（雌蕊雄蕊）構精（雌雄有同花異株之別、亦同花不交、異姓乃娶、藉虫鳥風水以爲媒、）而懷子遠近殖地以播種（或異子翼風而遠、或鉤子附畜物、以他播、或甘果嗜人畜、轉輾異遷、）訓詁言爲策惰（或用電力、或施夏楚、）施藥石之醫危死生榮衰動物不二也觀于動植物而人類更可識矣

哲理篇第五

西洋哲學原理多元論（中國五行說、印度四大說、及希臘古說、）不足道外則有二元一元之殊論主二元論者復有異說或謂二者皆物質（上古未開化時、）或謂一物質一靈性即形神論也（中古世說、）主一元論者則

謂形神本非二物。實其一體一用。亦因體用所主互別。而有唯物唯心之分。如唯物論。謂物質實在。而精神其作用。若唯心論。謂精神實在。而物質其形式。更區爲二。一曰絕對說。謂精神認識或種精神現象。卽宇宙精神。二曰人格說。謂萬物由心所識。以上數說。已爲學者擯斥。亡自存餘地。最後調和一元二元之一元兩面論。又有二說。(甲)于身心外。別立一原素。身心爲其作用而互應。(乙)唯實體。精神雖不得離物質而活動。亦得由精神波動緣他物質而活動。卽物心平行論。此後說較勝。彼剽竊太極生兩儀之說。而猶未挈其要。如(甲)說。是太極自太極。兩儀自兩儀。幷不及一元二元之簡矣。(乙)說實體頗似太極。而云精神可緣物質而動。雖類于光浪傳光。聲浪傳聲。電浪傳電力之盪動。可由此而緣彼。然不知物物一太極。何嘗彼此相殺。彼此相異。而陰陽有對待流行之妙。錯爲气。異性二氣 綜爲行。四大五行 卽錯卽綜。苟待相緣。滯矣。蓋西人不藉形下之器。不能明其所以。而哲學與科學異趣故也。

理氣篇第六

理一而已。气則有二。卽一卽二。非理外有气。气外有理。理不離气。气不離理。故太極卽陰陽之未形者。陰陽卽太極之已分者。言其用雖有陰陽。言其體不離太極也。非一元。非二元。故一本萬殊。

故太極爲宇宙之原絶對亡差別之本而陰陽非相異二實體乃一元气所發見爲二物者言對待則二箇言流行則一气陰气之流行即陽气之凝聚爲陰二气之分即一气之運也

陰陽篇第七

陰陽太極之才也兩儀之有消長量也流行之有往來時也運轉之有詘伸位也陰陽迭爲消長全體之總量未變也六畫者總量也一消則一長也一陰陽之和等于全量

心喻篇第八

心何以統性情即太極所以統兩儀也心離性情不立即太極離兩儀不得也性心之理情心之用有是理乃有是用有是用乃有是名心猶穀也有此生長之理性也乃能生長情也心兼統善惡而性獨善何以能爲心之理而生情之有善有惡也善惡本非對待也生長固理也而有時不能生長非理有不生長也乃不遂其生長之理時利之不得宜栽培之不得法故有不生長也而情有不合乎性善之理者則爲惡也非惡存乎性也心之爲穀順乎生長之理則善悖乎生長之理則爲惡也

迹善篇第九

微者理之精迹之不可見者也妙者理之微也幾者動于人心之微也善惡分歧處亦誠意工夫下手處也獨者意之初發獨中有幾焉迹者事之著物之形也迹無善惡可否中正而已矣正亡不善不正而后有不善中亡不當不中而后有不當貪吝惡德也貪于求道日新不已吝于爲非私欲不牽正也卽善也耻美德也不愧于天不怍于人不慚于己不忝于德羞與不善爲伍善矣若防人非笑羞而不敢爲恐己隤頹惡而不願爲欲爲又畏人知忸怩而不肯爲抑亦過矣

道德篇第十

寂然止靜誠也大公也感而遂通明也順應也尊德性德也故有凶吉道問學道也故有君子小人德品性也正則吉邪則凶道本務也合則君子悖則小人

具有心推本原理而範圍萬有演繹也蘊內發也主觀具實心觀察事物而汎得實驗歸納也由外爍也客觀

德性也道心也虛而寂靜欲盡理見也靈而感通天人相與也理良心也卽道心也亦曰天良天心神明欲習心也卽人心也亦曰人欲私心薰染心者合天人言也天人一欲亦理也天人分理猶欲也故曰道不遠人人自違道又曰人能弘道非道弘人道心惟微見如不見人心惟危不熾

而纖能遏其習心之焰即著其良心之純也。

性簡篇第十一

聖賢之道不外尋常日用彝倫攸敘之教而已故曰道不遠人若騖爲高遠難踐之事則索隱行怪非君子之宜矣所謂小人之反中庸也小人而無忌憚也是故庸言之信庸行之謹大本達道遵是而路焉。

夫天命之性初亡聖凡之別安有賢愚之甄一自人心日即于澆漓背馳刺戾夫正途利欲薰其志遐異奪其情習染漸深气質乃變與知與能既藐如不屑而良知良能又忌爲畏途其所趨焉步焉者積知積能亦無以饜其好奇遐異之私則遐想索思競相習夫特知特能以要時譽在所不免然非本性之務識者不取焉。

人有遺其珠者遑然出門訊于途訊于市遍索而莫得也廢然而返入室而寢憊極而寐瞿然而醒則輝乎煌乎照耀乎衾席者向之所遺之珠固在也豁然歎曰物在邇而求之遐事在易而求之難向吾遺而今吾覺也夙知其然胡爲乎疲于趨步爾

本性者明珠也不在途不在市遽爾而得之衾席之間不費搜索何其簡也而如人也以爲至常

至平之績不足以暴其藝而揚其材非求至奇至高之行何以宿酬其生平之抱負以與世抗衡乎途也市也較之衾席廣矣然而迷衒茫莫入者眩焉

性常篇第十二

仁者愛也仁以接物義者宜也義以處事禮者理也禮以律身智者通也智以明理信者守也信以養心此五者性之常也若情全性惟立志爲先

譬如築垣然先入爲主立基石也後來居上蓋面磚也實其中者所以成垣之材也垣之因地傾直雖似乎積材之鬆實缺完所然而其高下厚薄實視乎立基之淺深寬隘致然誠哉立志之不可不審也

性純篇第十三

氫氣化合成水本無清濁可分及其雜汙泥則非純矣性本無善惡可言及其隨氣稟則亦非純矣水以不雜者清而性以純者善故曰水本清性本善清濁非各隔善惡非兩物對立並行也純與雜之謂也

性善篇第十四

人性猶水也水無有不下性無有不善其有不善者動而之于欲也欲者性之有也欲盛而性蔽發于性而背于性之其所僻失其故常是以流于不善去其舊也遠矣

方性之未動也未始有惡也及其既動而善惡始分非靜時爲善而動則爲惡也亦非靜時本無善惡而動則才有善惡也更非靜時混具善惡而動則顯別善惡也謂性之動未必皆循乎常則物欲引之而化爲物惡者常之變也變生于失常故惡生于失善失非常偶也性之動其善者循乎常也善所當爲無可卓異偶不循常斯有善惡于是別其所不當爲者爲惡卽有其所當爲者爲善與之對待而善惡之名以起

凡善非自名也爲有惡與之相形而益彰是以貴于有善也使發皆中節無有不善則奚啻惡之名不能並在卽善之名豈能獨存哉（謂無惡與之對待故無有不善則善之實皆同而善之名不必獨存）何不幸而有善之名存斯惡之實終古不免夫

性察篇第十五

語云家衰見孝子世亂識忠臣凡道德功業之著胥作如是觀

夫人心之善本乎天性誰能獨異彼能使人見使人識者亦同具此固有之良祇緣發施有機得

以表而出之。而世人以爲非常矣。庸詎知行苟違常，斯乃悖德剢五常。五德盡人所同，不遇其機，是以隱而未發，終其身于不聞者衆矣。此所以貴有無名之英雄，而有名之英雄且由是以栽成。何世人獨頌行人之迹，而忘其迹之由足耶。豈名之彰不彰，亦有幸不幸耶。

雖然，臨利不苟得，臨義不自餒，已屬難能可貴。非平居存養有素，尠不銜亂失持，以昧厥初者。是以君子論人，居則察其所存，動則視其所難，豈第不失眞善之士而已，實有以洞燭僞飾之情也。不然，色厲貌恭，則紫可奪朱，莠可亂苗矣。尙焉能辨涇渭之源哉。

性秉篇第十六

天一生水，地六成之。天生地成，若乎序也。水者，萬物中之至清者也。以水況性，莫切近焉。夫火地生天成，則次乎水而濁矣。雖有文明之象，而乏滌蕩之功。不善者燬化之耳。豈如水也，靜可以鑑微芒，動可以澄汚濁。非酬應萬彙，而其自然之濬，本然之清，不息之流，未嘗瞬異。即使過顙在山，旨蔽渾駁，囿池范沼，而其本性（指濬、純體）（指清、妙用）（指流、即誠），不以是有間。一旦加以澄治之功，蒸（用曲管取其清汽、）溜（用砂石濾去其渣滓、）之方，平其搏激，疏其壅塞，則浄者自清，順者就下，健者不息，初固無貳也。性之在人亦然。性亡不純也，亡不善也，亡不誠也。而气質駁之，物欲汨之，私意域之，然其自然之理本然之明當然之實則須臾亡毫髮貸（借也）苟存養不怠則固有之初未始不可復也故天命之素無不同而气受之稟有各異氤氳構精而後遺傳胎範（父母習性胎中影響）實操三品之秉眡晐分娩以降家儀（家庭）俗尚（社會）並司五常之衡天性墮于气性气性遷于習性教養有方則爲成材雖偏駁昏蔽之不免而因材設教庶乎气質可變化有教亡類自得風習之轉移誠能革舊染之汚而進新明之德去利欲之私而存義理之公則爲道不遠求仁即得而天命可幾矣

性變篇第十七

人之初生稟天賦理性及混沌既鑿落於後天遂成染業之氣性及其少長而受家庭風俗之習尙遂一變遺傳之個性而有積學之習性孔子曰性相近也習相遠也自性變氣自氣化習遠而更遠上者愈上下者愈下習也於是積習成性習與性遷氣者移性之性習者移氣之性少成天性可不危哉習之既久善焉惡焉各適其用各就其利謂之材性士農工商儒道釋軍旅師各有其材故材不材各因其教之宜有教無類即化異成同也因材設教即栽者培之也樂得英才而教育之所以成其材也此又四變矣至五變則定或聖或賢或愚或罔謂之定性變化氣質者指善變言也善變者不材不肖不善不智變化而使之材也肖也善也智也無用者亦有用不類者

亦大類此善變也變其性情怠者以勤傲者以敬驕者以謙慢者以恭佚者以勞蕩者以檢邪者以正流者以返惡者以善愚者以智悖者以順失者復得缺者復完喪者復歸散者使之樸器者化爲道此善變之極則也變而通通而復復而天性還我矣是故天賦爲理性及染業則成氣性受家庭風俗之習尙而爲習性善惡各適其用各就其利而爲材性至最後之成就爲定性此性之有五變也

性教篇第十八

天之生物因材而篤聖人誨人因材設教故若乎性者事半而功倍悖乎常者心勞而力蹶何今父兄之期乎子弟者以父兄之所性爲責不合乎子弟所宜不能盡其材也而曰箕裘之不克紹可乎栽者培之濬而導之養之以義教之有方則木屑竹頭匠氏之門無廢材牛溲馬勃醫師之方無棄用九夷四塞聖人之教無遺類矣然而仍有義之不徙善之不遷者非天之降才爾殊也教者之過也

教學篇第十九

惟天下至誠爲能盡其性而盡人之性則明動變化有不期然而然矣苟昧性施教未有不賊其

性者也枉性求學未有不戕其性者也拔苗履經又烏乎其成乎周易著各正性命大學有止于
至善故聖人之教莫要于因材因材者非放任之謂也就其所善相其所長啓其所持發其所蘊
則順勢利導而無枘鑿跛躄之困矣以此施教則教易入以此求學則學易成率性修道豈有他
哉雖然一本而萬殊者藝也萬殊而一本者道也藝固判乎短長因人有各異道不必乎彼此率
土無或間故人所分者技藝之末而所同者道義之精也［必分匪也］

惟習篇第二十

天地之中氤氳而爲人凡人之生無非性也然形生神發而後何處是性耶自來性家善惡異同
之辯固不足道矣賢如宋儒明氣質之性以發韓子三品未盡之意俾孟之論性荀揚之論氣［程子
曰論性不論氣不備、論氣不論性不明、］者同歸完璧尙矣夷徵諸杏壇設教故性兼氣質言也惟兼氣質始有人
生之謂性徵氣質何處是性耶離人生而溯言性將毋淪于虛無寂滅君子不謂也遺傳胎範𨇤
成氣質之性而家儀俗尙實司轉移之機徒講氣質猶去聖人之言一間惟耳濡目染蘭熏露滋
漸摩精熟有不自知其然而不得不然者斯習之所以變化氣習也不觀夫生物之進化種性之
改變乎淮南爲橘淮北爲枳氣質何能常定亦祗順應環境盡所能以取所需耳飛者可使棲潛

者可使遊暴者可使馴敵者可使友（貓鼠同穴、蛇鼠同穴、鳥鼠同穴、）鳥獸可倣人言（猩猩鸚鵡同見曲禮）花朵之形色可由人工改造萬物猶然可知同屬人類無不盡同而有能不能適不適者非天之降才爾殊也所習之非一也方言各殊而舌人可通其始非不結舌聱牙剌耳難擬而習熟則喉舌自調徵差立辨舉一例餘何習不然故伎無不能習則能儀無不適習則適也然習與學不同學者摹擬于有形習者浸潤于不覺而憚難紛怠學則不成習之中人無微不至故孔門記聖人之語首之以學而時習中之以性近習遠習之洗心革面顧不重于氣質耶氣質能影響天性習更能變化氣質學之成材亦惟視習是賴焉耳不知氣質固不識性不知習豈誠能識性哉然則論及氣質即不可不轉論習矣苟未諳氣質可變化則氣質詢足左右人性爲重此世業階級之古制由然今而知遺傳之影響至微不若環境改造之烈也豈第主進化淪者言然徵諸孔子有教無類之旨信乎中也養不中才也養不才樂得天下英才而教育之則舉世無遺才無棄才矣是故氣質不需言性乎唯習作聖之階梯在是矣

周易箋形說

楊箋形講

龍戰于野其血玄黃解

易坤上六繇詞曰龍戰于野其血玄黃試條解于下。

〔首曰龍〕 嘗讀許書而知龍之爲文从童得聲考六書之例形聲之字非獨主聲兼取形義誩之从童亦兼義也龍何取乎童震陽也乾坤交媾一索而得長男謂之震有父母在故稱童也孔子易象龍取于震說卦傳曰震爲龍是也（諸家易象不取）震初得自乾體故龍爲陽乾所以六爻皆稱龍者本震爻息來起初之潛而位五之龍也（龍从𦘒者、即飛字省、从月者、坤陰柔爲肉、限于篇幅、義略、）在坤之上六卦陰爻陰而位又陰何以稱龍夫陰稱蛇陽稱龍爻辰在巳巳屬蛇杜鵑田謂陰疑夫陽蛇盛似龍故稱龍也夫然則鄉愿可以爲君子矣文言所謂陰疑于陽者疑亦作凝即天地之雜也鄭康成曰上下爲蛇得乾气雜似龍夫乾不爲首六十四卦無非乾也坤自初爻變乾爲姤馴致五爻變爲剝至坤而六爻純陰然生生之理無頃刻可息剝上未盡消時復初已伏潛龍可知陽未嘗盡也在易例剝與復綜剝上來復初而爲震龍聖人著貞下起元之義以見陽與君子之不可一日無故特于坤之上下言龍考諸十二辟卦坤當十月之候六爻純陰槩觀之幾疑無陽不知陽雖生于子實積始于亥故古人謂十月爲陽月荀爽曰消息之位坤在于亥下有伏乾爲其兼于陽故稱龍蓋自一陰生于午而至下陰盡于亥苟有一瞬絕陽則乾坤毀矣易道窮上反下陰極則陽伏此正坤闔戶之際而乾發軔之基大彰龍功非獨聖人覺世之懷要亦天地元吉之心也

〔決曰戰〕　孟喜曰陰乃上薄類似乎陽必與陽戰干寶曰天道窮至陰陽相薄也夫陰从陽者也本不敢與陽抗然盛極而勢敵于陽則竟相抗而爭復進逼不已終必至陰陽交戰開釁之端陰實尸其咎而獨稱龍戰者說卦傳曰戰乎乾係戰于乾故稱龍戰若曰陰犯順而龍戰之非陰與陽戰乃陽不容姑息而來戰陰以討陰之義與陽不許陰爲敵體也然上下陰極敢與陽戰不特疑似于陽目中已無陽矣故禍不可玩陰不可長陰長自然陽消龍戰之惕固爲世人危爲君子戒而志不可縱欲不可滿欲滿容易惡盈龍戰之禍尤爲昧者惘爲小人惜夫冕雖敝不加足履雖新不加首陽雖至微陰雖至盛而陰陽之分前定聖人扶抑之際權衡萬古上體天地之心無毫髮可私陰符經曰天發殺機龍蛇起伏（刊本機字下、龍字上，多移星易宿地發殺機八字，今從朱紫陽本。）人發殺機天地反覆天人合發萬變定基天發殺機龍戰之象也龍蛇起伏剝窮上反下也潛而未見藏身以待也人者人心惟危反覆者反復其道也乾亢則消而爲姤坤戰則息而爲復也合發者理欲交戰于中定基者聖人修身克己之功也在卦气亥以寒凝之極而微陽薄之來戰之陽已乘龍象則坤終而乾又始矣未幾而復亨剛反則知此一戰之功居多龍蛇之戰雖本造化自然之理苟出于有形則荼毒生靈有傷天地之和孟子云善戰者服上刑是也惟不嗜殺人者無形之中一怒而安風化正人心息邪說是故善爲學者貴克己善爲治者在修身以天理之公戰勝人欲之私以衆人之善戰勝一己之過此則善體易旨而得龍戰之微趣者企予趾將以觀海內之士

〔復次曰于野〕　野象解者亦有異說或曰乾爲西北之卦西北曰郊郊外曰野則野者乾象也或曰坤爲地引伸爲邑爲郊爲野則野者又坤象也而孔穎達則云戰于卦外故曰于野夫坤純陰也非乾也而乾坤毁則天地幾乎息矣坤者表陽已處乎卦外衷陽將透乎復心卦外固在卦外復心豈在卦內哉自道之不明也天下之學非淺陋固滯則窮深極微而不可以入堯舜之道邪誕妖異之說競起塗生民之耳目溺舉世于汙濁雖高才明智膠于見聞醉生夢死而不自覺是皆正路之蓁蕪聖門之蔽塞闢之而後可以入道其于野之象乎聖人辨異端似是之非開百代未明之惑其龍戰之象乎彼陰類者方竭其全力以排擠君子必至盡其類而後快不知天良發自人心正道斷難滅絕晦盲否塞正所以兆昌明隆盛之機賢人在野將以木野振斯民詔後

周易踐形說　四

覺東周之亂而天生孔孟是也歸龍戰之功于在野諸賢故曰龍戰于野

〔復次曰其血〕　孔子文言曰猶未離其類也故稱血焉實本坤卦爻位皆陰安能離其類陰幾于陽蛇盛似龍小人雖盛極而不離陰類聖人惡紫之亂朱惡莠之亂苗也正其名定其分使天下後世不容售欺其姦陰之心雖欲自離其類聖人以其未離陰類也故稱血以别乎陽在易例以乾通坤成坎坎爲血卦何以非陽主先天位象方戰之時言後天位象之北方坎卽先天坤之本位爲暗爲險爲憂皆坤先迷復之象也與本自乾位成之離卦嚮明而治利見大人者不可同日語矣夫以陽之至微似無能勝之理而陰之所成則亦各以其分雨暴而沼溢酒滿而卮泛不圖反省悍然敢與陽爭傷而見血其敗由己而由人乎哉蓋勢之所在陽雖不能獨全而理之所在陰亦豈能獨免卽至兩敗俱傷抑亦何利之有惜乎陰之不悟也

〔後曰玄黃〕　周禮曰天謂之玄地謂之黃天者陽始于東北故色玄也陰者地始于西南故色黃也玄黃者天地之正色所以明天地之定位也孔子文言曰夫玄黃者天地之雜也天玄而地黃指天地氤氳萬物化醇一索而得長男則乾坤雜而爲震說卦傳曰震爲玄黃孔穎達曰陰陽相薄故其血玄黃是也夫陰陽戰而見血當其雜也玄黃似乎莫辨而不知卽雜之中玄者自玄

黃者自黃譬若薰蕕合器涇渭同流定分原在斷無混淆彼敢于擬陽者不過冒相似之迹以猝亂宇宙于一時耳夫豈能隻手摘盡天下之人心哉未幾而七日來復反復其道天運自然利有攸往雖物之始生其气至微必多屯難陽之始生其气至微必多抑塞苟能免于牛羊之牧斧斤之伐則其類漸進而亨盛衆陽之朋可待即天地之心可見矣所謂吾之心正則天地之心亦正吾之气順則天地之气亦順噓吸太和洒然獨往獨來于古今以上與造物者遊此則大丈夫德建名立後希聖時之所爲也願與好學深思之士共勉之

【最後曰結論】　夫坤自履霜之漸馴致其道而至于剝則碩果之存者僅矣小人道長君子道消其所由來本非一朝一夕之故女壯爲禍辨之不早致使六爻盡陰與陽抗體昔日之流風餘韻殆不可復睹焉然而剝極于上則復反于下矣剝極必復自然之勢也龍戰之義聖人發之于坤上六爻者不第見道之不終晦且以著其愈晦而愈明也人心惟危舉世同夢玄黃相雜追心即在戰中梏之反覆則夜气不足以存夜气不足以存則其違禽獸不遠矣陰道至于盛極陵陽龍自不容已于戰矣然而馴致其道者誰也陰本非陽敵而敢于抗戰何哉皆由君子不能防之于徽使道至于窮極而然耳若當始凝而早制之安有今日之禍哉故初六所以著陵陽之漸于

其始上六所以著陵陽之禍于其終禍起于忽微而成于不可測非知幾之君子其誰能免之陰符經曰火生于木禍發必尅姦生于國時動必潰知之修煉謂之聖人孟子曰上無禮下無學賊民興喪無日矣又曰世衰道危邪說暴行有作其坤上六時乎又曰昔者禹抑洪水而天下平周公兼夷狄而百姓寧孔子成春秋而亂臣賊子懼我亦欲正人心息邪說距詖行放淫辭以承三聖者豈好辨哉余不得已也其龍戰于野之謂乎此聖人順時之變以道自任新天下之耳目詔後進于聰明其血玄黃正所謂復見天地之心陰陽消息天運當然气有闔闢物有盈虛而天地之心則亙古亙今流行自若未始有毫髮之間斷君子藏器于身待時而動精義入神以致用利用安身以崇德知道者默而觀之可也

中一學院國學講習社簡章

（一）宗旨　本社以研究實學闡揚國粹發達固有文化造就道德人才爲宗旨學問以外之事概不與聞

（二）事業　本社事業根據宗旨分下列數種、（一）編纂部、（二）講學部、（三）徵文部、（四）研究部、（五）出版部、

（三）職員　本社職員社長一人總理社務各部主任若干人分掌部務隨時加請鴻彥碩儒名師宿學指導各種國學門徑及研究方法

（四）入社　凡有志研究國學願遵守本社宗旨經本社社員之介紹者均得爲社員

（五）利益　本社社員如有文藝作品或任何作著或由本社按期徵集者不論成帙著稿如經本社認爲合格於中一月報發表外隨時可由本社介紹或代爲出版徵稿者分別給贈獎品

（六）研究　社員對于各種學問確有經驗心得者得隨時建議發揮以便商榷而資提倡遇有疑難不明處得隨時通函質問或面求講益

（七）獎勵　社員能發揚文化振興國學及爲社會培養人才或於學說上能發明新理有特殊之創作者本社卽贈予榮譽獎品以資勸勉

（八）優待　本社出版部書籍社員有享受特別優待折扣及贈送之權利

（九）社址　在上海敏體尼蔭路同康里（卽法租界殺牛公司對面）中一學院內

（十）附則　本簡章如有未盡事宜得隨時修正之

丙寅冬月印行

（定價四角）

學餘編譯
著者
楊踐形
贈送

出版處　中一先生同門會

發行處　中一學院　上海赫德路同康里

印刷處　著易堂印刷所

指道真詮

序

中一楊子懷才隱遯，杜門著述，博通經子科哲之學，密傳聖賢仙佛之心。譌宓羲而承易統，參倫以補樂經，纘斯文於倉頡升宣聖之廟堂。又復竊比老彭，養生導引闡道德南華冲虛之微，發參同抱朴黃庭之祕。卽崔公入藥洞賓沁詞，紫陽悟真諸篇，下至南北兩宗諸作，靡不通覽。而於唯識華嚴法華禪密諸宗，大乘經論，又淹貫宏通，所有著述，不偏一家言。庚申冬校閱道藏全書七千八百餘卷，摺擷精華而成修道纂要。辛酉任傳道院指道，而述黃庭發篇，爲接引初機，而著康壽自然法，按期分登靈學精華，茲又重膺使命，作指道真詮十五章。而及門諸子，亟欲付梓，丐序於余。余深歎丹經諸書，汗牛充棟，類皆庾詞隱語，祕毋言子，讀者有不勝盲人摸象之感。今中一子此書，實驗直敍，毫無閃爍，讀之可免錯誤，倘得作者指示，依法修持，定獲奇效。求道志士，手此一編，勝讀丹經萬卷，而道藏全書，盡覩筌蹄矣。其傳心一訣，直入如來祕密法藏。不是佛，不會說，不是佛，不敢說，而且不是佛不許說。諸善知識，將此參悟，保管頓超三界，立地成佛。第恐不是佛，不肯悟爾。辛已夏月，常勝老人司馬潛序。

指道真詮

2

讀者須知

道家學說，祖述老莊。莊中一子本衞道破迷之苦衷，撰指道真詮一書。首章詮道，二三章詮中一，不僅以莊列韓非抱朴解老，且以本經自相解。四章詮真，五章師說，不僅修養淵源莊子，並且宗師孔顏。六章三大法門融易繫書訓論孟學庸黃老止觀各說於一爐。七章坐法，八章息法，九章心法，十章要訣，十一章術語，撮道藏全書七千八百餘卷之精華，發佛教禪密諸宗之心印，用科學實驗分類方法，指破歷來丹經廋隱盲摸之謎。豈徒却病延年，定許超凡入聖。販道羽流，非謂其過洩天機，恐遭神譴，必謗其執着言詮，誤落旁外。然日月出而爝火息，明鏡懸而邪魔遁，彼索隱行怪，惑世誣民，詖亂漁利之邪說，倘亦藉此知所斂迹乎。十二章醫史醫經，十三章膏肓攷，皆仁人孝子不可不知之國醫常識。十四章五藏辨，附表三，附圖四，廣徵尚書，左傳，三禮，鄭注，管子，呂覽，淮南，高誘，太玄，說文，生理解剖各說，以證靈樞，素問，甲乙，難經五藏分配五行之謬，一洗漢後玄虛空談，爲國醫藏府論開一新元。十五章采導引各家簡易平實之法，殿本書爲結論，手此一

指道真詮

3

指道眞詮

編，奚啻勝讀丹經萬卷，勝從名師指授而已。繁徵博引，義例謹嚴不愧清儒樸學攷訂之風。晚近士德墮落，動以毀謗先賢排斥經書，改造史實爲能事。不信五千餘年祖宗相傳之舊有文化，必援西人古俗之狉獉爲徵。現存史籍置於不顧，窮搜地藏巧索唾餘，迎合時下心理，不惜斷章取義，曲解前修文字，爲坐古代本無，後世僞託之證。舉世譽爲攷古專家，居心適欲滅古而已、中一子未嘗以攷古名，然語甚無稽，學恥數典世以想當然莫須有厚誣古人者請一讀此書以自愧、

戊己秋月，蟾光姜衍識。

指道真詮

五藏六府部位圖（附圖甲）

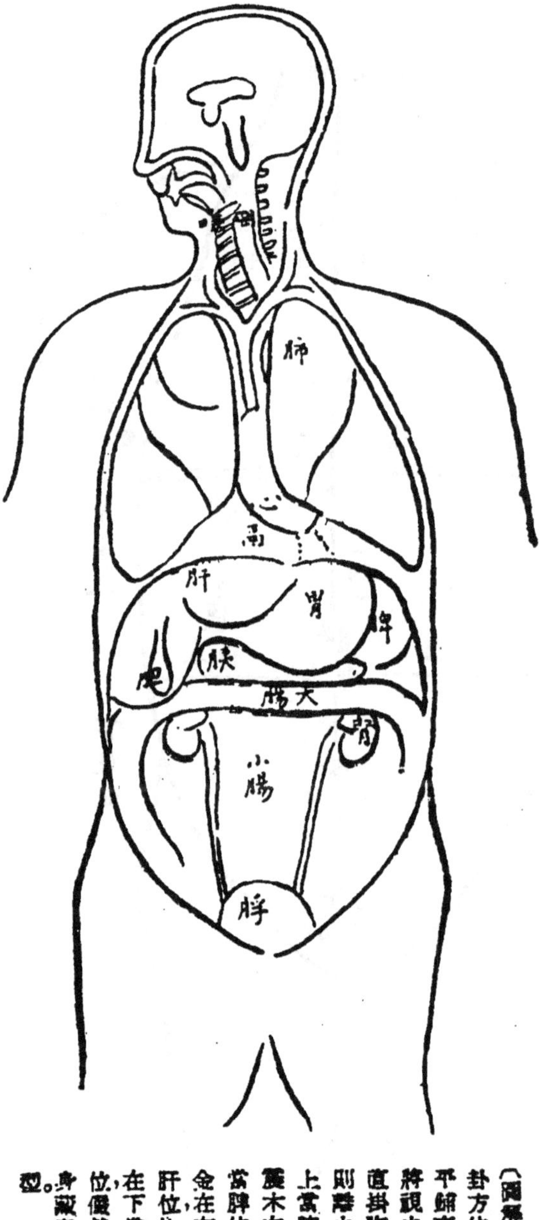

（圖解）八卦方位，乃平歸南面將視之形。直掛胸前，則離火在上，當肺位。震木在左當脾位，兌金在右當肝位，坎水在下當腎位，儼然人身藏府之型。

5

指道翼註

藏府配五行部位圖(附圖乙)

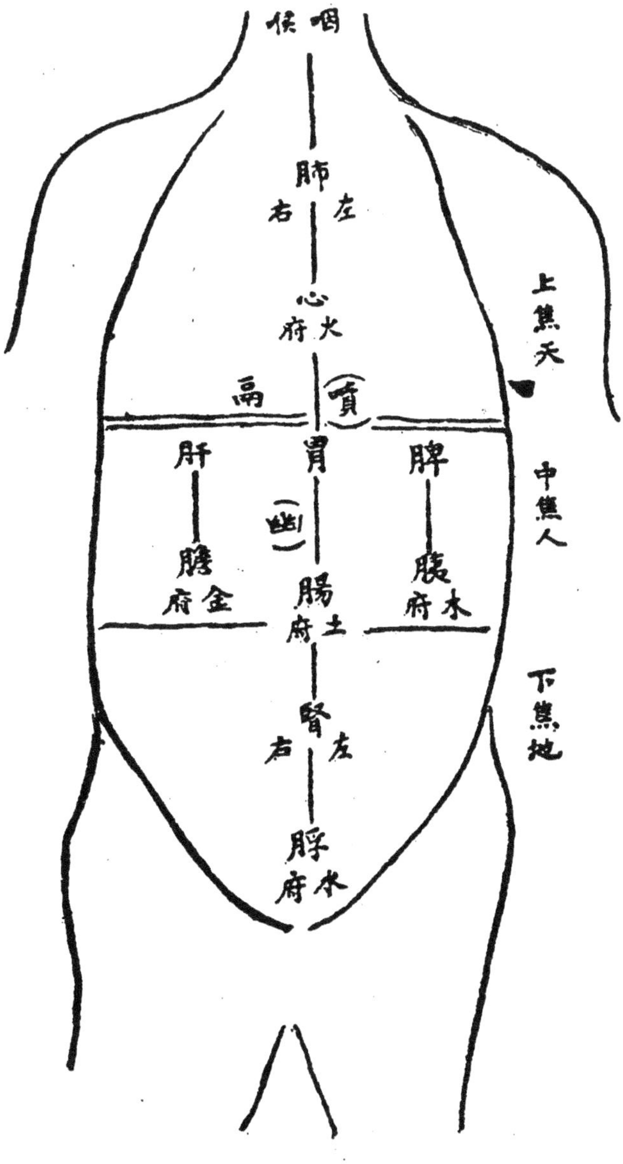

6

指道真詮

七液部位圖（附圖丙）

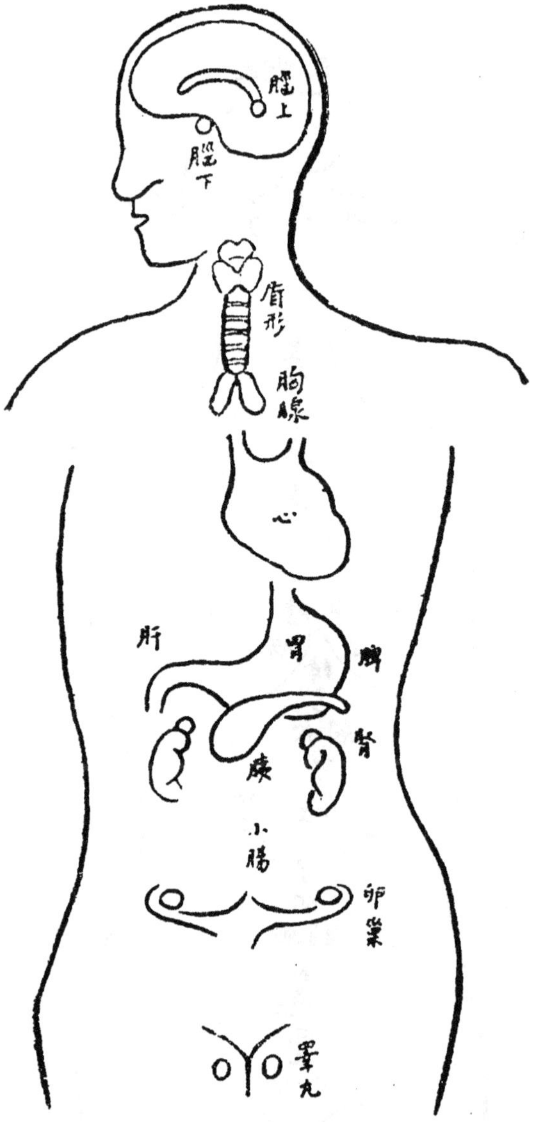

〔圖解〕黃庭經云七液者、七種內分泌、腺也。乾爲首、腦上洞玄、腦下泥丸、性宮。離爲心、盾形及副、玉樓、胸腺膻宇、理宮。坎爲腎、腎上命門、命宮。坤爲腹、男睪丸、女卵巢、生泉、欲宮。

7

正面部位名稱圖（附圖丁）

卦進眞詮

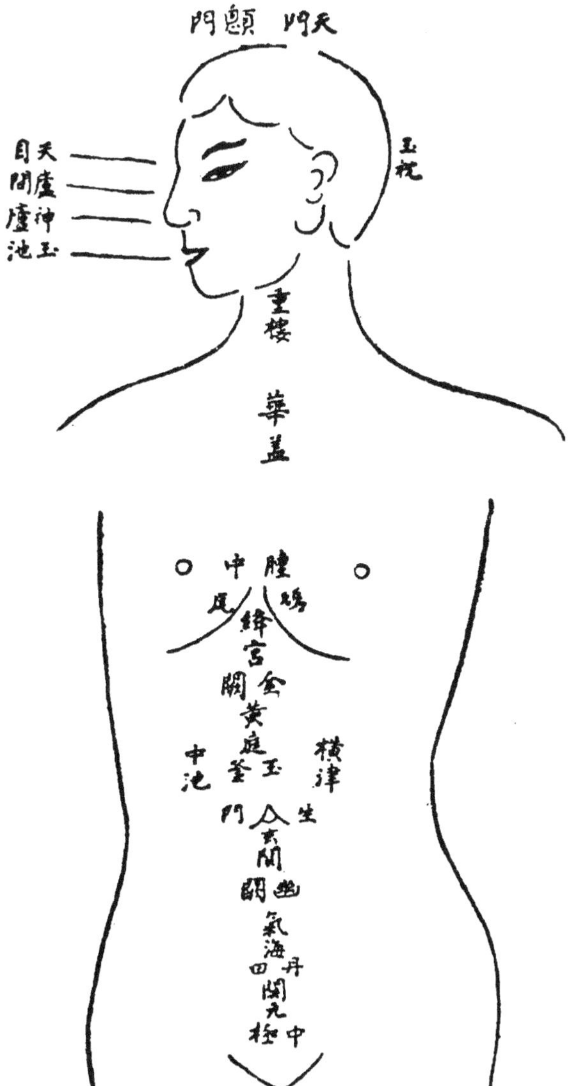

〔圖解〕由上而下，天門，即百會，在前項後頂間。爲頭頂正中處。顖會，在顖上直鼻中央，入髮際二寸處。凡云寸，皆同身寸度。天目，丹成九轉圖稱天門。即天庭，亦名天根，爲神光所發處。印堂，即眉心，在兩眉之中間。靈樞五色篇「闕者，眉間也。」眉心入內一寸爲明堂，二寸爲洞房，三寸爲泥丸，即上丹田，附見五藏六府部位圖。廬間，即山根，在兩目之中間，丹經云「存想山根，即所以完成心息相依。」神廬即鼻，宋儒「觀鼻端白」，即所以完成垂簾入定之功。丹書又稱鼻爲雷霆部金橋，吐納所經，重要可知。其實此三處功用不二。黃庭內景「口爲玉池太和官」，即舌下玉英醴泉華池之唾腺。玄膺，即玄壅垂，在舌下根部，黃庭內景「舌下玄膺生死岸。」鵲橋，即金鎖關，對人中，對舌，在前喉後咽之間，當會厭處。靜坐時，以舌向後拄腭，亦稱渡鵲橋。十二重樓，即氣管，象形，黃庭內景「玄膺氣管受津府。」華蓋，即肺，當胸前。膻中，當心包絡，在兩乳間。降宮，即鳩尾，甲乙經云，「鳩尾蓋心上」，在胸前脅骨連髃骬之歧骨下一寸，亦臆前蔽骨下五分。心尖當左肋五六骨間。絳宮，即心募巨闕，在鳩尾下一寸，爲身中天，稱龍虎交會處。金闕，即心下鬲上膏肓處。黃庭，即胃募太倉，在鳩尾下三寸五分，即蔽骨下四寸，當中脘處，即中丹田。「乾坤交媾罷，一點落黃庭」，即此處，左有白元，即脾，右有無英，即膽，丹經云中間空一寸二分，稱土釜，爲藏氣之所，煉氣之鼎。更下三寸六分爲身中，地名生門，即臍，實在太倉下四寸。背後齊處，當腰椎第二節，即大椎第十四，兩旁爲腎，故稱玄關。兩腎之間爲幽闕。臍下一寸五分爲氣海，名脖胦，又名下肓。臍下二寸爲三焦募石門，名利機，一名精露，又名命門，即下丹田。三寸爲小腸募關元。四寸爲膀胱募中極。兩陰之間爲會陰，名地戶，又名海底，丹經稱陰蹻，又稱地戶，亦名地根。上丹田爲乾卦，絳宮爲離卦，中丹田爲中宮，玄竅幽闕爲坎卦，下丹田爲坤卦。後三關，初關尾閭，即尾骶，名金鼎，名玉爐，名三叉，名九重鐵鼓。在背後紅色「1」字處。中關夾脊雙關，即膏肓穴，按銅人穴法，膏肓俞在背部第四椎下，旁去三寸。脊中在十一椎下，命門在十四椎下，而肓門在十三椎下，亦旁去三寸。肓俞在臍旁五分。依此，夾脊雙關，宜在四椎下至十三椎之間，丹經相異各說，原屬模稜之詞。或云「在上十二節，下十二節上」者，蓋近是而非。中脊每以大椎至尾骶爲二十一椎，加頸椎三，故二十四椎，以配一年二十四節氣，無理附會，本書不

指道眞詮

提。頸椎七，其四隱於項間，故云頸椎三。所謂上十二節者，減頸椎三，則大椎第九椎也，上不當七椎鬲俞，下不當十三椎脊中三焦俞。素問刺禁篇曰：「鬲肓之上，中有父母，七節之旁，中有小心。」以此爲中關，其殆庶乎。上關玉枕，當枕骨間，爲由脊髓而入腦海處。素問血氣形志篇曰：「欲知背俞，先度其兩乳間，中折之，更以他草度去半已，即以兩隅相拄也。乃舉以度其背，令其一隅居上，齊脊大椎，兩隅在下，當其下隅者，肺之俞也。復下一度，心之俞也。復下一度，左角肝之俞，右角脾之俞也。復下一度，腎之俞也。是謂五藏之俞。」靈樞背俞篇曰：「背中大俞在杼骨之端，肺俞在三焦之間，心俞在五焦之間，鬲俞在七焦之間，肝俞在九焦之間，脾俞在十一焦之間，腎俞在十四焦之間，皆挾脊相去三寸所。」倪沖之曰：「焦，椎也。在脊背骨節之交，督脈之所循也。」與兩證甲乙經曰：「肺俞在第三椎下，兩傍各一寸五分。」如是心俞五椎下，鬲俞七椎下，肝俞九椎下，膽俞十椎下，脾俞十一椎，胃俞十二椎，三焦俞十三椎，腎俞十四椎，大腸俞十六椎，小腸俞十八椎，膀胱俞十九椎，中膂俞二十椎，直至「白環俞在第二十一椎下，兩傍各一寸五分。」王惟德銅人圖在其後。此背部也。其在胸部，肺募膺中俞在巨骨下一寸，乳上三肋間陷者中，動脈應手。心募巨闕在鳩尾下一寸。胃募太倉中脘，即黃庭，在心募下三寸。肝募期門，在心募下三寸五分，上直兩乳。脾募章門在心脅端直臍。腎募京門，名氣俞，在監骨下腰中，挾脊季肋下一寸八分。」按諸說素問爲勝。素問五藏俞，正當人身五藏之位。惟云左肝右脾，疑有錯誤，否則或指交感神經之交互作用邪。至若靈樞甲乙並以脾下於肝二椎，是皆指胰爲脾也。

指道眞詮

楊踐形 述

第一章 道

何謂道，老子道德經詳言之。

二十五章曰，「有物混成，先天地生，寂兮寥兮，獨立而不改，周行而不殆，可以爲天下母。吾不知其名，字之曰道。」

鳩摩羅什曰，「妙理常存，故曰有物。萬道不能分，故曰混成。」

憨山大師解云，「有物者，此指道之全體，本來無名，故但云有一物耳。」莊子大宗師篇曰，「未有天地，自古以固存，神鬼神帝，生天生地，在太極之先而不爲高，在六極之下而不爲深，先天地生而不爲久，長于上古而不爲老。」中庸曰，「上天之載，無聲無臭。」本經十四章云，「視之不見，聽之不聞，搏之不得，此三者不可致詰，故混而爲一。」然「象帝之先，」

萬物由之以成，故說混成。又云，「不可名，復歸于無物。」混成則有物，「復歸于無物，」故說寂寥。當其寂然止靜，體之則獨立萬物之表，古今常一，而未嘗變易。此中立不倚，退藏于密也。逮其寥然運動，用之則周流六合之虛，遍及羣有，而未嘗窮匱。此曲成不遺，放彌無間也。河上公注「而貴食母」云「食，用也。母，道也。」道爲「天地之始」「萬物之母」，天地萬物皆從此中生，故爲母。本經三十一章云，「道常無名。」首章云，「道可道非常道。名可名，非常名。」故不知其名。聖人見萬物之無不由也，見萬物之莫能外也，故字之曰道。

二十一章曰，「道之爲物，惟恍惟惚。惚兮恍兮，其中有象。恍兮惚兮，其中有物。窈窈冥冥，其中有精。其精甚眞，其中有信。」

道之爲物，即混成之有物，亦即復歸之無物也。本經十四章云，「無狀之狀，無物之象，是謂惚恍」。韓非子解老篇曰，「人希見生象也，而得死象之骨，案其圖以想其生。故諸人之所意想者，皆謂之象。今道雖不可得聞見，聖人執其見功，以處見其形，故曰無狀之狀，無物之象。」莊子田子方篇曰，「至陰肅肅，至陽赫赫。肅肅出乎天，赫赫發乎地，兩者交通成和而物生焉，」故其中有物。在宥篇曰，「至道之精，窈窈冥冥。」秋水篇曰，「可以意致者，物之精也。」「精，小之徵也。」「至精無形。」天地篇曰，「視乎冥冥，聽乎無聲。冥冥之中，獨見曉焉。無聲之中，獨聞和焉。故深之又深而能物焉，神之又神而能精焉。」故黃帝「遺其玄珠，」「象罔乃可以得之。」象罔，淮南子亦作恍惚，蓋此有象有物有精之「玄珠，」皆得之于「窈冥恍惚之中，」而甚真。漁父篇曰，「真者，精誠之至也。」大宗師篇曰，「夫道，有情有信，無爲無形，可傳而不可受，可得而不可見。」豈不信哉。

第二章　中

何謂中，天地之中也。劉康公曰，「人受天地之中以生。」

老子第五章曰，「天地之間，其猶橐籥乎，虛而不屈，動而愈出。多言數窮，不如守中。」說文云，「天，顛也。」「地，底也。」人身自顛頂以下，所有軀幹肢體，在天地之間也。橐籥，冶鑄所用噓風熾火之器。爲函以周罩於外者，橐之櫝也，所以受籥。爲轄以鼓扇於內者，籥之管也所以行氣。黃庭經曰，「關門壯籥闔兩扉」卽此。莊子養生主篇曰，「緣督以爲經，可以保身，可以全生。」正謂人身前後任督兩脈血氣周流無滯，皆橐籥之功。在宥篇曰，「無視無聽，抱神以靜，形將自正。必淸必靜，無勞汝形，無搖汝精，乃可以長生。」虛極靜篤，而用之不竭，故虛而不屈。天地篇曰，「其心之出，有物採之。故形非道不生，生非德不明。存形窮生，立德明道，蕩蕩乎忽然出，勃然動，而萬物從之。」一動卽來復，愈動而愈出焉。在宥又曰，「愼汝內，閉汝外，多知多敗。」多言論，久尋思，令身疲勞，心不得定，故多言數窮。又曰，「愼守汝身，物將自壯。」「汝神將守形，形乃長生。」本經首章「常有欲以觀其徼」，欲觀此玄關一竅，故云守中。

第六章曰，「谷神不死，是謂玄牝。玄牝之門，是謂天地根。緜緜若存，用之不勤。」

列子天瑞篇引此文稱「黃帝書曰」，知老子取證黃帝之書以釋守中之誼。王弼注老子云，「谷神，谷中央無谷也。谷以之成，而不見其形。」張湛注列子云，「谷虛而宅有，亦如莊子之稱圜中至虛無物，故謂谷神。」道藏輯要云，「又曰黃庭其空如谷，而元神居之，故謂谷神。」蓋谷象其形，神妙其用。玄卽天玄地黃，牝卽陽牡陰牝，互辭以見造化之根門。王弼云「玄牝之所由也。」莊子應帝王篇曰「南海之帝爲儵，北海之帝爲忽，中央之帝爲渾沌，儵與忽時相遇於渾沌之地」天根在兩目之間，修定者，端身正坐，存念於此，久之自沈至地根，是謂以汞投鉛。地根在二陰之間，復存念於此，久又自升至天根，是謂取坎塡離。如是精修熟習，自能交媾中央，卽儵忽相遇於渾沌之處。所謂「乾坤交媾罷，一點落黃庭」是也。於此存念，是謂「守中」。於此採藥，交通成和而生物，人間世篇稱「養中」。在宥篇曰「我以處一，亦是其和，故我修身千二百歲矣，吾形未嘗衰」黃庭內景曰，「千災以消百病痊，亦以却老年永延。」守此則「可以盡年，」而不中道夭矣。末二句，別釋。

第三章　一

何謂一，韓非子揚權篇「道無雙，故曰一也。」高誘注呂覽與淮南子，皆云「一，道也。」老子第十四章曰，「視之不見名曰夷，聽之不聞名曰希，搏之不得名曰微，此三者不可致詰，故混而爲一。一者，其上之不皦，其下之不昧，繩繩不可名，復歸於無物。是謂無狀之狀，無物之象，是謂惚恍。迎之不見其首，隨之不見其後。執古之道，以御今之有，能知古始，是謂道紀。」

莊子知北游篇曰「孰視其狀貌，窅然空然，終日視之而不見，聽之而不聞，搏之而不得也。大道不可以色聲形體求，三者不可推致而詰問，無從分別，故混同爲一。

文選頭陀寺碑文注引此文，唐傅奕校定本並有一者二字及兩之字，今從之。上不皦則不掉舉，下不昧則不惛沉，此定相也。恐學者執着，故隨說隨掃，進入捨位，復歸於無物。抱朴子曰，「惚兮恍兮，其中有象，恍兮惚兮，其中有物，一之謂也。」「一有姓字服色，男長九分，女長六分，或在臍下二寸四分下丹田中，或在心下絳宮金闕中丹田也；或在人兩眉間，却行一寸爲明堂，二寸爲洞房，三寸爲上丹田也。」瞻之在前，忽焉在後，如有所立，從之末由。故迎之不見羣龍之首，其現無始。隨之不見逝水之後，其去無終。管子所謂「孰能始無始，終無終者，其惟道乎。」知古始者，孟子謂「千歲之日至，可坐而定，」莊子謂「長於上古而不爲老。」鬼谷子陰符篇曰，「道者，天地之始，一其紀也。」故一卽道紀。

第十章曰，「載營魄抱一，能無離乎。專氣致柔，能嬰兒乎。」「天門開闔，能爲雌乎。」

王逸注楚辭遠遊篇「載營魄而登遐兮」云，「抱我靈魂而上升也。」河上公云，「營魄，魂魄也。」內經素問曰，「隨神往來者謂之魂，並精出入者謂之魄。」焦氏筆乘曰，「古者，魂魄或合而言之，左氏「心之精爽是謂魂魄」是也。或分而言之，左氏「人生始化曰魄，既生魄，陽曰魂」是也。莊子庚桑楚篇引「老子曰，衞生之經，能抱一乎，能勿失乎。」道不可須臾離，可離非道也。列子天瑞篇曰，「其在嬰孩，氣專志一，和之至也，物不傷焉，德莫加焉。其在少壯，則血氣飄溢，欲慮充起，物所攻焉，德故衰焉。」朱子曰，「專非守之謂，只是專一無間斷，純全如嬰兒然。了無知之之心，則柔亦至矣。」本經四十三章云，「天下之至柔，馳騁天下之至堅，」本經二十章云，「我獨怕兮其未兆，若嬰兒之未孩，」怕，說文云，「無爲也，」俗借泊字。孩本作咳，說文云，「小兒笑也。」五十五章云，「含德之厚，比於赤子。毒蟲不螫，猛獸不據，攫鳥不搏。骨弱筋柔而握固。未知牝牡之合而朘作，精之至也。終日號而不嗄，和之至也。」庚桑楚篇亦曰，「衞生之經，能翛然乎，能侗然乎，能兒子乎。」兒子動不知所爲行不知所至，身若槁木之枝，而心若死灰。若是者，禍亦不至福亦不來。禍福無有，惡有人災也。」天門者，宋范應元曰「以吾之心神出入而言也」，成玄英注直曰「心也」。庚桑楚篇又曰「有乎生，有乎死，有乎出，有乎入，入出而無見其形，是謂天門。天門者，無有也。萬物出乎無有，有不能以有爲有，必出乎無有。而無有一無有，聖人藏於是」。天運篇曰，「正者，正也。其心以不然者，天門弗開矣」。雌者本經二十八章曰「知其雄，守其雌，爲天下谿。爲天下谿，常德不離，復歸於嬰兒」。德者，行道而有得也。能無離，能嬰兒能爲雌，三者一以貫之。

第二十二章曰，「聖人抱一以爲天下式」。

「抱一」詳前。莊子天地篇引「記曰，通於一而萬事畢」。故可以爲天下古今之法式。

第三十九章曰，「昔之得一者，天得一以淸，地得一以寧，神得一以靈，谷得一以盈，萬物得一以生，侯王得一以爲天下貞。其致之，一也」。

王弼注云，「物皆各得此一以成」，「各以其一致此淸寧靈盈生貞」。六者，申言得一之效。

莊子大宗師篇曰,「其一,與天爲徒。其不一,與人爲徒。」「況萬物之所係,而一化之所待乎。」「豨韋氏得之以挈天地,伏戲得之以襲氣母,維斗得之終古不忒,日月得之終古不息,堪坏得之以襲昆侖,馮夷得之以遊大川,肩吾得之以處大山,黃帝得之以登雲天,顓頊得之以處玄宮,禺強得之立乎北極,西王母得之坐乎少廣,莫知其始,莫知其終。彭祖得之,上及有虞,下及五伯。傅說得之以相武丁,奄有天下,乘東維,騎箕尾,而比於列星。」高子遺書曰「靜坐確有口訣。」「收拾全副精神,只在「一」處。」「主一二字最盡一者功夫」高忠憲公之說可謂盡矣。

第四章　眞

何謂眞,老子云「其精其眞。」

莊子齊物論篇曰,「日夜相代乎前,而莫知其萌。旦暮得此,其所由以生。若有眞宰,而特不得其眹可行已信而不見其形,有情而無形。百骸九竅六藏賅而存焉吾誰與爲親。」「其有眞君存焉

指道眞詮

如求得其情與不得，無益損乎其眞。一受其成形，不亡以待盡，與物相刃相靡，其行盡如馳而莫之能止，不亦悲乎。終身役役而不見其成功，薾然疲役而不知其所歸，可不哀乎。人謂之不死奚益。其形化，其心與之然，可不大哀乎。」

郭象注曰，「言其自生」「付之自然而莫不皆存。」陸德明音義云，「眹兆也。」「賅，備也。」注曰，「任之而自爾則非僞也。」「凡得眞性用其自爲者。」「言其心形並馳，困而不反，比於凡人所哀，則眞哀之大也。」「實與死同。」音義云，「薾，忘貌」

大宗師篇曰，「且有眞人而後有眞知。何謂眞人，古之眞人，不逆寡，不雄成，不謩士。若然者，過而弗悔，當而不自得也。若然者，登高不慄，入水不濡，入火不熱，是知之能登假於道也若此。」

郭象注云「有眞人而後天下之知，皆得其眞而不可亂也，直自全當而無過耳，非以得失經心。眞人陸行而非逃熱，遠火而非避濡，無過而非措當也。故雖不以熱爲熱而未嘗赴火，不以濡爲濡而未嘗蹈水，不以死爲死而未嘗喪生。故任之而無不至者，眞人也，豈有槩意於所遇哉。」音義云，「假，至也。」

「古之真人，其寢不夢，其覺無憂，其食不甘，其息深深。真人之息以踵，衆人之息以喉。屈服者，其嗌言若哇。其嗜欲深者，其天機淺。古之真人，不知說生，不知惡死，其出不訢，其入不距，翛然而往，翛然而來而已矣。不忘其所始，不求其所終，受而喜之，忘而復之，是之謂不以心捐道，不以人助天，是之謂真人。」

郭象注云「當所遇而安。與化爲體，泰然而任之。人生而靜，天之性也。感物而動，性之欲也。物之感人無窮，人之逐欲無節，則天理滅矣。真人知用心則背道，助天則傷生，故不爲也」

音義引「李云，深深，内息之貌。」「王穆夜云，起息於踵，遍體而深。」「喉，向云，喘悸之息，以喉爲節。言情欲奔競所致。」「哇，崔云，結也。言咽喉之氣結礙不通也。」「向云，翛然，自然無心而自爾之謂」

「古之真人，其狀義而不朋，若不足而不承」「以禮爲翼者，所以行於世也。以知爲時者，不得已於事也。以德爲循者，言其與有足者至於丘也，而人真以爲勤行者也」

呂觀文莊子義云，「真人與物有義而非朋，盛德若不足而不承也。」「克己復禮，則視聽言動莫非禮也。用之爲翼，以行於世而已。」郭象注云，「高下相受，不可逆之流也。小大相羣，不得已之勢也。曠然無情，羣知之府也。承百流之會，居師人之極者，奚爲哉。任時世之知，委必然之事，付之天下而已。」呂義云，「以德知軌轍之可循，則有足者皆可與之至於丘也。」黃星若莊子新疏云，「天秩有禮，行世以禮，如鳥之有翼也。有知有時，時以事著，其事乃出於不得已也。不得已而應之，事畢則已，是以知爲時也。道以德性爲循，是以德爲循也。有足者，指人言也。至於丘，如佛氏之登彼岸也。眞人體用兼備，動合自然，隨機赴感，使人出於苦海。迷者不知，眞以眞人爲勤行也。佛氏書稱佛爲兩足尊，本此「有足」句。其云登彼岸，卽本此「一至於丘」句也。」

德充符篇曰，「是必才全而德不形者也。」「仲尼曰，死生存亡，窮達貧富，賢與不肖，毁譽，飢渴，寒暑，是事之變，命之行也。日夜相代乎前，而知不能規乎其始者也。故不足以滑和，不可入於靈府。使之和豫通而不失於兑，使日夜無郤而與物爲春。是接而生時於心者也，是之謂才全。」

郭象注云，「吾之所遇適在於是，則雖天地神明，國家聖賢，絶力至知，而弗能違也。故才全者隨所遇而任之，使和性不滑靈府，閒豫則雖涉至變，不失其說。」兌，音義引「李云，悅也。」黃疏云，「達人知其如斯，便一眼觀破，以爲凡此種種不過爾爾，何必想他。故雖如此緜緜不斷之幻象，一時頓滅，而外緣絕矣。」

第五章　師說

前四章皆老莊所說。本章則取孔顏問答，以明大宗師之師說。

人閒世篇曰，「古之至人先存諸己而後存諸人」「德蕩乎名，知出乎爭。名也者，相軋也。知也者爭之器也。二者凶器，非所以盡行也」

黃疏曰，「論語云，君子求諸己，小人求諸人。又云，古之學者爲己，今之學者爲人。重己之學孔子每言之。又云，夫仁者，己欲立而立人，己欲達而達人。不但視人如己，且以道存於己爲主」郭注曰，「名起則相軋，知用則爭興，故遺名知而後行可盡也」

「仲尼曰若一志，無聽之以耳而聽之以心，無聽之以心而聽之以氣。聽止於耳，心止於符。氣也者，虛而待物者也唯道集虛，虛者，心齋也。」

陳治安本義云，「耳司聽於外，而聽不行於耳，是忘形於外。心主感物之符於內，而不用於符，是忘心於內」胡文英獨見云，「若聽止於耳，則心知止於外貌之符矣。」陳祥道注，引文子云，上學以神聽，中學以心聽。下學以耳聽。文子之上中下，以次第之深淺言也。其神聽，卽莊子所述之聽之以氣也。」黃洪憲南華文髓引申之曰，「夫聽止於耳則極於耳之所聞，心止於符則合於心之所合而已。聽之以氣則無乎不在，廣大流通，所以用形而非用於形，所以待物而非待於物，虛而無礙，應而不藏」林雲銘因云「聽止於耳者，不亂吾心也，心止於符者，不動吾氣也。聽止心止之後，則氣獨往獨來於吾身，不受一物矣，惟不受一物，方能不將不迎而待物，與太虛同體」諸說皆有所見，林氏較爲完善。

「瞻彼闋者，虛室生白，吉祥止止，夫且不止，是之謂坐馳。夫徇耳目內通而外於心知，鬼神將來舍，而況於人乎。是萬物之化也，禹舜之所紐也，伏羲几蘧之所行終。」

黃疏云「闋，已事閉門也，又空也。已事則外不入，內不出，主人在中，所瞻視者，虛室而已。唯人亦然，觀空入靜，則純白自生。道集於虛，便是吉祥。內外同止，便是止止。在易之艮曰，艮其背不獲其身，行其庭不見其人，旡咎。彖傳曰，艮，止也。時止則止，時行則行，動靜不失其時，其道光明。艮其背不獲其身，隨之不見其後，卽吉祥止止也。行其庭不見其人，迎之不見其首，卽夫且不止也。時止則止而在艮止，止亦止也。時行則行，而在艮止，行亦止也。動靜不失其時，其道光明，動靜皆止則虛室生白也。上下敵應不相與，則以入爲出，故名之曰坐馳。不止而止，行而無行地矣。然則虛室者，心齋之室也。坐馳者，心齋之光也。吉祥者，物化之道也。而道者，天命之行也。以艮卦釋止止，心齋之學可愈明也。」列子天瑞篇云，「虛室生白，吉祥止止。」莊子誼勝。

大宗師篇曰，「顏囘曰，墮肢體，黜聰明，離形去知，同於大通，此則坐忘。仲尼曰，同則無好也，化則無常也，而果其賢乎，丘也請從而後也。」

郭注云，「旣忘其迹，又忘其所以迹者，內不覺其一身，外不識有天地，然後曠然與變化爲一體而無不通也。」黃疏云，「於時量等虛空，無有隔閡，道卽是我，我卽是道，六通四闢，雙忘道我。」同則性情一而無偏私，故無好化則心凝形釋，與萬變冥合，故無常而，汝也，夫子謂，顏子汝果如是之賢也。夫夫子者，大宗師矣。若竟云大，是有首也，乾之羣龍無首。孔子明明是顏子之師，顏子明明是孔子之弟子，今孔子反云請從而後，是形容孔子之不亢也，而顏子雖大師又豈肯亢哉。此正就論語孔子謂子貢語與汝不如句化出，以寫孔子循循善誘之意。大宗師傳乾卦九五爻，今以無首之德歸之。」德充符篇曰，「道與之貌，天與之形，無以好惡內傷其身，」故同則無好。

第六章　法門

修養之術，莫盛於道家，莫精於孔孟之學。其道皆制外以養中，蘊中而發外，得天地造化之靈，位育性命之理。克遵循者，身心日益清寧，志氣日益發揚，作事耐久不倦，臨變鎭靜不昏，惡癖盡祛，積習漸改，此可見之效也。是故所思無邪，明德潤身，可以濟世而與人爲徒，即可超世而與天爲徒，亦可以成而上比而與古爲徒。心外無天，天即在心，故能化人心之危，成道心之微，而轉利徇之私爲義理之公，尙何患苦穢而已臻樂淨之境，尙何患病夭而已登康壽之域矣。

靜坐法門明著宋儒程子每見人靜坐，便知其善學。我先人文靖公於程門獨享耆壽，師事明道，甚蒙喜愛，有「吾道南矣」之贊。一傳王震澤，又間傳而得陸象山，開心學之宗，見全謝山說。復師事伊川。伊川瞑目靜坐，立侍久之，門外雪深尺許。一傳羅豫章，再傳李延平，三傳而得朱紫陽，爲理學之正宗。延平論靜坐曰，「曩從羅先生學問，終日相對靜坐。」「羅先生令靜看喜怒哀樂未發之中，未發時作何氣象。」朱子亦曰「李先生終日危坐，神彩精明，略無隤墮之氣。」「李先生教人，令於靜中認大本未發時氣象分明，卽處事應物，自然中節。此乃龜山門下相傳指訣。」朱子擷取佛老精粹於陰符經參同契，尤有心得。歷來修養法，略分三門。

〔第一〕主敬法門　師說遠原書訓所謂「敬勝怠者吉，怠勝敬者凶」。蓋君子以禮律身，無所不用其敬。曰修敬，曰中禮，所以嚴威儀之瞻觀，而望之儼然，其有容。壯志氣之剛正，而臨之凜然不可犯。豈徒固肌膚之舍，而堅筋骸之束已哉，實所謂一敬可勝百邪矣。分三派。

一曰克治派　論語曰，「克己復禮爲仁。」至於「一日克己復禮，而天下歸仁焉，」則省察克治之功，至此已造乎其極矣。其始亦不過「有不善未嘗不知，知之未嘗復行」耳。顏子之不貳過，子路之喜聞己過，豈止寡過云乎哉。呂與叔之克己功夫屬此派。

二曰修踐派　聖人之言曰，「修己以敬。」其始不過言中倫，行中理，敬以直內耳。而其至也，則動而世爲天下道，行而世爲天下法，言而世爲天下則。易繫有云，「言行君子之樞機也。樞機之發，榮辱之主也。」程伊川朱紫陽卽此派之中堅。

三曰齋戒派　孔子云，「君子有三畏」，曾子云，「十目所視，十手所指。」子思云，「戒慎不睹，恐懼不聞」，蔡西山之獨行不愧影，獨寢不愧衾，屬此派。

〔第二〕主靜法門　肇於黃帝，弘於道家。禮記樂記曰，「人生而靜，天之性也。感於物而動，性之欲也。」淮南子亦言之。或謂盜靜思慮，默喻理道。或謂林泉逸勝，淑性怡情。豈徒曰有所不爲而已哉。實可由一靜以制百動矣。亦分三派。

一曰寂感派　易曰，「无思也，无爲也，寂然不動，感而遂通。」大學曰，「知止而有定，定而能靜，靜而能安，安而能慮，慮而能得。」邵康節之虛心無爲而萬物備我，周濂溪之主靜立人極，

謂「無欲則靜，靜虛則明，明則通，」皆屬此派

二曰存養派　孟子曰，「養心莫善於寡欲。」荀子曰「不以夢劇亂知曰靜。」此主靜之正軌也。宋之程明道陸象山，明之王陽明，皆屬此派。

三曰默契派　說近主觀，尤盛於明儒。禪宗屬此派。

〔第三〕主觀法門　淵源易老，觀象傳曰，「觀天之神道而四時不忒。」是以「觀我生，」「觀其生，」「觀其所感而天地萬物之情可見矣。」老子曰，「常無欲以觀其妙，常有欲以觀其徼。」「萬物並作，吾以觀其復。」靜而絕念，不若靜而善觀，心有寄頓，不至如猢猻之失枝。故靜中有動，動亦是靜，何礙乎死灰與槁木。而閑思遊念有所距，不復雜起以紛紜，矧參觀諸境界，則理想日益高遠，智慧日益精進。豈徒此心不昧而已哉。實本乎一觀而備衆理矣。

一曰至善派　大學之道明德親民，止于至善。孟子曰，「居移氣養移體。」君子居仁由義，心和則氣和，心正則氣正。張橫渠之「民胞物與」爲懷，善觀莫切於此。論修養之功，謂莫先於變化氣資與虛心相表裏。道家之丹成九轉，爐火純青，亦此派。

二曰體認派　中庸曰，「能盡其性，則能盡人之性，盡物之性可以贊天地之化育，與天地參。」明道識仁篇曰，「仁者，渾然與物同體。識得此理，存以誠敬，不須防檢，不須窮索」隨事精察，勿忘勿助，自有萬物皆備，反身而誠之樂。答呂藍田問中庸，以觀喜怒哀樂未發時之氣象。後稱爲楊龜山門下相傳指訣。開李延平之驗心法。明湛甘泉標隨處體認天理，亦此派

三曰止觀派　止卽定，定卽淨，淨卽寂也。觀乃慧，慧乃明，明乃照也。隋智𫖮大師深痛學佛之不能兼修也，創天台宗曰，「偏修習則墮入邪倒。」「修禪定福德者是愚夫，但修智慧者是狂人。聲聞二乘以定力多，故不見佛性，十住菩薩以智慧多，故雖見佛性而不明了，佛以定慧力等故圓滿成就。」存想悟道，假想治病，絕想袪魔，皆用此法。

第七章　坐法

踐形幼時，體稟羸弱，多病頻危。後得萬壽仙訣於外氏，照法修鍊，果獲奇效。至今嚴冬不裘，炎夏不扇。步行烈日中不畏暍渴，故茶水無緣，長途七十里不覺疲倦，故椅几無需。雖竟日勞神而腦

力猶健，終夜不寢而幹事如故，講讀歷五時之久而口津不竭。此皆得力於修養之功也。

修養之道，先從閒靜，放者以收，逸者以檢，然靜在心，不在境。心清則混迹市塵雖闤闠亦幽靜。心惛則避世山林，雖孤高亦溷濁。是故境緣於心而有清濁，心緣於境而顯昏明，謂境宜靜可決其心之不寬。謂欲宜斷，可見其心之易惑，惟隨處咸宜者，庶能合乎清靜之旨。

心境既歸正途，乃可進言靜坐。室不宜過明，陽則傷魂，亦不宜過暗，陰則傷魄。不必寬敞，容膝易安。清氣流通，須避風寒。調和飲食，適可爲宜。過飽，則氣急身滿，百脈不通，心靈閉塞，坐念不安。過少則身羸心懸，意慮不固。食穢惡之物則心識昏迷，食不宜之物則易動宿病，務須戒慎。平時行止動臥四威儀，尤宜安閑，氣機無使粗暴，依法修鍊，自能成功易而效驗著。坐相略分四容。

一曰足容　古人皆跪坐，漢後垂坐至今，蹲箕之坐，野而無儀，偃仰欹側之坐，不合衛生。靜坐之相，最好結加趺坐。趺者，足背。交結左右足背，而置於左右髀上，故號加趺。可以收心攝氣，斂息凝神，第非盡人所能爾。結坐有二種，一降魔坐，先以右趾壓左股，後以左趾壓右股，此即左押右，手亦左在上。禪宗多傳此坐。二吉祥坐，先以左趾壓右股，後以右趾壓左股，合二蹠上仰，手亦右押左，安仰加趺之上。如來在菩提樹下成正覺時安坐說法。瑜伽法門傳此。密宗大日經不思議疏稱蓮華坐，卽慧琳一切經音義之吉祥坐也。其次半加趺坐，置一足於他足之髀上。亦有二種，以左足加右髀上爲降魔坐，右足加左髀上爲吉祥坐，釋氏要覽云，「全加趺是如來坐，半加趺是菩薩坐。」又次盤足兩足置於兩膝之下，與結坐相反至方便隨緣，則如端坐平股直髀，莊嚴端正，齋然足以有容也。

二曰手容　菩提心論曰，「修習瑜伽觀行人，當具修三密行一身密，二語密，三意密。」大日經疏曰「入真言門者，略有三事，一身密，二語密，三心密。」瑜伽者，相應之義，以契印真言觀想三事相應之加持力，爲衆生修行之三密證應如來自證之三密。印者用指結成諸形，卽爲法界之幖幟，補陀落海會軌云，「左手定右慧，十指卽十度，」起左小指盡右大指，爲檀戒忍進禪慧方願力智。靜坐時可結佛鉢印，住瑜伽座，定慧手俱在臍間，卽右手重仰左掌上。見大日經密印品及疏。其次結道樞印，慧掌虛心握拳，禪指在內。定掌抱拳外，智指插入，兩拇交接。又次交泰印，定智指子紋，四指緊駢。慧禪插入交接，四指外覆微握。炎夏指午紋若方便隨緣坐，先天坐不結印，兩掌覆股若膝上。

三曰身容　坐下須鋪厚褥，或蒲團，使身不痛苦。寬解衣帶，使氣不留滯。正身端坐，直背平肩，腰脊項項骨節若柱。鼻準對臍，耳對兩肩。不得左右傾欹，前後偃仰。亦不得倚凴几榻使生懈息。人每端坐則藏府各得其宜，各施其功。任其自然安舒，坐一刻，獲一刻之益。稍涉偏滯有關發育之弊。

四曰官容　官謂五官，耳目鼻齒舌是也。

內視法　陰符經曰，「機在目。」相經曰，「神在目。」靈樞經曰，「目者，心使也。」「心者，神之舍也。」孟子曰，「存乎人者莫良於眸子。」「胸中正，則眸子瞭焉。胸中不正，則眸子眊焉。」第目爲諸惡之源，衆欲之先，修養者最宜愼此。老子言「聖人爲腹不爲目，」又言「不見可欲。」法宜輕閉兩目，作垂簾狀，旣斷幻見，又斷陽光。重閉則光黑，過暗而昏。不閉則神露，過明而馳。惟輕閉才能內視，返照方見功效。目之所到，卽氣之所到也。

返聽法　目可輕閉以斷外緣，耳不能充塞以絕諸聲。卽百里之音聞於耳而神隨遠去。雖蚊蚋之微，感於心而神亦不寧。則返聽之法，詎可緩哉，不能返聽時，可先習傾聽呼吸之法。

守爐法　爐，鼻也。黄庭經曰，「神爐之中務修治。」傳，即內景曰，「天中之岳精勤修」務成子注云，「天中之岳，謂鼻也。」消魔經云，「鼻欲數按其左右，令人氣平，所謂溉灌中岳，名書帝錄。」下文「保灌玉爐以自償」注云，「玉爐，鼻爐也。」上文「七液洞流衝爐間」注云，「爐間兩眉間。」說皆一貫。又經首曰，「呼吸爐間入丹田，」末曰，「坐於爐間見小童」即內景「借問何在兩眉端」是也。考修性派之守上竅者，有眉間目間眉目中三處，最高者至額，最下者準頭，要皆鼻也。山根爲息之門，故守之。

塞兌法　老子第五十二章五十六章，皆云「塞其兌，閉其門」易象兌爲口。參同契曰，「耳目口三寶閉塞勿發通。旋曲以收視，坎乃不用聽，兌合不以談，希言順鴻濛，委志歸虛無，無念以爲常。」靜坐之時，必須閉口合齒也。

叩齒法　叩齒歛神，爲舌功之一。無論動功靜功外功，內皆有經歷此層工夫之一時間。

漱舌法　漱舌歛氣，爲舌功之二。後漢王真嘗漱舌下玉泉嚥之，謂之「胎津。」孫思邈曰

「津宜常嚥。」却病歌曰，「赤龍攪水。」黃庭經曰，「玉池清水灌靈根，子若修之命長存。」內景曰「口爲玉池太和宮漱咽靈液災不干」

抵腭法　舌拄上腭以交任督二脈爲舌功之三。非習鍊純熟，常人決不能反舌抵腭。愈後愈妙，能達玄膺尤合。內景云「舌下玄膺生死岸」卽此。

弛力法　坐時勿用自力，弛緩筋肉，柔軟身軀恍似遊藻，浮懸空中。自有一種難可形容之樂趣，是名禪味，亦曰法喜。

第八章　息法

莊子曰，「吐故納新，熊經鳥伸。」漢史謂，武帝「唏嘘呼吸，俯仰屈伸。」佛經有阿吰之法阿者開口，玄膺上縮，呼息出外也。吰者，閉口玄膺下垂，吸息入內也。易繫傳曰，「闔戶謂之坤闢戶謂之乾一闔一闢謂之變，往來不窮謂之通」慧命經曰，「闔戶卽是吸機，往下故曰坤闢戶卽是呼機，往上故曰乾。變者，乾坤兩卦消息也。」邵康節曰，「天根月窟閒來往，三十六宮都是春。」

注云，「來往者，呼吸也。陰往則陽來。」丹經云，「一動一靜，互爲其根。」又「陰升陽降，」「坎離抽添」坎爲陰中有陽氣，鉛也。離爲陽中有陰血，汞也。氣積於下，自下丹溢而上達於髓海，謂之升。氣積於上，由上丹還復下注於血海，謂之降。升時挾坎中之精而上，謂之抽鉛，降時齎離中之血而下，謂之添汞。精還補腦，髓過重樓生成精液，由經肺脈，注入心臟，津返爲血，所謂鉛生汞也。復由心脈，流向腎際，血返爲精，所謂經生鉛也。往來屈伸，互爲其根而已。黄庭經曰，「仙人道士非有神，積精累氣以爲真。」傳曰「出日入月呼吸存，」「呼吸元氣可成仙。」又肺部章曰，「喘息呼吸體不快，急存白元和六氣，神仙久視無災害，用之不已形不壞。」老子曰，「治人事天，莫若嗇夫。」又曰，「保而長之，不知其已。」長生久視，豈有異術。不過保嗇導引以養形，吐納抽添以服氣。一息不存，則此身已非我有。呼吸之繫維性命而能生死人也。修道者能無勉旃。息法分四種。

一曰調息　調息之先，開口吐濁，想身中百脈不通處，均隨息出。然後閉口納清，約三度已。

呼吸循任息自然，無絲毫滯塞勉强氣之來也，翛然如魚之游泳。胸臆和暢疏通，源源常流綿綿不絕，以注滿夫腠理，氣之去也，悠然如魚之逝水。臍輪炎若火發，蒸蒸上升，如雲煙一縷而飄渺無涘，又如目送飛鳥入雲而不知其何往。心忘息息忘心，心息相忘而後心息相依，心息相依而後心息相調。佛家重視息法，分爲四相。

風相　靜坐時，鼻息出入有聲可聞。

喘相　雖無息聲，而出入結滯，未能通徹。

氣相　雖不結滯，而出入不能深長靜細。

息相　守風相則心散，守喘相則心結，守氣相則心勞，惟守息相則心定。息相調法有三，下著安心，寬放身體，想氣遍毛孔，出入通同無障。在細其心，合息微綿，不澀不滑而已。準則凡四。

深息法　謂息之徑路宜深也。對治淺浮呼吸。莊子曰，「真人之息深深」又曰，「真人之息以踵，衆人之息以喉。其耆欲深者，其天機淺。」大宗師篇，誠修道之師說乎。息以喉，淺之極矣。進之肩息，更進胸息，深之腹息。息以踵，深之極矣。肺尖脆薄，不適呼吸作用，易罹肺病。故吸入時，須注力下腹，凝神丹田，容氣經喉下管，以達肺底，自覺滿聚氣海，更欲注力膝踵，屈伸拇趾，提縮谷道俾周流全軀人有自高崖絕巖墜落而不致氣絕者乎居深息之效也。

長息法　謂息之時間宜長也。對治短促呼吸。短促者氣不能久留肺中。如旅行然，方歷其境，束裝遽歸，勝地不克遊覽名景無暇領略，肺爲逆旅，息爲過客。不能廓清殘濁，廢澄淨之功。宜塞兌守廬，緩納細綿，俾腹暖不冽，氣潤不燥。待血流濬調，田滿堅實，乃徐吐之，毋拘毋忽。善泅者任息多時而無窒，善步者馳騁長路而無喘，皆應用長息之效也。

靜息法　謂息之姿勢宜靜也。對治急迫呼吸，氣息麤暴，號號有聲，輒易疲倦。勉强鞭策，則肺萎心悸，脈裂神惶，小者氣喘，重者喀血。故必密其門籬，閉口歛鼻，嚴其檢查，緩靜細長。對鏡呵氣而不留滋痕，柔羽近鼻端而不見微動，則靜息之驗也。

實息法　謂息之運力宜實也。對治萎弱散漫棼亂斷續諸相。膻中無力，則弛而偪肺，故腹腴神虧，易受驚駭。氣虛息弱，偈促傴僂。脈搏微細，動作偃蹇。不能運力四肢，聚氣丹田。老子曰，「虛其心，實其腹。」舒在胸曰廣，腹曰實。每一息至，自覺胸上虛空，腹下堅實，微微綿綿，有息如無，此實息之驗也。

二曰凝息　鍊形術，養生家，教人降下心火，凝神氣海之法。使氣息深長靜實微綿，充盈洋溢而無外漏。臍輪發熱乃徐呼焉。純任自然，不可勉强抑息，其害甚大。

停息之弊　暫住爲停。停息曰停氣曰絕，脈曰代其理一也。氣滯不行，濁留清竭，與間息同屬病態。

綿息之益　易傳曰「自强不息」中庸曰至誠無息佛經曰「法輪常轉」老子曰「綿綿若存，用之不勤」一也。老子之綿息，莊子之踵息，仙家之胎息，丹經之火候，佛書之住息亦一也。胸腹之間，氣息流通，綿如川逝。鍊之純者其效入水不溺，入火不灼。拙著列子新詮備述其理甚詳。

三曰胎息　深長靜實之極，宛若胎兒氣息不待口鼻以通也每一息入，經絡頓開，自覺綿息津津下降，元氣充實少腹。卽閉口鼻，元氣自能出入，細長深綿。入無積聚，出無分散，體相虛空，泯然淸靜。此中妙味，釋稱禪悅，非過來人不能知也。胎息經訣之作者，有王子喬，赤松子，王方平，許旌陽，抱朴子，鍾離權，達摩，袁天罡，張景和，呂純陽，劉海蟾，薛紫賢，石杏林，陳泥丸，白玉蟾，彭鶴林，李瑩蟾，陳上陽，許棲巖，性空子，幻真子，至遊子，至羅念菴之胎息篇。庚申歲博覽道藏全書七千八百餘卷及道藏續編道藏餘編等書，北派心息，南宗踵息龜息耳息及句曲武當諸法均詳拙著談道叢編。

四曰運息　瀰滿氣海之息，灌注腠理，調準體溫，發攻邪表汗之功法。先閉目凝神，靜心寂慮，存神氣海，下達丹田。轉過尾閭，隨即提縮谷道，引氣上升，勿使洩漏。乃自腰際，夾背脊，透雙關而上，直至泥丸，轉下鵲橋，汩然嚥下，仍歸丹田。修養家有子午周天，卯酉周天諸法，總不外運行元氣於全身。僅以口鼻呼吸者稱外息相法，此則轉從全身腠理呼出者稱內息相法。

服炁法　息法成效，乃可進語炁法。炁爲先天呼吸，不落後凡，實天地之生意，人身之元氣也。仙經云，「遍大地無不是藥。」此靈藥也，得之則生，弗得則死。內經生氣通天論曰，「服天氣而通神明，失之九竅內閉。」大地靈藥，不可思議，微妙莫測。施肩吾曰，「炁爲添年藥，心爲使炁神，但知行炁主，便可得仙人。」尋繹其訣，則壽登期頤，年同松柏，添籌益算，長生久視，而操縱之者心也。服炁之服，厥有二誼，服食大地之靈藥，所以治疾病，服役自身之真炁，所以通神明。丹經又曰，「服炁不服氣。」先天者則謂之炁爾。崔公入藥鏡曰，「先天炁，得之者常如醉。」此道家鍊炁之說。其景象則在「不思而得不勉而中」兩語。

道藏全書共分三洞四輔七藏，其詮次依千字文爲函目。第三洞卽洞神之部，自盡字號起，迄命字號止。內凡爲書二十一帙，均言炁法，有三十二名，曰服炁，曰進炁，曰淘炁，曰調炁，曰咽炁，曰行炁，曰煉炁，曰委炁，曰閉炁，曰布炁，曰補炁，曰瀉炁，曰外炁，曰內炁，曰愼炁，曰御炁，曰用炁，曰修炁，曰養炁，曰護炁，曰守炁，曰凝炁，曰引炁，曰候炁，曰食炁，曰導炁，曰合炁，曰接炁，曰採炁，曰迎炁，曰運炁，曰息炁。一言以蔽之，曰服炁而已。

療病法　炁法一訣，自古眞彭祖，王喬，莊周，赤松，華陀，吳普以來，傳述此旨者絕少其人。後有張果，李奉時，蒙山王說，威儀，道鸞等著書授訣，而其法究不能顯，故習者不盛。在道藏全書中，求其說之較爲可恃，法之較爲純正者，僅有太無子，幻眞子等數人之書爾。而諸書中尤以長生胎元神用妙訣一法，最爲簡便易行。今就服炁經，略舉二法，餘待隅反。

閉炁　病者入室調炁，調畢，嚥炁，存想痛苦之處，用意灌注，閉炁攻之。炁極則調，切無間斷。

炁急則止，調後再攻。覺痛苦處發汗，至通潤則止。如此則潛伏腠理間之外邪盡去不得存留爲禍，病自瘳矣。此自力療病之方也。

布炁　若施術療人之法，則布炁與人治之。先問明彼之痛苦患處。乃取自己調成之真炁，布入彼之身中。令病者面向其方，息心靜慮。能使其病於不知不覺間消除也。較之催眠靈力等術，更有不思議之神通。

調氣法　調劑元氣之法，莫備於黃庭山人所述太上玉軸真經六字訣，以呵呼呬嘻噓吹六字，分治藏府諸病。歷來修養家羣推崇爲道家調氣說之祖。而天台開宗智者禪師所述小止觀一書引六字訣分配藏府，法同玉軸。惟以嘻字主三焦，則與玉軸異爾。又有次第止觀一書，曾經嗣法弟子一再修改，今名禪波密。亦引六字訣，而以噓治肝同小止觀，以呬治腎同孫思邈千金方。惟以吹去寒，以呼去熱，雖同主心病，而冷熱互易。至以呵治肺，以嘻治脾，則遍觀修養諸說無一與合，豈爲非出智者親手故邪。

得黃庭心印，則六字已爲筌蹄。然於初機對治，頗見調氣之功。今採小止觀說，以證佛道之同。

呵字　病屬心，以呵字之氣治之。

呼字　病屬脾，以呼字之氣治之。

呬字　病屬肺，以呬字之氣治之。

噓字　病屬肝，以噓字之氣治之。

吹字　病屬腎，以吹字之氣治之。

嘻字　病屬三焦，以嘻字之氣治之。

對治法　佛家十二種息法，爲勿藥治病之捷徑，深合醫理，具十劑之用。

上息　對治體肢沉重之病，此降者升之也。

下息　對治精神虛懸之病，此上者下之也。

滿息　對治體肢枯瘠之病，此槁者潤之也。

焦息　對治體肢腫滿之病，此溼者燥之也。

增長息　對治羸損不足之病，此虛者長之也。

滅壞息　對治增盛大過之病，此盈者消之，實者瀉之也。

煖息　對治寒病用之，此寒者煖之也。

冷息　對治熱病用之，此熱者涼之也。

衝息　對治壅塞不通之病，此以流濬淤之法也。

持息　對治戰顫動蕩之病，此以靜制動之法也。

和息　通治四大不和之病，此塞者解之，違者和之也。

補息　資補四大衰弱之病，此虧者補之也。

第九章　心法

甲寅春督率全校教職員等，嫺習技擊健身之術。以餘力繙譯諸康健家名著，參酌衛生靜坐等書，折衷佛道心靈諸說。頻年經驗，積帙成自然康壽法六十四篇。壬戌秋，即用爲靈學會傳道院範本。癸亥夏，擇淺近者逐期登入靈學精華修養門。今歲辛已，更承諸同玄雅意，述指道真詮各章。靜坐一法，迄分三步。

首述入定　定者，止也。大學曰，「知止而后而有定，定而后能靜，靜而后能安，」此修道之方，秩然有序。其「安而后能慮，慮而后能得，」則入德之後，天理流行。繫辭曰「寂然不動，感而遂通，」宋儒曰，「廓然大公，物來順應，」皆修養之極致，非初學所易知也。易有「艮止」之辭，書有「安止」之詔，周子有主靜之論，顏子有習靜之方，其誼一也。是以洗心藏密，止得其所，守中抱一，衆妙之門，定與戒慧，在佛家爲三學，而正定爲八正道之一，禪定爲六度之一。身心寂靜，安住於定分，故曰入定。

入定之始，先調身相，如坐法章說，次調息相，如息法章說，復次調心相，略分四誼。

一曰養心　孟子曰，「養心莫善於寡欲。」養生歌曰，「寡欲精神爽，思多血氣衰。」呂洞賓曰，「寡思慮以養神。」白玉蟾曰，「守清靜以養道。」遜思邈曰，「多思則神殆，多念則智散，多欲則智昏。」人爲物欲系念所蔽，不能自照，最易戕身。自來善養生者，莫不以寡思慮，守清靜爲要旨。內經上古天真論曰，「外不勞形於事，內無思想之患，以恬愉爲務，以自得爲功，形體不敝，精神不散。」秋聲賦曰，「百憂感其心，萬事勞其形，有動於中，必搖其精。」人患思慮之多，故方壯遽老，方老遽衰。欲念寡，思慮絕，則物不撓，心漸靈明，康壽可操矣。

寂滅法　寂謂無思無慮，滅謂無我無心。此心念念在名在利，爲色爲貨，貪而不足，吝而患失，得隴復望蜀，顧此又慮彼，種種妄想，錯雜紛擾，起滅無常，以精神爲逆旅，應變如傳舍，亦云勞矣。故養心首在斷妄想。妄想寂滅，永不再生，所謂守心於大休歇之場，住形於無何有之鄉是已。

清靜法　清謂清其心源，靜謂靜其氣海。常人或爭權利，或爭意氣，或不慊於心，或不安於分，或逆料將來之境，或追悔已往之咎，種種私情，纏繞胸際，以藐弱之躬，酬應萬變，人非木石，奈何不慮其疲。故養心要在除煩惱，煩惱清靜，心氣和平，心源清，則外物不能擾，而精神安恬。氣海靜，則邪欲不能作，而丹田堅實，庶幾返乎赤子無知之境。

二曰調心　十地經云，「三界無別有，惟是一心作。若知心無性，則諸法不實。」蓋能心無染着，則一切生死業行止息矣。故修養之道，調心最要。調心有二誼，一，調伏亂心，不令越逸，此即顔子心齋，孟子求放心之旨也。二，調和定心，常人之心不能入定，約有四種病態心相。

沈相　謂心中昏暗，無所記錄，頭好低垂。對治之法，宜用升心，使之不沈，卽系念鼻端，令心常住緣中，無分散意。

浮相　謂心好飄動，身亦不安，念亦異緣。對治之法，宜用降心，使之不浮。卽安心向下，系緣臍中，制諸亂念，心卽定住。

急相　謂攝心用念，因此入定，上向胸臆，急迫而痛。對治之法，宜用安心，使之不急。卽寬放其心，想氣皆流下，則病患自差。

寬相　謂心志散漫，身好透迤，口中涎流，時乃闇晦。對治之法，宜用收心，使之不寬。卽檢斂身體，常使內心住在緣中。

澀相滑相　在四相之外。對治之法，使之不澀不滑，依上類推可也。總之，過猶不及，均非中道。調和心相，酌損益之，使適中道而已。

三曰止心　無量經云，「菩提樹下正中有金剛座，賢刼千佛坐之而入金剛定。」此達摩之禪定，智凱之止心，有健身治病之用也。

止治法　國清百錄佛祖統記云，「智者大師隨諸病處以心止之，不出三日而愈，」「心如王，病如賊，使心不安於賊，則賊卽散壞。」天台小止觀云，「病由心生。」「安心止在病處，其病卽治」「諸法本空。不取病相，寂然止住」「坐禪之法，若能用心，則四百四病自然除差，若失所用心，則四百四病因之發生」蓋心生則萬法俱生，心滅則萬緣俱寂，心王所涖，則萬魔俱遁矣。止心之法，先解衣，諦觀臍如豆大，後閉目合口，以舌支腭，置心於臍，使氣調順。此止心以守丹田法能醫萬病。若猶感痛苦，則移心而向足三里穴。痛猶不止，更移心而向兩足大拇趾爪横紋，必止。若頭痛目赤口熱，耳聾，腹痛等，則止心於兩足中間，可愈。佛家以四大不調而病由於心識之上緣。若安心於下，則四大調適而病自除矣。故最下堵，止心以守湧泉法，行住坐臥，如如不離，可以百病不生。

集注法　集者，集其神氣。謂心力集中於一點，則雜思妄念無從發生。住者，注其血液。謂血隨心力下注於臍腹，則腦底清淨，血無充鬱。雖運天目，守泥丸，可成不思議之神通。然性宮守竅，不適宜於慣用腦力之人，弊害難以勝言。惟守下丹田，守足湧泉，始爲操心過勞之調劑，合於莊子所說。然命宮守竅，又有慮於不能絕欲之人。調和兩者之間，則守中宮黃庭，有性命兼顧之便，無身心偏遺之病。但以清淨自然爲妙。

凝神法　凝者，二五之精，妙合而凝，太極之蒂，混沌之根，至善之所會歸，造化之所運行。神者，陰陽不測，窮通變化，知幾知微，妙用曲成。莊子曰，「樞始得其圜中，以應無窮。」參同契曰，「浮遊守規中」。度人經曰，「中理五炁，混合百神。」此皆「凝神入炁穴」之訣也。凝神聚氣，一意不散，自能結成聖胎。呂純陽謂之「生身受氣初」，白玉蟾謂之「念頭動處」，此眞息所由起也。神不外馳，氣不遊移，老子所謂「歸根復命」，澄心絕慮，至寂常照，列子所謂「用志不紛，乃凝於神」。集注可臻無念之境，而非無念。凝神則無念以後，恍惚窈冥之狀也。

存想法　存謂存我之神，想謂想我之身。閉目即見自己之目，收心即見自己之心。心與目皆不離我身，不傷我神，爲存想之要訣。易曰「存性」，又曰「存神」。孔子曰「不舍晝夜」，孟子曰，「勿忘勿助。」又引孔子曰，「操則存，舍則亡。」不舍，存之之效；勿忘，存之之法。其要則在能操而已。詩曰，「秉心塞淵」，太玄曰，「藏心於淵」，參同契曰，「眞人潛深淵」，曰塞曰藏曰潛，存而守之之誼。曰淵者，深而溟，默而想之之誼，坤卦曰，「正位居體。」鼎卦曰，「正位凝命。」艮卦曰，「君子思不出其位。」位存想所在也。孟子曰，「求其放心而已矣。」放心者，神氣外馳，無有定處，心猿意馬是也。書曰，「念茲在茲，」卽求之之法。先降下心氣，翕聚定力，存想其處，不敢放弛。自然陽復丹成，神妙不測。但切勿滯相執着，無益有損。故金剛經云，「應如是住，應如是降伏其心，」

四曰觀心　觀心者，謂諦觀此心，思維道理，覺悟真常，妄見自除。蓋合運息念想諸法，而一以貫之者也。黃庭經云，「闚視天地存童子，」闚視謂不離不卽，慧光常照。其升降循環周流六虛，存念不放，止在黃寧童子而已。又曰，「觀我神明辟諸邪，」神則自明，不昏不昧，心王所在，由我能觀而已。

假想法　亦曰轉心法，卽自己暗示。蓋治氣調息之際，兼假作一種理想，以得其心力之幻化轉變，潛移默祛，治病矯癖於不自覺。爾佛藏阿含經云，「假想觀酥，煩酥在頂，滴滴入腦，溉於五藏，流潤全身，」而雜阿含經所載，且有七十二種治病祕法，如患冷，則假想身中火起以對治之等是。然最忌膠執着想，其戒與止心法同。

觀治法　維摩詰經云，「病不離四大，不卽於四大，方病而直觀心，推求此病因，不在內外，不在中間，心不可得也。病來責誰，誰受病者。用斯觀力，可以治病」故天台智凱大師小止觀法有明治病之術。凡分二種，一曰止治，卽前述止心法。二曰觀治，卽此觀心法。夫止心所以伏結，卽愛養心識之膏膋。而觀心所以斷惑，卽策發神解之妙術。止觀之道，豈但可以治病而已哉，治病不過其中之一效驗爾。其用心坐中治病一節，計十項。

第一信　信此法必能治。

第二用　隨時常用。

第三勤　用之專精不息，取得差爲度。

第四常住緣中　細心念依法不異緣。

第五別病因起

第六方便　吐納運心緣想，善巧成就。

第七久行　用之未即效，常習不廢。

第八知取捨　知益即勤，有損即捨。

第九持護　善識異緣觸法。

第十遮障　得益不向外説，未損不生疑謗，

次述住定　亦有三種調法，一，身相不偏於寬急倚曲低昂。二，息相微綿，如有如無，不偏於風喘氣相，致息脹滿。三，心相，不偏於浮沈寬急，必使心息相依而融和。三者兼調，而後方能住定

後述出定　出定時之調法，極有關於色身，慎毋謂功夫既竟，可以隨便。凡將欲出定，應前放心異緣，閉口弛氣，想從百脈隨意而散。然後微動身，次動肩膊，及手，頭，頸，次動二足，悉令柔軟，次以手徧摩諸毛孔，次摩手令暖，以揜兩眼，然後開眼。徧摩諸孔，要以面部爲則。揜目法，止用姆指中節，萬勿用根節，恐有毒氣。又勿揩擦，反損光明。待身熱稍歇，方可起身。此佛家禪定之法也。

第十章　要訣

洪範五福第一曰壽。黄庭經曰，「壽傳萬歲將有餘。」佛典亦云，「長壽度衆生」然則康壽之法，導引之功，爲樂天知命之君子所不可忽也。至日修身以俟，旦暮遇之，則其殷切更可知。先天大道，安樂法門，略舉要訣如次。

返還術　年近五旬，氣血將衰，宜先從返還入手。靜室光線，明暗合宜。坐下厚褥軟墊，以久坐不痛爲度。任何日時可坐，避飽食，遣俗慮，緩衣帶，勿使牽扯，先吐濁一二，乃納清攝歸絳宮，令定。須萬緣澄清，心神融和，後以意移入天目，凝定。雜念不起，卽凝神不散，復由泥丸轉玉枕注夾脊，息心靜養，專一不紛，每日行持勿斷。速者數日，遲至半月，覺夾脊火熾或增痛象，遂送入兩腰。俟跳動不已，隨送入陰蹻，又覺其中跳動，切莫睬他。張紫陽云，「陽蹻一動百脈皆動。」渾身通泰，酥暖如醉。專志安居久客，初歸片刻，凝定跳止。由觀氣根從海底上升臍輪，卽止，仍下降海底，如此周流三寸一分半之間。每一吸入，則內息迎升至臍，與外息相交，全任天機，萬勿稍涉意想。念起卽散，雖坐無益，必從始重作，安居海底，則神化炁，炁化精。如此添油返老還童。坐旬日，增至數百息，腰腹漸熱，手足素冷者亦熱。一陽初復，先天炁未可卽採，姑俟月餘後，若陽至卽採，聚入

指道眞詮

泥丸，則陽日增而陰仍舊陰寡不包陽必外越，懽鼻垂玉柱而坐化爾。修此法必持淸心寡欲之戒，坤修與乾道不同者，離宮活午之陰生，與坎宮活子之陽復，精血之變化异爾，返還之術一也。

採藥法　能五百息不起念，不斷內息，久之坎宮一陽上升臍輪，傍及兩腰，熱如湯沃。此時欲念倍熾，必須絕欲持戒，以免走丹外洩之危。過此險關，至能欲念不起，一二月後候蹻火上沃臍腎，一陽方動，炁將化而未化時，「竅」之者嫩得宜，所謂「鉛遇癸生須急採」。乃輕微提撮如忍二便狀，送陽火過尾閭，貫督脈，不疾不徐，一意毋紛，送升夾脊，專志催穿玉枕，兩目內迎引入泥丸，左起向右順轉三十六。運畢，無思無慮，靜坐片嚮，是爲採藥一次。日採則夕還，夕採則朝還。坐定，吐濁一二，歸神絳宮，移凝天目，上注泥丸，右旋向左逆轉三十六。運畢仍由夾脊過兩腎中間，歸入陰蹻，復左旋三十六，右旋二十四。運畢，寂慮靜坐片嚮，是爲還原一次。

周天法　周天有二種，一子午周天，卽坎離交媾與乾坤交媾。二卯酉周天，卽性情交感，龍虎會合也子午周天：靜坐入定，垂簾塞兌，三相旣調，渾寂綿存，心息相依，杳不知身在何處。心液下降，腎水上升，陰中之陽，陽中之陰，交媾丹田，歸氣元海，此坎離小周天也。旬月間，任督必通。內息橐籥鼓動，巽風坤火，猛烹急煉，產藥昇鼎，熱氣穿尾閭，冲夾脊，透玉枕，與神交合，旋繞頂門，復自泥丸下明堂，度鵲橋，歷重樓，過絳宮，直抵丹田，所謂「乾坤交媾罷，一點落黃庭」。此玉液煉形，子午大周天也。

河車轉動，子午抽添，取坎填離，積金入腹，杳冥之中，有信如潮，金水初動，由丹田分下湧泉，霎時合到尾閭。調停真息，鼓舞之，兩足震奮，真氣流行，後升前降，咽落黃庭，積日灌溉，意凝赤土，血化白膏，靈劍在手，內丹成矣。

卯酉周天　物杜玄關，目守泥丸，下照坤臍。久之，活子陽生，氣穴中火珠一粒，左旋傍臍，昇傍絳宮，折左脇，透左肩，上左耳根，由左目，逗存山根，轉右目，經右耳根後，下右肩，遶前傍心，降臍，仍還丹田。是謂進陽火三十六次。心蕩腎熱，活午陰生，復右旋左降，是謂退陰符二十四次。此金木交併，卯酉周天也。及至純熟，自然左右俱升，或臍間中通，前後俱升，兩腎湯煎，妙在不經三關，自兩腿徐上㞺頂，漫降山根，到鼻準，入人中，經鵲橋，濃液如卵，入舌下，歷重樓，落中宮所經穴有陰邪未淨，作戰微痛，必戰盡陰邪，始完全先天。此金液煉形，卯酉周天也

兌金生水，而坎水產鉛，母隱子胎，是謂「虎向水中生。」坎中戊陽，本乾成離來，故曰「坎內黃男名汞祖。」震木生火，而離火產砂，子藏母形，是謂「龍從火裏出。」離中己陰，本坤成坎來，故曰，「離中玄女是鉛家。」以鉛之沉重，鎮汞之飛輕，則大丹結矣。

火候法　火候者，坎中起火，胎息微綿也。導引養炁之功，却病延年之法，無非調息而已。息調而凝，凝而運，運而周流不窮，圜定養胎，千萬變化，不外一息。東坡養生偈曰，「與息俱入，與息俱出。」隨之不已，一息自住，不出不入，或從腠理雲蒸霧散，身中陰邪可以肅清。朱子調息箴曰，「靜極而噓，如春沼魚。動極而翕，如百蟲蟄。開闔氤氳，其妙無窮。」性命圭旨云，「由中達外，中全外，自後推前，後卽前。」「一霎時火候周天界，煉顆明珠似月圓。」明珠卽種子。煉至此時火逼金行，更積乾宮。損之又損，更無藥液可煉。五炁朝元，三華聚頂，催以真氣，逼以真火，珠化金液，吞入丹扃。念茲在茲，時守黃中。陳虛白云，「念起嫌火燥，意散則水冷。」須一念不起一意不散含

光默默，真息綿綿此長養聖胎之火候也。白玉蟾曰，「採藥物於不動，行火候而無爲」盡矣。

性功訣　性功卽丹家前三步工夫。然性中有命，命中有性，性命本不能偏離也。及至丹成胎圓，出神入化，又以無漏之性功竟。

初步功　靜坐習定，則心淸神謐而性靈，眞炁自然流露。積日功無間斷，閉目見一點光明。以眞意引導攝歸身中。初如粟米，倏隱倏現，須要捉擒，一縱便逝。極意凝神，定息，掃除一切雜妄之念。久之光漸放大，頭部明朗若水晶。

二步功　引入中宮，冥心寂念，勿使光因念起而散。久煉馴熟，絳宮自然月明。

三步功　復以意攝入靈關。覺光彌關元，浩無涯際，非有非無，相不可得。忽焉海底月印，水潭漾碧，天上皓月，兩正相對。此時一泓澄淸，天無片雲，不知爲天爲水，有地有身，祇覺空中月映水中月爾。

命功訣　命功卽後三步工夫。必收視返聽，塞兌虛心，調息綿存至於無息，而後眞陽方動，大藥方產。

初步功　先從克己復禮着手。養到心淸神寂，至於忘忘地位，不見有我存，亦不見有天地。陡覺虛靈朗耀，一片光晃。此時海底有動，卽陽生也。一鈎新月，近掛坤鄉，遠映曲江，虛極靜篤之眞境也。乃以無念之眞意引金氣上升過關。

二步功　前後均有三關。先渡下關最險，一不愼，衝關不開，或雜後私。非奪關外出，卽癰結瘡患。必凝神海底，目送過關，迎以眞意，自然可過。心性未純，誤用人力不得。旣能一意迎引，眞陽由海底升騰，氾冲靈關。復以絳宮明月照抑，蟠旋海底。寂念存神海底月影，必能透下關。直貫中關，兩腎湯煎，四肢融暢，美不可言。必虛極靜篤，方許透玉枕，抵上關，達巔頂，會泥丸。若凡私未淨，不如不透，反恐腦脹頭昏。

三步功　後三關透過，自覺雲騰雨下，醍醐灌頂。渡上鵲橋亦最險，先實後履空與下鵲橋之先空後度實同戒。瓊漿甘露滴入玉池，過重樓，入絳宮，注黃庭，一縷薄荷，涼沁心脾。必寂念冥心，絕無後私，養諸神室。「取將坎卦心中實，點化離宮腹內陰。」「一粒金丹吞入腹，始知我命不由天」心腎交媾，龍虎吞啗，水火旣濟，後天破缺仍返純陽之全。歸復功成，此玉液還丹也。更進而上，則有七返九還之金液大丹。

戒危術　崔公入藥鏡云：「先天炁，後天炁，得之者，常如醉。」此養氣之初功，入道之始基也。既而地戶塞，天門開。靜坐之際，靈華電閃，甘露雨注，慶雲繞於玄谷，景風拂自頂門，升三關，降三田，周流六虛，輕爽四大。非空非着，涉超三界。卽定生慧，寂照十方。熯蒸夾脊，涼沁心肺，節節生景，步步得驗，方是靜坐有效，養氣功純。六種震動，非起人爲，亦不能自主。五炁朝元，全屬天然，亦不離真意。漏盡一通，出神入化，緣物忘境，可成就無量意業諸功德。景象約分三種。

真境　真境如實，宿根利器所至證悟境界。

幻境　幻境如夢，由篤信暗示起豫期作用，虛構心象所致催眠境界。

魔境　魔境如迷，又分三類。一，念魔，由己一心久執不舍，遂成念障，彷彿精神病。二，途魔，方法未盡完備，修持未至精純，工夫未成漏盡，五通早具，遽爾出神所致。三，物魔，物欲未淨，積習難消，平居歷經諸象，憎據精神中樞，左右意識活動，寂定之後，隱顯出沒，無法肅清，致釀此變。樂悲憤怖，失欲諸內境，皆記憶反照所結；外境一魔，或靈物感觸來試佛經計分四魔，一煩惱魔，二陰入界魔，三死魔，皆世間常事，人自心生。四鬼神魔，三種，腦惑行人之十二時精魅，鑽刺，擊抱頭面腋腰，或喧鬧之堆剔鬼，違情可畏，順情可愛，五塵亂行之魔惱等。能奪修行人之功德財，能殺修行人之智慧命，道高才知魔盛。

焚身訣　道家祛魔之法，莫捷於焚身訣。運真炁流轉前三後三，攝真意降伏身陰心陰。洗滌純淨，葆露一顆虛靈通明潔白清淨之性，珠鏡光可以顯影而不染物形，可以照境而不執物象。雖有魔景，於何被迷。本無色相，於何受着。

止觀法　佛家祛魔之法，莫捷於止觀法。一，修止却之，知魔境虛妄，不憂不怖，不取不捨，彼自當滅。二，修觀却之，用止不去，則反觀能見之心，不見處所，彼何所惱，若通不去，但當正心，勿懼不惜身命。從未見坐禪而有魔化虎食人，化女作夫婦之事。其貪着心亂，失定發狂，無智識故自取其患，或經年月不去。但當端心堅固，正念不動，知魔界如，即佛界如，一如無二如，魔界無所捨，佛界無所取。如是佛法自當現前，魔境自然消滅。不去勿憂，謝去勿喜。

傳心訣　「人心惟危，道心惟微，惟精惟一，允執厥中」十六字，列聖以來之傳心訣也。至

孟子而造其極曰養心，曰求放心，曰不動心，曰心勿忘勿助長，

佛家說心，曰集起心，爲第八阿賴耶識，集諸種子生起現行法相宗之萬法唯識，依此而定，曰思量心，爲第七末那識。唯識論「恆審思量餘識」述記「末那是意」曰緣慮心，爲通於八識之能緣作用，唯識述記「毘若底識也」台家「介爾陰妄之心者一心三觀之一心」宗鏡錄「此是八識俱能緣慮自分境界」大乘義章「慮知曰心」止觀大日經疏「質多卽慮知心」曰堅實心，不生不滅，自性清淨之如來藏心。華嚴「總該萬有之一」起信論「一心二門之一心」楞伽經「此是過去未來現在諸如來應供等正覺性自性第一義心」注「汗栗馱，謂如樹木心非念慮心。」曰積集精要心，積聚諸經中一切要義如般若心積聚大般若六百卷之精要大日經疏汗栗馱第二義「此中真言心卽是真實心」止觀「又稱矣栗馱是積聚精要者爲心」八十華嚴經三十七卷十地品「三界所有唯是一心。」六十華嚴經十卷夜摩天宮菩薩說偈品，「心佛及衆生，是三無差別。」後人因之造華嚴經偈「三界唯一心，心外無別法，心佛及衆生是三無差別。」心爲萬法本能生一切法。心地觀經「三界之中以心爲主能觀心者究竟解

指道真詮

脫」止觀「心定如地不可動。」大日經疏，「菩薩亦如是依心進行，故名心地。」黃蘗傳心法要，「諸佛與一切衆生唯是一心，更無別法。」「唯此一心是佛。」「唯直下頓了自心本來是佛，無一法可得，無一行可修，此是無上道，此是眞佛。」「性卽是心，心卽是佛。」「卽心是佛，無心是道。」「祖師西來唯傳心佛，直指汝等心本來是佛，心心不異，故名爲祖。若直下見此意，卽頓超三乘一切諸位。本來是佛，不假修成。」頓悟入道要，「有一行者問卽心卽佛，那個是佛。師云，汝疑那個不是佛，指出看。無對。師曰，達卽徧境是，不悟永乖疏。」祖庭事苑，「達磨西來，單傳心印，直指人心，見性成佛。」傳燈錄法常章「卽心是佛。」馬祖章「非心非佛。」宗鏡錄「卽心卽佛是表詮，直表示其事，令證自心，了了見性，非心非佛是遮詮，卽護過遮非，去疑破執。」華嚴經五十二，「應知念念常有佛成正覺，諸佛如來不離此心成正覺。」觀無量壽經，「是心作佛，是心是佛。」台宗「卽心成佛。」密宗「卽身成佛。」菩提心論，「惟眞言法，卽身成佛，故說三摩地。」「若人求慧佛，通達菩提心，父母所生身，速證大覺位。」演奧鈔四十三「卽身成佛有四重，一修生卽身成佛，世間成就品，二本有卽身成佛，悉地出現品。三，本修不二卽身成佛，成就悉地品。四，絕待卽身成佛，轉字輪品。」一 大日經十住，亦名十地，入理般若名爲住，往生功德名爲地。謂旣得信後，進而住於佛地之位。由初發心至三修行住爲凡位。四生貴住名入聖胎，進賢位。五方便具足至八童真住名長養聖胎，九法王子住則相形具足而出胎，十灌頂住，菩薩爲佛子，行佛事，佛以智水灌頂受職。

第十一章 術語

任何科學，各有其專門術語。矧此丹道，又歷來術士所祕乎，分功夫與部位述之。

功夫術語 修者培養精氣，煉已者，寡欲清心。築基者，心不退轉。立鼎者，念茲在茲，安爐者，綿綿若存。採藥者，制欲循理，禁止性腺之外分泌，而催動其內分泌。自身內分泌卽金氣，卽藥物。最初用精神力催動之曰採取，曰烹煉。無催動內分泌之能力，嫌丹嫩。欲念一動而將轉外分泌，嫌丹老。不影響外分泌，而僅現內分泌，則丹不老不嫩。人身有內分泌七泉，黃庭經名七液，催動全身七液之功能，曰周天火候，左轉三十六曰進陽火，右轉二十四曰退陰符，總稱火符。內分泌影響於本人生理心理，曰灌溉。返老還童，再造生理，曰嬰兒。駐顔成功之屬生理者曰陰神。出神入化之屬心理，即般若者，曰陽神。煉成血液中之抗毒素，曰血化白膏。撲滅侵入之黴菌，即肅清腠理之陰邪，曰龍戰。丹經指南所云「此息從八萬四千毛孔中雲蒸霧散，無始以來諸病盡除，諸障盡滅」者，即發汗表解也。確是坐功真驗，可謂一語道破。悟得時一錢不值，不悟時坐穿蒲團總無用。心不動則炁固，身不動則精固，爲降龍伏虎。五官四大不動，精神魂魄意各安其位，爲五炁朝元。運入中宫，爲攢簇五行。七情曰鉛，性理曰汞。餘詳要訣。人心欲念曰後凡。道心堅固曰結胎。欲淨理全曰聖胎圓成。存想真意曰黄婆。用之不勤，即無爲自然之火候。心息相依曰坎離交媾。勿忘勿助曰沐浴温養。黄庭即未發之中。還丹乃中節之和。静坐入定曰吉祥止止。金丹圓滿曰虚室生白。心齋坐忘已見師説。術語繁雜，難以全舉，其要不外「心」「息」兩字。術士「祕母言子」，諉以「洩露天機」相戒，無非「居奇販道」而已。

部位術語　三丹田説見抱朴子，天台宗頗引用之。云臍下二寸四分，下丹田。心下絳宫金闕，中丹田。人兩眉間却行一寸爲明堂，二寸爲洞房，三寸爲上丹田。黄庭内景云「泥丸九真皆有房，方圓一寸處此中。」九宮之中間一宮名泥丸，元神所居，上直項前七分，卽腦下腺處。額骨項骨間爲顖會，項曰天門，又云「泥丸百節皆有神，」則泥丸正當腦髓，百節正當脊髓，亦曰督脈。按性功派有守上丹者，以山根爲主，曰兩目間，眉目間，兩眉間，梵文伊字訣項點，皆卽黃庭經之廬間有上至顖門下至鼻準者天目在兩目中間上二分，爲聚火之所通屬乾卦，坤爲少腹西南之鄉，陰蹻在前後二陰中間入肉一寸二分卽少腹盡處，海底穴亦曰地戶，張紫陽八脈經云「衝脈在風府穴下督脈在臍後，任脈在臍前帶脈在腰，陰蹻脈在尾閭前，陽蹻脈在尾閭後二節，陰維脈在項前一寸三分陽維脈在項後一寸二分，凡人皆閉而不開以陽氣衝開卽能得道」其說與素問靈樞難經甲乙等不必同也。後三關，化氣之徑渡下鵲橋，過尾骶，形如金鼎，四骨合成。上五骨合爲薦。又上腰椎五節，更上脊椎十二節，旁生肋骨，上六肋連髃骭，下四肋附其末，稱鳩尾，其遊離者二，季脅爲覺最上頸椎七節名柱當四五肋間兩旁俠脊三寸至十三節爲雙關。當枕骨突起曰腦戶，見內經，俠其旁一寸三分曰玉枕，道書稱鐵鼓關，最難穿透，又以尾閭爲羊車，俠腰椎二節前齊臍之腎俞爲鹿車，上數十四節至大椎爲牛車，稱河車搬運前三關降氣之徑。渡上鵲橋，滴玉池，黄庭内景曰，「口爲玉池太和官，漱咽靈液災不干。」過重樓，又曰「舌下玄膺生死岸」，「玄膺氣管受津府。」玄膺即懸壅垂，爲口鼻之交處。廉泉在頷下結喉上舌本下，附於氣管有兩盾形腺，中連富血絡，胸腔之頂，心藏之上，有胸腺，外多淋巴。考淋巴爲介於血間而給養畚濁者，有管銜左項膊靜脈交處，其右項膊者銜右項膊靜脈交處，腺在項側腋窩鼠蹊，與脾同生白膏，有衛之功。鳩尾下一寸巨闕，心募，心爲絳宮，承包絡，膈以上皆屬離卦。下鳩四寸爲中脘，名太倉，胃募也，曰中宮，即黄庭，左脾坐胰，右肝藏膽，是謂三素。下四寸爲臍，後齊兩腎。而腎上腺爲人死生之原，故説右腎爲命門，或云兩腎間，經所謂七節之旁，中有小心，下生夾膜，男爲精室，女藏胞宮，按胞腺本在腎下，精腺亦然，兒出胎後始從腹内外移而成睾丸，今皆稱性腺。靜坐康壽返老還童之術，皆原於此。臍下二寸，三焦募，亦名命門，一名丹田，三寸關元，小腸募，四寸中極，膀胱募，爲氣原，一名玉泉。五寸曲骨，在横骨上，毛際陷者中，動脈應手。會陰一名屏翳，在二陰間，張紫陽之海底，陰蹻，醫經謂任脈別絡，俠督脈衝脈之會。（見附圖丁）七液者，乾首性宮泥丸，後上洞玄，離心理宮瀆宇，喉下玉樓，坎腎命宮命門，坤腹欲宮生泉。（見附圖丙）

第十二章　醫

禮曲禮，「醫不三世，不服其藥。」孔穎達疏「三世，一黃帝鍼灸，二神農本草，三素女脈訣。」衍其傳者，有內經本經難經三種，成華陀張機王熙三派。

醫史　世本「神農和藥濟人」淮南修務訓「神農嘗百草之滋味，一日而遇七十毒。」此本經也說文「巫彭作醫」世本「巫咸爲帝堯之醫」自岐伯雷公傳鍼灸，伊尹傳湯液。呂覽所引，高誘所注，飲食衞生已著商初。周禮天官以外感分食醫疾醫瘍醫獸醫，尤詳備。陰陽風雨晦明，內傷七情，爲衞生病理之學。史記扁鵲傳稱「上古之時，醫有俞跗，治病不以湯液醴灑，鑱石撟引，案扤毒熨，一撥見病之應，因五藏之輸，乃割皮解肌，訣脈結筋，搦髓腦，揲荒爪幕，湔浣腸胃，漱滌五藏，練精易形。」徵諸靈樞經水篇曰「八尺之士，皮肉在此，循切而得之，其死可解剖而視之。其藏之堅脆，府之大小，脈之長短，血之清濁，皆有大數」此秦以前生理解剖之學。銅人明堂諸圖，皆託始黃帝素問骨空論，靈樞骨度篇，獨詳全體。漢書王莽傳「翟義黨王孫慶捕得使太醫尙方與巧屠共刳剝之，量度五藏，以竹筵導其脈，知所終始，云可以治病」。宋楊介存眞圖，歐希範五藏圖，皆其遺意。晁公武郡齋讀書志云：「崇寧間泗州刑賊於市，郡守李夷行遣醫倂畫工往，親決膜摘膏肓，曲折圖之，盡得纖悉。介校以古書，無少異者，過歐圖遠矣」。良醫能決死生，晉景公之秦醫緩，平公之秦醫和，見成十昭元左傳。扁鵲能活虢儲之死，又能洞見五藏癥結，如今「X光」，詳史記本傳。齊威王時文摯，故誤用藥，激怒因齊使病解，則又利用心理療法。漢倉公淳于意受陽慶傳色診法，能決生死，詳史記本傳。又「女醫淳于衍入宮侍皇后疾」，見漢書外戚傳，而霍光傳稱「乳醫」，知漢醫道之隆，婦女習熟，且設女官。漢末張機本素問「熱病皆傷寒」一說，著傷寒論。中寒不即發，至春又變溫病，知時氣傳染，爲內科之祖。周禮天官「四時皆有癘疾」，玉篇「癘，疫氣也」。左傳哀元杜注「癘，疾疫也」。呂覽「孟春行秋冬，季春行夏令，仲夏行秋令，則民疾疫」。隋巢元方病源謂「非其時而有其氣也」。傷寒論「不須汗而强汗，不須下而强下」，必死。「蜜煎導而通」，爲內服灌腸法。後漢方術傳「華陀曉養性之術，年且百歲，貌有壯容」，「病發結於內，鍼藥不能及者，令先酒服麻沸湯，因刳破腹背，抽割聚積。

若在腸胃，則斷截湔洗，除去疾穢。既而縫合，敷以神膏，四五日創愈。」傳吳普樊阿。解剖手術，爲外科之祖。晉王熙傳仲景學，著脈經二十四脈，後時切脈宗之唐王冰以陰陽五行之說竄亂內經玄理儘熾，科學廢墮，醫術迄今一蹶不振以數千年解割診斷病理藥物諸學之先進經驗而視外域諸邦有遜色，誰尸其咎。

宋重視醫藥，醫籍浸盛陳言以內外不內外爲病源三因，此病理學誘導論也。四庫提要，「醫之門戶分於金元。」案有四派金劉完素篤信古方，主降心火益腎水說，河間爲寒凉派始異局方，行於北張從正宗之精用古書汗吐下，號六門三法，尤重驅邪，子和爲攻下派。元李杲師張潔古，「古今異軌」意倡「土爲萬物母」說主補中益氣升陽散火，最宜胃弱膏粱，東垣爲補土派朱震亨承劉再傳，間參李意南方體弱，宜用清滋，丹溪謂「劉張論藏府，氣化有六，而濕熱相火三氣致病爲多，倡推陳出新，瀉火養陰」派。明張介賓承趙獻可「命門養火」再傳，號張熟地，景岳爲李後溫補派清葉天士桂、徐靈胎大椿各負盛名。醫宗金鑑實吳謙爲藍本。至王清任醫林改錯，駁「右腎爲命門，肝居於左」等唐以來之謬說，「既誤其形狀，更誤其功用」，別繪改正藏府

圖二十四、以上醫學。

漢志有「神農黃帝食禁七卷。」甲乙經序「伊尹撰本草。」周禮天官「以五味五穀五藥養其病」漢平帝紀「舉天下通知方術本草者」古今醫說「葛洪有金匱方肘後方。」神農本草三品三百六十五種。梁陶弘景增漢魏名醫所用爲名醫別錄。唐孫思邈「以人命至重，一方濟之」作千金方。李勣唐本草，蘇恭新本草。宋劉翰加以唐附今附爲九百八十三種，明李時珍窮搜博採，芟煩補闕，歷時三十年，閱書八百餘稿三易成本草綱目，集藥物學之大成。

醫籍　漢書藝文志醫家有「黃帝內經十八卷，外經三十七卷，扁鵲內經九卷，外經十二卷，白氏內經三十八卷，外經三十六卷，旁篇二十五卷。」隋書經籍志有「黃帝素問九卷，注梁八卷，黃帝甲乙經十卷，注梁十二卷，黃帝八十一難二卷，注梁有黃帝衆難經一卷，黃帝鍼經九卷，注梁有黃帝鍼灸經十二卷等等。」唐書經籍志有「黃帝三部鍼經十三卷，註皇甫謐撰，黃帝八十一難經一卷，黃帝明堂經三卷，黃帝素問八卷，黃帝鍼經十卷，黃帝九靈經十二卷，注靈寶注，黃帝內經太素三十卷及明堂類成十三卷，并楊上善注」宋史藝文志，乃有「黃帝內經素問二十四卷，注唐王冰注，素問八卷，隋全元起注，黃帝靈樞經九卷，黃帝鍼經九卷，黃帝炙經明堂三卷黃帝九虛內經五卷等等。」漢志有內經而無素問，隋志有素問鍼經難經而無靈樞，唐志有鍼經太素明堂九靈經而仍無靈樞，宋史始有靈樞

素問　晉皇甫謐甲乙經序，以「鍼經九卷素問九卷當漢志內經十八篇。」唐王冰素問注，亦以「素問九卷靈樞九卷當漢志內經十八卷」。鼂公武郡齋讀書志，謂「素問者以素書黃帝之問，猶言素書。先是第七亡逸，冰時始獲，乃詮次注釋，凡八十一篇，分二十四卷。」陳振孫書錄解題云「此固出於後世依託，要是醫書之祖也。嘉祐中，林億高保衡承詔校定補注，頗采全元起之說附見其中。」

黃帝之書　高承事物起原云，「黃帝命雷公岐伯教制九鍼，著內外經，素問之書出焉。」馬蒔續素問鈔，「素問者，黃帝與岐伯，鬼臾區，伯高，少師，少俞，雷公六臣，平素問答之書，卽本紀咨於岐伯而作內經是也。」顧從德重雕素問序，「今世所傳內經素問，卽黃帝之脈書。」褚澄遺書，「素問之書，成於黃岐運氣之宗，起於素問。」沈作喆寓簡，「內經素問，黃帝之遺書也。」

杭世駿質疑，「內經劉向編七略時已有之，秦焚詩書，內經以方術得存，其書深奧精密，非後人所能僞記。」

東周人作　林億甲乙經序，「素問鍼經明堂三部，非黃帝書，似出於戰國。」邵雍皇極經世書「素問陰符，七國時書也。」二程全書「戰國時人作」朱熹古史餘論「至於戰國之時，方術之士，遂筆之於書，以相傳授。」胡應經籍會通「周秦之際，上士哲人之作，其徒欲以驚世竊附黃岐耳。」「素問精深，陰符古奧，雖非軒后，非秦後書。」桑悅素問鈔「素問乃先秦戰國之書。」方以智通雅「靈樞素問皆周末筆。」魏荔形傷寒論本義序，「軒岐之書類春秋戰國人所爲而記於上古。」

秦漢時作　司馬光傳家集與范景仁書「素問，周漢之間醫者依託以取重耳。」姚際恆古今僞書考云，「王冰以素問靈樞當內經，實附會也。或後人得內經而衍爲素問，亦未可知。漢志陰陽家有高帝泰素，此必取此素字，又以與岐伯問，故曰素問，後世宗之爲醫家祖，然其言實多穿鑿。其中言黔首，又藏氣發時日夜半、平旦、日出、日中、日昳、下晡，不言十二支，當是秦人作。又有言歲甲子，言寅時，則又漢後人所作，故其中所言有古近之分，未可一概論」方孝孺遜志齋集「內經出於戰國秦漢之人，其書雖僞，其文近古。」郎瑛七修類稿「宋聶吉甫云，旣非三代以前文，又非東都以後語，斷然以爲淮南王之作。予意鴻烈解中內篇文義實似之。」祝文彥慶符堂集「內經素問，確爲秦以後書」劉奎溫疫論類編「內經多係後人假託，半似秦漢文字」王炎運氣說「素問乃先秦古書」陳曾釋文章歐冶「素問善議論，理明，故枝節詳盡而辨論精審，先秦書皆然」朱載堉樂書「素靈二經乃先秦古書，三代名醫所相授受。」四庫提要云，「後漢張機傷寒論引之，始稱素問。晉皇甫謐甲乙經序，亦稱素問，則素問之名起於漢晉間矣。故隋書經籍志始著錄。然所載祇八卷，全元起注已闕第七。冰爲寶應中人，乃自謂得舊藏之本，補足此卷。宋林億等校正，謂天元紀大論以下，卷帙獨多，與素問餘篇絕不相通，疑即傷寒論所稱陰陽大論之文，冰取以補所亡之卷，其刺法本病二論，則冰本亦闕，不能復補矣」踐形案，冰一作砅，其以陰陽五行等玄虛之說竄亂原書處必多，豈但天元紀以下諸篇，蹤迹補上古考信錄云「素問一書，語多淺近，顯爲戰國秦漢間人所撰，欲藉古聖之名以取重於世，因假託之耳。」

指道眞詮

靈樞　甲乙經晉王熙脈經，唐王燾外臺祕要，皆引九卷，指鍼經言。王冰注素問，引鍼經，或曰靈樞謂「卽漢志內經十八卷之九」。馬蒔注證發微云「樞爲門戶闔闢所繫，而靈乃至神至玄之稱。」張志聰云「神靈之樞要」。素問八正神明論有「先知鍼經」，靈樞九鍼十二原篇有「先立鍼經」，則鍼經之名蓋古。王冰注素問引，雜稱靈樞鍼經。宋成無己釋傷寒論，則稱鍼經。林億等謂卽隋志九靈，案皆唐志。馬蒔注證發微云，「樞爲門戶闔闢所繫，靈乃至神至玄之稱」。趙希弁讀書後志云「或謂好事者於皇甫謐所集內經倉公論中鈔出之，名爲古書也」。王應麟玉海云，「隋楊上善序，靈樞凡八十一篇，鍼經九卷，大抵同亦八十一篇，鍼經以九鍼十二原爲首，靈樞以精氣爲首，又間有詳略。王冰以鍼經爲靈樞，故席延賞云，「靈樞之名特最後出」。案今靈樞正以九鍼十二原爲首，惟甲乙經以精氣爲首。宋史哲宗紀，「元祐八年，詔頒高麗所獻黃帝鍼經於天下」。江少虞宋朝類苑引「臣寮言，此書久經兵火，亡失幾盡，偶存於東夷，篇帙具全。」丹波元簡案「林億校正素問在仁宗嘉祐，不及見之，故注云靈樞文不全」，「靈樞、九靈、九虛，出黃冠所稱，九卷鍼經乃爲舊題」。李濂醫史引元呂復羣經古方論「王冰以九靈更名靈樞，謂卽鍼經，苟一書而二名，不應唐志別出鍼經。靈虛注，乃扁鵲大玄君所箋，世所罕傳。宋李有靈樞略一卷，今亦湮沒。」徐常吉諸家要指云，「後漢涪翁著鍼經診脈法，授程高，高傳郭玉」。杭世駿道古堂集靈樞跋，「九靈是九靈鍼經，是鍼經不可合而爲一。王冰以九靈名靈樞，文義淺短，不類素問，又似竊取素問之言而鋪張之，爲王冰僞託可知，後人莫傳其書，唐寶應至宋紹興史崧乃云家藏舊本靈樞九卷。未經高保衡林億等校定，孰能辨其眞僞」。四庫提要云「李杲精究醫理，而使羅天益作類經，兼採素問靈樞，呂復亦稱學者當與素問並觀，其旨義互相發明。蓋書雖僞而言則綴合古經，具有原本。譬之梅賾古文雜採逸書，聯成篇目，雖牴牾罅漏，贋託顯然，而先王古訓多賴其蒐輯，以有傳不可廢也」。梁啓超中國歷史研究法「素問靈樞中言陰陽五行，明是鄒衍以後之思想」。漢志諸子略考釋「素問爲西漢以前書，是否卽漢志內經，無從證明，靈樞殆魏晉後作也」。丹波元簡靈樞識云，「素問語言深，靈樞淺較易，皆成於衆手」。踐形案素靈雖多贋託，而三代以上之古誼幸賴以傳。獨惜漢後五行說盛，固有古誼不僅竄亂，反爲排斥湮沒，非國醫界之不幸，實學術界之恥也。難經以下不復論。

指道真詮

醫經　靈樞本神篇曰，「生之來謂之精，兩精相搏謂之神，隨神往來者謂之魂，並精出入者謂之魄，所以任物者謂之心，心有所憶謂之意，意之所存謂之志，因志而存變謂之思，因思而遠慕謂之慮，因慮而處物謂之智。故智者之養生也，必順四時而適寒暑，和喜怒而安居處，節飲食而調剛柔，如是則邪僻不至，長生久視。是故怵惕思慮者則傷神，神傷則恐懼流淫而不止。因悲哀動中者竭絕而失生，喜樂者神憚散而不藏，愁憂者氣閉塞而不行，盛怒者迷惑而不治，恐懼者神蕩憚而不收」。素問舉痛論曰，「怒則氣逆，甚則嘔血及飧泄，故氣上矣。喜則氣和志達，榮衛通利，故氣緩矣。悲則心系急，肺布葉舉，而上焦不通，榮衛不散，熱氣在中，故氣消矣。恐則精卻，卻則上焦閉，閉則氣還，還則下焦脹，故氣不行矣。寒則腠理閉，氣不行，故氣收矣。炅則腠理開，榮衛通，汗大泄，故氣泄矣。驚則心無所倚，神無所歸，慮無所定，故氣亂矣。勞則喘息汗出，外內皆越，故氣耗矣。思則心有所存，神有所歸，正氣留而不行，故氣結矣」。靈樞決氣篇曰，「兩神相搏，合而成形，常先身生，是謂精。上焦開發，宣五穀味，熏膚充身澤毛，若霧露之溉，是謂氣。腠理發泄，汗出溱溱，是謂津。穀入氣滿，淖澤注於骨，骨屬屈伸，洩澤補益腦髓，膚皮潤澤，是謂液。中焦受氣取汁，變化而赤，是謂血。」平人絕穀篇曰，「神者，水穀之精氣也。」五味篇曰，「穀始入於胃，其精微者先出於胃之兩焦以溉五藏、別出兩行營衛之道。」五味論曰，「血脈者，中焦之道也」動輸篇曰，「營衛之行也上下相貫，如環之無端。」邪客篇曰，「五穀入於胃也其糟粕津液宗氣分為三隧，故宗氣積於胸中，出於喉嚨，以貫心脈而行呼吸焉。營氣者，泌其津液注之於脈，化以為血，以營四末，內注五藏六府以應刻數焉。衛氣者出其悍氣之慓疾，而先行於四末分肉皮膚之間而不休者也。」營衛生會篇曰，「營出中焦，衛氣出於下焦。」「人受氣於穀，穀入於胃，以傳於肺，五藏六府皆以受氣，其精者為營，濁者為衛，營在脈中，衛在脈外。」張志聰云「平脈篇曰營為血，衛為氣。本經曰，化為血，命曰營氣。蓋經脈之外，有充膚熱肉之血氣，皆為營氣。當知脈外有營與衛氣相將出入。五十營篇論營氣之行於脈中。衛氣行篇論衛氣之行於脈外。營氣篇論營血之營於五藏六府十二經脈。此篇論營衛之生，各有所從來，各走其道，而復會合於皮膚肌腠之間，營衛相將，偕行出入。衛氣篇論脈內之血氣，從氣衛而出於膚表，故與衛氣相合而偕行。脹論曰，「衛氣之在身也，常然並脈，循分肉，行有逆順，陰陽相隨。」「營氣循脈，衛氣逆為脈脹，衛氣並脈循分爲膚脹。」癰疽篇曰，「寒邪客於經絡之中則血泣，血泣則不通，不通則衛氣歸之不得復反，故癰腫寒氣化爲熱，熱勝則腐肉，肉腐則爲膿。」天年篇曰「五藏堅固，血脈和調，肌肉解利，皮膚緻密，營衛之行不失其常，呼吸微徐，氣以度行，六府化穀，津液布揚，各如其常，故能長久。」

素問上古天真論曰，「上古之人，其知道者，法於陰陽，和於術數，食飲有節，起居有常，不妄作勞。故能形與神俱，而盡終其天年，度百歲乃去。今世之人不然也，以酒爲漿，以妄爲常，醉以入房，以欲竭其精，以耗散其真，不知持滿，不時御神，務快其心，逆於生樂，起居無節，故半百而衰也。夫上古聖人之教下也，皆謂之虛邪賊風，避之有時，恬惔虛無，真氣從之，精神內守，病安從來。是以志閑而少欲，心安而不懼，形勞而不倦，氣從以順，各從其欲，皆得所願，故美其食，任其服，樂其俗，高下不相慕，其民故曰朴。是以嗜欲不能勞其目，淫邪不能惑其心，愚智賢不肖不懼於物，故合於道，所以能年皆度百歲而動作不衰者，以其德全不危也。」「女子七歲，腎氣盛，齒更髮長。二七而天癸至，任脈通，太衝脈盛，月事以時下，故有子。三七腎氣平均，故真牙生而長極。四七筋骨堅，髮長極，身體盛壯。五七陽明脈衰，面始焦，髮始墮。六七三陽脈衰於上，面皆焦，髮始白。七七任脈虛，太衝脈衰少，天癸竭，地道不通，故形壞而無子也。丈夫八歲，腎氣實，髮長齒更。二八腎氣盛，天癸至，精氣溢瀉，陰陽和，故能有子。三八腎氣平均，筋骨勁强，故真牙生而長極。四八筋骨隆盛，肌肉滿壯。五八腎氣衰，髮墮齒槁。六八陽氣衰竭於上，面焦，髮鬢頒白。七八肝氣衰，筋不能動，天癸竭，精少，腎藏衰，形體皆極。八八則齒髮去。腎者主水，受五藏六府之精而藏之，故五藏盛乃能寫。今五藏皆衰，筋骨解墮，天癸盡矣，故髮鬢白，身體重，行步不正，而無子耳。夫道者能却老而全形身，年雖壽，能生子也。」「余聞上古有真人者，提挈天地，把握陰陽，呼吸精氣，獨立守神，肌肉若一，故能壽敝天地，無有終時，此其道生。中古之時，有至人者，淳德全道，和於陰陽，調於四時，去世離俗，積精全神，遊行天地之間，視聽八達之外，此蓋益其壽命而强者也，亦歸於真人。其次有聖人者，處天地之和，從八風之理，適嗜欲於世俗之間，無恚嗔之心，行不欲離於世，被服章，舉不欲觀於俗，外不勞形於事，內無思想之患，以恬愉爲務，以自得爲功，形體不敝，精神不散，亦可以百數。其次有賢人者，法則天地，象似日月，辨別星辰，逆從陰陽，分別四時，將從上古，合同於道，亦可使益

指道眞詮

壽而有極時。」

第十三章　膏肓攷

素問靈蘭祕典曰，「三焦者，決瀆之官，水道出焉。」難經三十一難曰，「水穀之道路，氣之所終始」靈樞榮衛生會曰「上焦如霧，中焦如漚，下焦如瀆。」又曰，「營出中焦」張志聰靈樞集注十二原云，「中焦之氣，蒸津液，化其精微，發泄於腠理，淖澤注於骨，補益腦髓，潤澤皮膚，是津液，注於三百六十五節，而滲灌於皮膚肌腠者也。溢於外則皮肉膏肥，餘於內則膏肓豐滿，蓋膏者藏府之膏膜，肓者腸胃之募原也。」膏肓者左氏成公十年傳曰，「居肓之上，膏之下。」賈逵杜預注云，「肓，鬲也。心下爲膏。」按說文二徐本云，「肓，心上鬲下也」陸德明釋文引作「心下鬲上。」段玉裁注云「鄭駁異義云，肺心俱在鬲上，賈說肓鬲也，統言之。許云鬲上爲肓，析言之。鬲上，肓，肓上，膏，膏上，心。今本作心上鬲下，不可通矣」其後鈕樹玉校錄，姚文田嚴可均校議，苗夔繫辭校勘，桂馥義證，王筠句讀，朱駿聲通訓定聲，皆從段說改正。李威案，「鍼灸圖經，椎骨諸穴，心俞二穴在五椎下，鬲俞二穴在七椎下，是鬲下於心間一椎。又四椎下有膏肓俞，七椎下有鬲關，是肓在鬲上甚明。」載侗曰「五藏肝肺之間有鬲肉焉，所謂匈鬲關鬲也。「素問靈蘭祕典曰，「膻中者，臣使之官，喜樂出焉。」靈樞海論「膻中者，爲氣之海。」難經「氣會膻中。」朱肱曰，「心之下有鬲膜，與脊脅周回相著，遮蔽濁氣，所謂膻中也。」難經云，「上焦者在心下，下膈在胃上口，主內而不出，其治在膻中」按在玉堂下，鳩尾上，直兩乳間陷者是。劉熙釋名，「膈塞也，膈塞上下，使氣與穀不相亂也。」魏志華陀傳，「陀針鬲，隨手而差」孔穎達左傳正義曰，「賈服何休諸儒等皆以爲膏，劉炫以爲連心之脂，不得釋膏，膏當爲鬲，改易傳文而規杜氏，非也。」素問刺禁曰，「鬲肓之上，中有父母，七節之旁，中有小心。」楊上善太素經注云，「心下鬲上爲肓。」張志聰集注云，「鬲，膜也，前連鳩尾，後連十一椎。肓者，即募原之屬，其原出於臍下，名曰脖胦。夫陰陽者，變化之父母。水火者，陰陽之兆徵，中有父母者，謂心爲陽藏而居鬲之上，腎爲陰藏而居肓之上。鬲肓之上，其間有神藏焉。七節之旁，鬲俞之間也。」張兆璜曰，「肓，膏肓也。」史記扁鵲傳「揲荒爪幕」索隱云，「荒，膏荒也，則作荒。」春秋元命苞曰，「膏者，神之液也。」

丹波元簡靈樞識「傳遜辨誤云，自鬲以上，皆心肺清潔之屬。自鬲以下，皆腸胃汚濁之屬。而心下有微脂爲膏鬲上有薄膜爲肓也。素問曰鬲肓，則明云鬲之肓也鬲之肓，非其膜而何。」王冰注素問痺論曰「肓膜，謂五藏之間鬲中膜也。」張介賓類經云「膏肓之義，惟唐容川張錫純之解釋詳晰」唐云「凡有膜網處，無論上中下，及內外膜網，其上皆生膏油，左傳所謂膏肓也。肓言其膜，屬三焦之物，膏言其油，乃屬於脾。凡化水化穀，皆是膏油發力以薰吸之，所謂脾主利水化食者如此。而其路道，則總在中焦之膜中也。此膜著背脊處上行至肝，是謂肝膈，半在體上，半在膈下。膈發於肝，循肋骨而至胸前之鳩尾，下遮濁氣，上護心肺，爲陰陽之界限。肝氣之通於膈，以入腸胃，走血室，路道皆在膈膜與中下之油網中也。」靈樞九鍼十二原論「膏之原出於鳩尾」張錫純云「鳩尾之內，卽膈，乃三焦之上焦，與心包相連，互爲配偶。心包者，心肺相連之系，其體質原係脂膜，脂卽膏也，肓上膏下，定在胸中無疑。」素問腹中論「肓之原在臍下。」靈樞四時氣「上衝腸胃，薰肝，散於肓，結於臍，故取之肓原以散之。」沈亮宸云「肓乃腸外之脂膜。」丹波元簡云，「肓卽鬲膜，藏府之間，悉有薄膜，其於軀殼中，遮蔽濁氣，最有用者爲鬲膜，故單言肓，則指鬲膜，」又有下肓，名脖胦，爲下氣海，在臍下一寸半宛宛中。元簡又案，「玉篇，脖胦，臍也。猶天樞卽臍，而其穴則在俠臍兩傍各一寸邪。」

第十四章　五藏辯

自素問肝屬木，肺屬金，心屬火，腎屬水，脾屬土，以配五行，歷來醫書無弗如是，更以五色五味五臭配，而溫涼熱寒平諸性，陽明厥陰二太二少十二經等，尤同爲用藥分劑之準，然考諸禮記月令呂覽十二紀，淮南時則訓精神訓，楊雄太玄經，許愼五經異義，說文解字，及古尙書說，高誘呂淮二注，則脾爲木藏，肺爲火藏，心爲土藏，肝爲金藏，皆與不合，獨腎爲水藏無異議爾。

脾爲木藏　「孟春之月，盛德在木，其位東方，祭先脾，」禮記，呂覽，淮南並同，鄭玄注月令云，「先祭脾者，春爲陽中，於藏直脾，脾爲尊，」高誘注呂覽孟春紀，注淮南時則訓，皆云，「一說脾屬木，自用其藏也，」又注精神訓「脾爲風，」云，「脾，木也，木生風，故爲風，」說文校議亦引淮南「脾爲風」句。說文繫傳又引「文子曰，脾爲風。」是則「脾爲風」者，周秦之成語，與太玄經數篇云，「三八爲木藏脾」。古尙書說，「脾，木也」。許君五經異誼從之，說文與之互相表裏，皆主古文，而今本說文作「脾，土藏也」。段玉裁云「文有脫誤」。鈕樹玉云「皆後人改」。御覽所引作「脾，金藏也」。與今古文並不合，蓋訛而又訛矣。段注鈕校王筠句讀並謂「脾富云木藏也，博士說以爲土藏」。博士，指今文尙書歐陽說，白虎通情性篇引「樂動聲儀曰，脾之爲言辨也，所以積精稟氣也」。劉熙釋名曰，「脾，裨也，在胃下，裨助胃氣，主化穀也」。素問靈蘭祕典論曰，「脾胃者，倉廩之官，五味出焉」。六節藏象論云，「脾胃者，倉廩之本，營之居也，名曰器，能化糟粕而入出者也」。史記正義難經三十二難皆曰，「脾重二斤三兩，扁廣三寸，長五寸，有散膏半斤。主裹血，溫五藏」。素問釋名說同博士，此正黃庭內景所云「脾長一尺掩太倉」者，皆指胰而言，日本所稱膵臟也，非脾也。鄭衆注周禮醢人曰，「脾析，牛百葉也」。朱駿聲通訓定聲引云「按即膍也，或曰借爲膍，膍脾雙聲」。今則借誼行而正誼廢矣。元命包且云，「胃者，脾之府也」。難經正義之說，又兼脾胰而言之，與動聲儀同。若非動聲儀難經之說，則脾之功用全爲胰所蔽矣。試明析言之，脾，藏也，位於胃之左側，形卵圓而扁平，色赤褐，有新造白盅，即白血球之功，胰，脾之府也，與膽爲肝之府，同位於胃之下方，十二指腸之彎內，左連於脾。分泌液汁注胃腸之間，有助消化之功。

五行家以脾配土，是胰僭脾廢之象。故素問乃以脾胃連稱，難經所云「裹血溫藏」知脾木在東，有春生體元之誼。今云肝木者，是左邊肝胰之肝，非右邊肝膽之肝也。脾號軟肝，是肝其名而脾其實也。

中醫大學校長謝觀中國醫學辭典云，「中醫書之所謂脾，實指大小腸之功用居多。學者宜細心體會之」誠哉，中醫書之言五藏也，皆借以爲代表病理變化之術語，豈真言五藏之生理哉。余丁丑冬，避亂宜興之陽巷堰南毛君，當地紳董，畢業中醫專校，讀拙著後，頻來宴從請業。嘗語云，「楊白民嘗爲講哲學，謂傷寒傳經，非真此一藏傳至彼一藏也。五藏六府十二經，皆不過病態中歷程之代名詞爾。」誠哉，知此說，乃可與言中醫書之五藏。

肺爲火藏　「孟夏之月，盛德在火，其位南方，祭先肺」禮記、呂覽、淮南並同。鄭玄注月令云，「先祭肺者，陽位在上，肺亦在上，肺爲尊也」高誘注呂覽孟夏紀，注淮南時則訓，皆云，「一

指道真詮

說肺屬火，自用其藏也。」又注精神訓「肺主目」云，「肺象朱雀，朱雀火也，火外景，故主目。」注「肺爲氣」云，「肺，火也，故爲氣。」說文繫傳引「文子曰肺爲氣」說全同。太玄經數篇云，「二七爲火，藏肺。」古尚書說「肺，火也。」許君五經異誼同。說文亦應爾，今本作「肺，金藏也。」段注云「文有脫誤。　鈕校云「皆後人改。」御覽引作「肺，木藏也，」與今古文並不合，訛而又訛矣。惟玄應一切經音義卷四卷廿引作「肺，火藏也。」姚文田嚴可均說文校議稱爲「最是舊本」。又云「今本說文肺脾肝三字下，皆校者擅改耳。」按六朝以來，說文之湮沒無傳者殆八百祀矣。二徐崛起，又無從是正。直至清之段氏，輩出許君舊說始復昌明，初不謂許說之竄改於妄人者，獨猶保存於方外也。熟語所稱肺火，方知原出於說文。徐永慶段注匡謬云，「玄應所見原書作火，後人習知今文家說，改火爲金。」說甚明。段鈕王筠皆謂，「當云，肺，火藏也，博士說以爲金藏。」王紹蘭說文訂補云，「鄭駁異誼先言月令祭四時之位，後言醫病之法，五行所主從今文尚書之說。其注月令，仍依記文，用古尚書說，同五行之誼，何嘗自用其說。段氏乃云鄭注月令，自用其說，從今尚書說，謬矣。」又云，「鄭注依記夏祭先肺，明亦謂肺屬火，不與駁異誼同」據王說，鄭注月令，仍依古尙書說，惟至駁許君時乃忽用今文說爾。劉熙釋名云，「肺，勃也，言其氣勃鬱也。」素問曰「肺者，相傅之官，治節出焉。」又曰，「肺者，氣之本，魄之處也。其華在毛，其充在皮，爲陽中之太陰，通於秋氣。」國人體弱，秋後多咳，甚至夏令亦有傷風者，然肺之病實盛於冬，殆火受水尅邪。難經三十三難曰，「肺者，非爲純金也，辛商也，丙之柔，大言陰與陽，小言夫與婦。釋其微陰，婚而就火，其意樂火，又行陽道多，故令肺得水而浮也。」然如此說，醫書仍以肺屬火。委曲轉折，不如逕言火藏爲得。按黃庭經肺稱「華蓋」，靈樞九鍼論云，「五藏之應天者肺，肺者，五藏六府之蓋也。」肺形上銳下平，宜爲火藏。

心爲土藏　「季夏之月，盛德在土，其位中央，祭先心。」呂覽淮南並同。禮記月令則季夏祭仍先肺，別出「中央土」一條。蓋每季之末，土旺十八日也。鄭注月令云，「祭先心者，五藏之次，心次肺，至此心爲尊也。」段注訂補云，「此鄭依記明謂心屬土，不與駁異誼同。」高誘注呂覽季夏紀，注淮南時則訓，皆云，「一說，心，土，自用其藏也。」又注精神訓「心爲之主」云，「心，土也，故爲四行之主」太玄經數篇云「五五爲土，藏心。」許君五經異誼「今文尙書歐陽說

指道真詮

云，肝木也，心火也，脾土也，肺金也，腎水也。古文尚書說云，脾木也，肺火也，心土也，肝金也，腎水也。按禮記月令云，春祭以脾，夏祭以肺，季夏祭以心，秋祭以肝，冬祭以腎。皆五時自相得，則古文尚書是也」鄭玄駁曰，「此文異事乖，未察其本意。月令五祭，以四時之位五藏之上下次之耳。冬位在後而腎在下，夏位在前而肺在上，春位小前故祭先脾，秋位小却故祭先肝。肝腎脾俱在鬲下，肺心俱在鬲上。祭者必三，故有先後焉，此義不與行氣同也。」蕭氏五行大義引如此。孔穎達月令疏所引稍省變，其作「肺也心也肝也俱在鬲上」。殆唐人惑於五行之說而昧於生理之學，皆如肝左肺右之類，爾幷靈素難經之旨而不知，不禁歎倉扁華陀之不復生矣。月令疏所引，下有今醫病之法，以肝爲木，心爲火，脾爲土，肺爲金，腎爲水，則有瘳也，若反其術，不死爲劇」三十三字，五行大義引無此，知是孔氏口吻，非鄭君之言也。許君說文云，「心，土藏也，博士說以爲火藏」段注訂補云，「許於異誼從古文說，稽譔說文，仍用古說爲正，亦存博士說於後。博士說，卽今文說也，月令「中央土，祭先心」故心爲土藏，土主四季，猶心主四體也。」又云，「據月令注，則鄭亦從古以心爲土，」嚴章福說文校議議云，「心言土藏與月令古尙書合。」惠棟記云，

88

「許從古文尚書月令之說，故從人心爲土藏」王鳴盛蛾術編說字：「許所據古文尚書說，與鄭說洪範義似合蓋鄭以五常中之知屬中土，而知正從心出則鄭意以心爲土藏明矣。鄭雖駁許，其實說經未嘗不同。」沈濤說文古本考云，「玉篇引但云心火藏也，乃節引，非完文。」踐形案「博士說以爲火藏」句，藏字當作府，心蓋火之府也，說見後。至左氏襄公九年傳「心爲大火，」公羊昭公十七年傳何休解詁「大火謂心，」夏小正「大火者心也，」所指心乃天象中二十八宿之名，不得與人身中之心同論。樂動聲儀云，「心之爲言任也，任於思也。」劉熙釋名云，「心纖也，所識纖微，無物不貫也。」素問曰，「心者，君主之官也，神明出焉。」又曰，「心者，生之本，神之變也。其華在面，其充在血脈，爲陽中之太陽，通於夏氣。」靈樞順氣一日分爲四時篇云，「心爲牡藏，肺爲牝藏。」陰陽之誼是也。若以肝心屬牡，餘三屬牝，實無是處。以奇偶言，則肺腎皆偶，屬牝宜矣，然脾奇而肝偶也。醫書言火有二，心爲君火固矣。又以怒火屬肝，慾火屬腎，號相火。夫肺爲相傅之官，靈樞九鍼論言「五藏六府之蓋，」宜輔君主而稱相火。腎既屬水，又烏得而以火名。某醫書云，「以部位言之，則心居最上，故屬火。脾居最下，故屬土。而肝木肺金腎水居於其間此一定不移之序。」人身之部位且不知，而公然著述。嗚呼，中國醫說竟一至於此。

推原其故何莫非五行妄配五藏之說中其毒。

肝爲金藏　「孟秋之月，盛德在金其位西方，祭先肝。」禮記，呂覽，淮南並同。鄭玄注月令云，「先祭肝者秋爲陰中于藏直肝，肝爲尊。」段注訂補曰，「此鄭依記明亦謂肝屬金不與駁異誼同。」高誘注呂覽孟秋紀注淮南時則訓皆云，「一說肝金也自用其藏也。」又注精神訓「肝主耳」曰，「肝，金也金內景故主耳。」註「膽爲雲」云，「膽，金也。」又注「膽主口」云，「膽勇者，訣所以處故主口」按說文云「膽連肝之府也。」白虎通曰，「府者爲藏官府也。」考肝位於鬲下，掩胃之右上前，與脾之旁胃左下後者適相對。脾爲紫褐色之扁平腺。肝爲赤褐色，上隆下陷左葉薄小，右葉厚大人身之最大腺。右下附膽，貯肝所泌之液。脾有胰爲之府，故肝有膽爲之府。而胰膽一左一右，合管以注于幽門，卽十二指腸間。同有乳化脂肪，中和胃酸，而補唾胃未竟之功。胰液清，能糖化澱粉。膽液綠，能催腸防腐脾肝皆能陳謝赤盃，而脾造白盃，肝貯澱粉有夾輔胃腸之庸。精神訓又云「肝爲雷，」說文繫傳引「文子曰肝爲雷，」說並同太玄經數篇云，「四九爲金，藏肝。」古尙書說，「肝，金也。」許君五經異誼同。說文亦應爾，而今本說文作「肝，木藏也。」段注云，「文有脫誤。」鈕校云，「皆後人改。」段鈕王筠句讀並謂「肝，當云金藏也博士說以爲木藏。」今博士之說行，而月令之說廢。人皆知肝之屬木，而莫知肝膽並屬金矣。御覽所引說文云，「肝火藏也」則訛而又訛與今古文並不合。素問曰「肝者，將軍之官謀慮出焉。膽者中正之官，決斷出焉。」又曰，「肝者罷極之本，魂之居也其華在爪其充在筋以生血氣。其味酸，其色蒼。此爲陽中之少陽，通於春氣」按膽液苦而不酸且鯀性中和酸性此味色二句不類，疑後人竄入。又曰，「凡十一藏，取決於膽也。」考漢後所說之五藏，以胰爲脾以脾爲肝，若然則當云，「肺最高心次之，肝又次之肝兼脾而言也。脾在胃下，脾指胰而言也。」然與月令鄭注所說之位，大不侔矣。熟語「肝金」原有來歷也。

腎爲水藏　「孟冬之月，盛德在水，其位北方，祭先腎。」禮記，呂覽，淮南並同。鄭注月令云，「先祭腎者，陰位在下，腎亦在下，腎爲尊也。」高誘注呂覽孟冬紀，注淮南時則訓，皆云，「祭祀之肉先進腎，腎屬水，自用其藏也。」按四時五祭先進者，皆自用其藏，高說與鄭說某藏爲尊同意。卽此腎水一藏今古文並同。足以證明五藏所屬五行，皆當令者爲尊，當令者先用，故云自用其藏。若不然，春木而用脾土，夏火而用肺金，秋金而用肝木，皆令克之藏死藏也。土令而用心火，又生令之藏休藏也。獨冬水而腎水，當令之藏旺藏也。何以四時五祭三用令克，一用生令，一用當令，如此棼亂無系統耶。必不然矣。古尙書「脾木肺火心土肝金腎水」之說，確爲周秦舊訓，而楊雄撰太玄，鄭玄注月令，高誘注呂覽淮南，許愼述經誼說文，確爲五藏所屬五行之故訓矣。太玄經數篇云，「一六爲水，藏腎。」說文云，「腎，水藏也。」又注精神訓「腎爲雨」云，「腎，水也，因水故雨。雨或作電，水爲光，故爲電。」說文繫傳引文子曰「腎爲雨」，同樂動聲儀曰，「腎之爲言寫也，以竅寫也。」劉熙釋名曰，「腎，引也。腎屬水，主引水氣灌注諸脈也。」按動聲儀所說，腎爲排泄器也。釋名所說非腎也，腎上腺也，丹經所謂坎也。素問靈蘭祕典曰，「腎者，作彊之官，技巧出焉。」六節藏象曰，「腎者，主蟄封藏之本，精之處也。其華在髮，其充在骨，爲陰中之少陰，通於各氣。」金匱真言曰，「北方黑色，入通於腎，開竅於二陰，藏精於腎。」案此實兼性腺而言之，則又丹經所謂坤也。

五行所屬　漢書藝文志諸子略有陰陽家，數術略有五行家，其書早佚，不可識已。逸周書月令亦佚，今所存者僅管子幼官篇、呂覽十二紀首篇、淮南天文訓、禮記月令、太玄經數篇而已。管子幼官篇本有附圖，今圖佚說存，曰幼官圖，同幼官篇經言說。曰，「五和時節，君服黃色，味甘味，聽宮聲，治和氣，用五數」下云「此居圖方中。」幼官圖中方本圖同。又曰，「春三卯同事，君服青色，味酸味，聽角聲，治燥氣，用八數。此居於圖東方方外。」東方本圖同。副圖云「旗物尚青，兵尚矛。」又曰「夏三暑同事，君服赤色，味苦味，聽羽聲，治陽氣，用七數。此居於圖南方方外。」南方本圖副圖同。副圖云，「旗物尚赤，兵尚戟。」房玄齡注云。「羽，北方聲也，火王之時不聽徵而聽羽者，所以抑盛陽。」又曰「秋三酉同事，君服白色，味辛味，聽商聲，治濕氣，用九數此居於圖西方方外。」西方本圖同。副圖云「旗物尚白，兵尚劍。」酉字原本誤作卯；今正作酉，三國志虞翻傳注可證。又曰，「冬三寒同事，君服黑色，味鹹味，聽徵聲，治陰氣，用六數。此居於圖北方方外。」北方本圖同。副圖云，「旗物尚黑，兵尚脅盾。」房注云「不聽羽而聽徵者。亦所以抑盛陰。」案房說非是，此必原本錯誤，而注者附會以遷就爾。考禮記月令篇「春之月，其日甲乙，其帝太皞，

揩道眞詮

其神句芒，其蟲鱗，其音角，其數八，其味酸，其臭羶，其祀戶，祭先脾，天子居青陽，駕倉龍，載青旂，衣青衣，服倉玉，食麥與羊，盛德在木」與管子說同，呂覽淮南皆同，並見禮記呂覽淮南等書五行所屬表，夏秋冬不復縷述。而於夏月曰「其音徵」冬月曰「其音羽」，不誤，故證知管子書必繕寫錯誤無疑也。由是言之，則五行所屬，禮記呂覽淮南太玄古尚書許愼高誘諸說，並以脾木肺火心土肝金腎水配者爲是。(見附表一)而醫家素問靈樞之一部，難經甲乙經傷寒論以下

禮記呂覽淮南等書五行所屬表(附表一)

月	春	夏	季	秋	冬
日	甲乙	丙丁	戊己	庚辛	壬癸
帝	太皞	炎帝	黃帝	少皞	顓頊
神	句芒	祝融	后土	蓐收	玄冥
位	東	南	中央	西	北
德	木	火	土	金	水
蟲	鱗 龍	羽 鳳	贏 麟	毛 虎	介 龜
音	角	徵	宮	商	羽
數 太玄	八 三	七 二	五 五	九 四	六 一
味	酸	苦	甘	辛	鹹
臭	羶	焦	香	腥	腐
祀	戶	灶	霤	門	井
祭	脾	肺	心	肝	腎
居	青陽	明堂	中宮	總章	玄堂
駕	蒼龍	赤騮	黃騮	白駱	玄驪
旂	青	赤	黃	白	玄
衣	青	赤	黃	素	黑
玉	蒼	赤	黃	白	玄
食	麥	菽	稷	麻	黍
畜	羊	雞	牛	犬	彘
兵	矛	弩 戟	劍	鏃	鉞 戈
樂	琴瑟	竽笙	鼓	鐘	磬

令文尚書，漢後方技，術數等說，並以肝木心火脾土肺金配者爲非。（見附表二）必傳聞異辭所傳聞異辭，原書錯簡，三豕渡河之類爾。而穿鑿附會之徒不惜指馬爲鹿不肯自認其誤此東周

內經五行所屬表（附表二）

行	時	方	藏	俞	病 月令	色	聲	音	香	味	數	竅	病	體	畜	穀	星		氣	變動	志	脈
木	春	東	肝	頭項	鼽衄	青	呼	角	臊	酸	八	目	驚	筋	雞	麥	歲星	生	風	握	怒	弦
火	夏	南	心	胸脅	胸脅	赤	笑	徵	焦	苦	七	耳	藏	脈	羊	黍	熒惑	長	暑	憂	喜	洪
土	長夏	中	脾	脊	洞泄	黃	歌	宮	香	甘	五	口	舌本	肉	牛	稷	鎮星	養	溼	噦	思	
金	秋	西	肺	肩背	風瘧	白	哭	商	腥	辛	九	鼻	背	皮毛	馬	稻	太白	收	燥	欬	憂	浮
水	冬	北	腎	腰股	痺厥	黑	呻	羽	腐	鹹	六	二陰	谿	骨髓	彘	豆	辰星	藏	寒	慄	恐	沈

學術極盛時代，秦火而後古書失傳，有學在四裔之歎，兩京不乏通經之士，而纖緯陰陽方技術數之說，深中人心，加之洪範昌言五行，漢書更撰專志，說經之士，幾視若微言大義。賈奉說經，即其一例，漢本傳曰，「肝性靜靜行仁，甲己主之，心性躁躁行禮，丙辛主之。脾性力力行信，戊癸主

之。肺性堅，堅行義，乙庚主之。腎性智，智行敬，丁壬主之。」此亦明以甲木屬肝，丙火屬心，戊土屬脾，庚金屬肺，壬水屬腎。用知今文五行說，實爲漢後方技術數之原則。

數　五行之說，淵源洪範，「一五行，一曰水，二曰火，三曰木，四曰金，五曰土。水曰潤下，火曰炎上，木曰曲直，金曰從革，土爰稼穡。潤下作鹹，炎上作苦，曲直作酸，從革作辛，稼穡作甘。」洪範所亠，皆其生數。禮記月令篇「木數八、火數七、金數九、水數六、土數五。」月令所言，除土外，皆其成數。漢書五行志「天以一生水，地以二生火，天以三生木，地以四生金，天以五生土。水之大數六、火七、木八、金九、土十。」穎容春秋釋例，「五行生數，未能變化。天以五臨民，君化之，傳曰配以五成。」鄭玄注「大衍之數」曰，「天一生水於北，地二生火於南，天三生木於東，地四生金於西，天五生土於中。地六成水於北與天一并，天七成火於南與地二并，地八成木於東與天三并，天九成金於西與地四并，地十成土於中與天五并。」虞翻注「五位相得而各有合」曰，「一六合水，二七合火，三八合木，四九合金，五十合土。」王弼注云，「五位，金木水火土也。水在天爲一，在地爲六，六一合於北。火在天爲七，在地爲二，二七合於南。金在天爲九，在地爲四，四九合於西，木在天爲三，在地爲八，三八合於東。七在天爲五，在地爲十，五十合於中」太玄經玄數篇曰，「一六爲水，二七爲火，三八爲木，四九爲金，五十爲土。」玄圖篇曰，「一與六共宗」范望解云「在北方也。」「二與七爲朋，」解云，「在南方也。」「三與八成友，」解云，「在東方也。」「四與九同道，」解云，「在西方也。」「五與五相守，」解云，「在中央也。」言五行者，莫詳備於隋蕭吉之五行大義，釋五行名篇引禮記，春秋元命包，尸子，尚書大傳，釋名，白虎通，許愼等說。宋司馬光潛虛，氣圖一原六委位於下爲北，三本八末位於左爲東，二焱七焱位於上爲南，五基十冢位於中。張敦實發微論，「玄以準易，虛以擬玄。」蘇天木述要，「氣圖者五氣之圖也。」「天一生水，地六成之。地二生火，天七成之。天三生木，地八成之。地四生金，天九成之。天五生土，地十成之。」張行成翼玄說同。蔡沈倣虛而作洪範數，則「一六爲水，二七爲金，三八爲木，四九爲火，中五爲土。」案朱子啓蒙圖，河圖二七在上，四九在右，虛用其數。洛書四九在上，二七在右，金火適相易，範用其數。然水下木左火上金右則一，「雖異而實同也。」管子，呂覽，淮南等說，已見前。墨子迎敵祠篇，「敵以東方來，迎之東壇，壇高八尺，堂密八，年八十者八人，主祭青旗，青神長八尺者八，弩，八八發而止，將服必青，其牲以鷄。敵以南方來，迎之南壇，壇高七尺，堂密七年七十者七人主祭，赤旗赤神長七尺者七弩，七七發而止，將服必赤，其牲以狗。敵以西方來，迎之西壇，壇高九尺，堂密九年九十者九人主祭，白旗素神長九尺者九弩，九九發而止，將服必白，其牲以羊。敵以北方來，迎之北壇，壇高六尺，堂密六年六十者六人主祭，黑旗黑神長六尺者六弩，六六發而止，將服必黑，其牲以彘」畢沅注云「與黃帝兵法說同，見北堂書鈔。」

位　說文解字「木，冒也，東方之行」「火，燬也，南方之行，炎而上。」「金，禁也，西方之行。」「水，準也，北方之行」周易說卦傳「震，東方也。巽，東南也。離，南方之卦也。兌，正秋也。乾，西北之卦也。坎，正北方之卦也。艮，東北之卦之也。」內坤卦方位脫簡，初學記引易說曰「坤西南。」則坤位介乎離南兌西之間，宜爲西南。蔡邕明堂月令論「東曰青陽，南曰明堂，西曰總章，北曰玄堂，中央曰太室」與呂覽淮南合。

時　禮記呂覽淮南無論已。管子四時篇「東方曰星，其時曰春，其氣曰風，風生木與骨。南方曰日，其時曰夏，其氣曰陽，陽生火與氣。西方曰辰，其時曰秋，其氣曰陰，陰生金與甲。北方曰月，其時曰冬，其氣曰寒，寒生水與血。」漢書律歷志，「北、伏也，陽氣伏於下，於時爲冬。南、任也，陽氣任養物於時爲夏。西、遷也陰氣遷落物於時爲秋東、動也陽氣動物，於時爲春。中央者，陰陽之內四方之中，於時爲四季。」初學記引易說曰「坤西南，主立秋」與京房易占同京房以震離兌坎四正卦直春夏秋冬四監與焦贛易林同。虞翻易注以「震春離夏兌秋坎冬四時象具」是八卦方位震木在左爲東爲春離火在上爲南爲夏，兌金在右爲西爲秋，坎水在下爲北爲冬

色　虞書「以五采彰施於五色。」周禮「疾醫五氣五色」注，「面貌青赤黃白黑也。」左氏昭元傳「發爲五色」孝經援神契，「土之精黃木之精青，火之精赤，金之精白水之精黑」春秋考異郵，「北狄之氣生幽都色黑。南夷之氣生交趾，色赤。東夷之氣生萊柞色蒼。西夷之氣生沙丘色白中央土會色黃」汲冢周書小開武解「五行，一黑位水二赤位火三蒼位木四白位金，五黃位土。」作雒解「東青土，南赤土西白土北驪土，中央豐以黃土。」禮曲禮，「前朱雀而後玄武左青龍而右白虎。」左青右白明以身左爲東右爲西。試以八卦方位圖鋪於几上，馮几而觀之，則離南在前朱雀也，於圖爲上。坎北在後，玄武也，於圖爲下。震東在左青龍也。兌西在右，

白虎也。左青右白，明以身之左爲東，右爲西。初學記二十二引河圖曰，「東方法青龍曰旗，南方法赤鳥曰旟，西方法白虎曰典，北方法玄素曰旂，中方法黃龍曰常。」管子五行篇，「黃帝作五聲，以政五鍾，一曰青鍾，二曰赤鍾，三曰黃鍾，四曰景鍾，五曰黑鍾。」房注，青鍾下云「東方鍾名。」白虎通社稷篇，「東方青色，南方赤色，西方白色，北方黑色。」墨子貴義篇，「帝以甲乙日殺青龍於東方，丙丁日殺赤龍於南方，庚辛日殺白龍於西方，壬癸日殺黑龍於北方，戊己日殺黃龍於中方。」呂覽名類篇，「土氣勝，色尚黃，木氣勝，色尚青。金氣勝，色尚白。火氣勝，色尚赤，水氣勝，色尚黑。」獨斷，「受天子之社土，以所封之色，東方受青，南方受赤。」蕭吉五行大義「喜色則黃，怒色則赤，憂色則青，喪色則白，哀色則黑，此皆五常之色，動於五藏，而見於外。」

聲　左氏襄二十九傳，「五聲和。」杜預注，「宮商角徵羽謂之五聲。」昭元傳，「徵爲五聲。」注，「白聲商，青聲角，黑聲羽，赤聲徵，黃聲宮。」虞書「予欲聞六律五聲八音。」尚書大傳，「定以六律五聲八音七始著其素。」周禮大師，「文之以五聲宮商角徵羽。」孟子，「不以六律，不能正五音。」趙岐注，「五音，宮商角徵羽。」詩序，「聲成文謂之音。」鄭玄箋「聲謂宮商角徵羽。」爾雅釋樂，「宮謂之重，商謂之敏，角謂之經，徵謂之迭，羽謂之柳。」漢書律歷志，「商、章也。角、觸也。宮、中也。徵、祉也。羽、宇也。」樂記，「宮爲君，商爲臣，角爲民，徵爲事，民爲物，」風俗通，「聲所以五者，繫五行也。」白虎通禮樂篇「土謂宮，金謂商，木謂角，火謂徵，水謂羽。月令曰，盛德在木其音角，盛德在火其音徵，盛德在金其音商，盛德在水其音羽。」樂緯「春氣和則角聲調，夏氣和則徵聲調，季夏氣和則宮聲調，秋氣和則商聲調，冬氣和則羽聲調。」鶡冠子泰鴻篇，「東方者，萬物立止焉，故調以徵。南方者，萬物華羽焉，故調以羽。西方者，萬物成章焉，故調以商，北方者，萬物錄藏焉，故調以角。中央者，太一之位，百神仰制焉，故調以宮。」此五聲惟西商中宮合各家說，東徵南羽北角顯屬訛謬，殆即所疑淺僞之處邪。

味　左氏昭元傳，「天有六氣，降生五味。」玉篇，「五味，金辛木酸水鹹火苦土甘。」禮運，「五味六和十二食。」洪範五味屬五行，已見前。周禮「疾醫以五味五穀五藥養其病」鄭注「五味，醯酒飴蜜薑鹽之屬。」賈公彥疏「醯則酸也，酒則苦也，飴蜜即甘也，薑即辛也，鹽則鹹也。」又「瘍醫以酸養骨，以辛養筋，以鹹養脈，以苦養氣，以甘養肉。」注，「酸、木味，木根立地中似骨。辛、金味，金繆合異物似筋。鹹、水味，水流行地中似脈。苦、火味，火出入無形似氣。甘、土味，土含載四者似肉。」按此先秦古説也。黄帝養生經「酸入肝，辛入肺，苦入心，甘入脾，鹹入腎。病在筋無食酸，病在骨無食鹹，病在氣無食辛，病在血無食苦，病在肉無食甘，必自賊也。肝病禁辛，心病禁鹹，脾病禁酸，肺病禁苦，腎病禁甘，皆所惡之味。」此即衍靈素以今文説配五藏者，顯與周禮相違。且以事實言之，嗆咳者忌過鹹不忌苦也。周禮以苦養氣，則肺屬金邪，屬火邪。既以脾司消化，奈何又曰禁酸，苟非胃酸，如何消化，此生理之彰明者。蓋脾胃肝三者相並，故酸以助胃，辛以焌胃，與甘以和胃一也。管子水地篇曰「酸主脾，甘主心，」此古説之僅存者。若非管子印證，則呂覽淮南禮記月令之説，終古不得復明矣。惟肺腎肝三字有誤，試移下肺字，腎肝逐字上移，則得「鹹主腎，辛主肝，苦主肺。」與月令五行全合。古籍之錯譌，字夥而墨子最甚，苟據其錯譌而附會成説，則遺誤後世必多。淮南原道訓「味者甘立而五味亭矣。」高注，「甘、中央也。」説文「辛、金剛味辛。」「鹹、北方味也。」王筠説文句讀「許君説五臭五味，不似五行五色以四方説之。」

臭　說文釋例，「月令五臭，春臭羶則食羊，夏臭焦則食雞，中央臭香則食牛，秋臭腥則食犬，冬臭朽則食彘」案羶說文作「羴，羊臭也」內經五臭無羶，春臭臊。月令無臊，春臭羶，兒說文義證。說文「臊，豕膏臭。」「胜，犬膏臭」周禮庖人鄭注「鄭司農云膏香，牛脂。杜子春云膏臊，犬膏。膏腥，豕膏。膏羶，羊脂。玄謂膏腥，鷄膏」又不同。說文「鮏，魚臭」今借腥。明堂月令「其臭朽」从木高誘注「水之臭也」說文「歾，腐也」「殠，腐氣也」从歺，義證「臭者，兼芳殠言之，今字專用臭而殠廢矣。論語何晏本臭惡不食。」又錢詹事曰「古人香與朽對。取其相反，臭腐字當用殠，後人溷臭殠爲一字，乃以臭爲香對，蓋始於廣雅」曲禮「黍曰薌合，粱曰薌萁」香又作薌。呂覽審時篇「得時之稼，其臭香，其味甘」香主穀言，如芳主草言。

藏　五藏所屬五行已見前。周禮「疾醫，以五氣五聲五色眡其生死」鄭注「五氣，五藏所出氣，肺氣熱，心氣次之，肝氣涼，脾氣溫，腎氣寒。審用此者，扁鵲倉公」賈公彥疏「肺氣熱者，據月令牲南首而言，肺在上當夏，故云肺氣熱。心氣次之者，心在肺下，心位當土，心氣亦熱，故言次之。肝氣涼者，肝在心下，近右，其位當秋，故云肝氣涼。脾氣溫者，脾於藏值春，故云溫。腎氣寒者，腎位在下，於藏値冬，故言寒。」鄭注庵人，與注月令同，此眞周秦古説。扁鵲倉公既用此以眡生死，奈何漢後醫家竄改内經，釀成肝木在左，肺金在右之説，貽笑於無窮。

竅　疾醫，「兩之以九竅之變，參之以九藏之動。」鄭注，「陽竅七，陰竅二。」正藏五，又有胃膀胱大腸小腸，」胃本土藏，別論膀胱之於腎，如心之於肺，故亦藏之。大小腸不當九藏，當以膽與胰論。淮南精神訓，「肺主目，腎主鼻，膽主口，肝主耳，」明以膽與肝並論。管子水地篇，「發爲九竅，脾發爲鼻，肝發於目，腎發爲耳，肺發爲竅，」甲乙經，「鼻爲肺之官，目爲肝之官，口唇爲脾之官，舌爲心之官，耳爲腎之官。」太平經，「肝神不在，目無光明。心神不在，唇青白。肺神不在，鼻不通。腎神不在，耳聾。脾神不在，舌不知甘味。」一説，「鼻主心，舌主脾，口主肺。」正是各説各話，莫衷一是。五行之説，至此而窮。案洪範，「五事一曰貌，二曰言，三曰視，四曰聽，五曰思。」與五行對照，則貌屬水，言屬火，視屬木，聽屬金，思屬土。論衡言毒篇，「諺曰衆口爍金，口者，火也，五行二曰火，五事二曰言，言與火直，故云爍金。金制於火，火口同類也。」高誘淮南精神訓注，「肝，金也，金内景，故主耳。」明以聽屬金。然在事實，鼻通肺，口通胃，陰通腎，所餘耳目，似可屬肝脾，顧離

目坎耳兌口已具說卦爾，至丹經所屬五行，尤不可思議，列表如下。（附表三）古經以九竅之候

丹經五行所屬表（附表三）

水	坎	玄武	腎	嬰兒	精	虎之魄·虎向水邊生	丹津	汞·黑鉛	金精·玉壺·玉爐	水晶宮·海底月	陰血	子時
火	離	朱雀	心	姹女	神	龍之魂·龍從火裏出	藥精	鉛·朱汞	瑤臺	南宮神室	陽氣	午時
土	坤		脾	黃婆	意	黃母·黃家		河車	黃庭	中宮 明堂·丹房		
木	震	青龍	肝	木母	魂	火神之母				東海		日
金	兌	白虎	肺	金公	魄	水精之母			金鼎	西山		月

在乎三要。蓋九竅析爲兩三一三爲耳目鼻，偶竅成六。一三爲口二陰，奇竅獨稱竅。口爲上竅，二陰爲下竅。素問陰陽應象大論王注云「下竅謂前陰後陰。」後陰卽肛門，說文作「㞘」，廣韻作「启」。列子稱餘竅，仲尼篇「設令發於餘竅，子亦將承之。」後陰，說文「也，女陰。」通志六書略，「乚，男子陰。」「从倒了，讀若「弔」。」于鬯說文職墨「尾爲男女之陰，从尸从毛可會也」「尿」字从尾从水，訓人小便可證。史記五帝紀裴駰集解引說文云「尾，交接也，」此必古訓，交接非

男女之陰乎。」舒天民書集綱目以「凵」爲男子勢說本鄭樵，耳口前陰，均兼兩職，陰兼溲水生殖，口兼飲食言語，耳兼諦聽衡準。起臥正側，丁寧盪聾，體或違和，耳亦報鳴。耳目與口，是謂三要。

五行源流　五行之說古已始於甘誓之「威侮五行」章於洪範之「汩陳五行」而巡守覲后，春東夏南秋西冬北，亦本之著於書堯典禮王制。荀子非十二子，稱「案往舊造說，謂之五行子思唱之，孟軻和之。」五行楊倞注「仁義禮智信。」而鄭玄注中庸，以仁義禮智信本於水火木金土云。漢書藝文志，諸子兵書兩略，均有陰陽家，說五德始終之騶衍，期亡秦必楚之南公，書在子略。案往舊造說之孟子，書在兵略。數術略有五行家，以神農五行黃帝陰陽並著。更謀五行專志，稱「孔子述春秋，則乾坤之陰陽，效洪範之咎徵，天人之道粲然著矣。」「景武之世，董仲舒治公羊春秋，始推陰陽，爲儒者宗。」案春秋繁露以五行名篇者九。「宣元之後，劉向治穀梁春秋，數其禍福，傳以洪範，子欣治左氏，言五行傳，又頗不同。」隋書藝文志云「孔子既敘六經，以明天人之道，知後世不能稽同其意，故必立緯及讖，以遺來世。」讖緯之學，起於哀平，王莽好符命，光武以圖讖興，遂盛行於世。漢詔東平王蒼正五經章句，皆命從讖說經之儒，以讖言經，孔安國毛萇王璜賈逵等以爲妖妄亂典。漢末，郗萌集圖緯讖雜占爲五十篇，謂之春秋災異，宋均鄭玄並爲讖緯之注。玄謂「公羊善於讖，何休注引讖爲多。」桓譚張衡乃力非之。魏晉受傳，傳會符命。宋大明中始禁圖讖，梁大監後，又重其制，隋煬搜天下書籍，涉及讖緯者焚之，爲吏所糾，至死。祕府亦多散亡。而陰陽五行諸書更繼讖緯而熾。隋書經籍志五行家云「五行者，金木水火土五常之形，在天爲五星，在人爲五藏，在目爲五色，在耳爲五音，在口爲五味，在鼻爲五臭，在上則出氣施變，在下則養人不倦。故傳曰天生五材，廢一不可。是以聖人推其終始以通神明之變，爲卜筮以考其吉凶，占百事以觀於來物，覩形法以辨其貴賤。周官則分在保章、馮相、卜師、筮人、占夢、眡祲，而太史之職實司總之。」蓋總漢志數術略中孤虛災異堪輿羨門之五行，衍易射匿之蓍龜夢怪雩植之雜占，地宅人物之形法于一家，爲王奇太乙九宮卜筮風角雜占命相葬選諸書二百七十二部，一千二十二卷。唐宋以後，五行之勢，更如春筍秋潮，至今未艾

藏府部位　依禮記呂覽淮南等書五行所屬表，則脾爲木藏，應春在東，肺爲火藏，應夏在南，心爲土藏，應季夏中央，肝爲金藏，應秋在西，腎爲水藏，應冬在北，與人體空五藏部位悉符，若

如後世方技術數之說以脾屬土受本位震木之克，以肺屬金受本位離火之克，以肝屬木受本位兌金之克，五行錯亂無逾於此。惟腎屬水，猶合本位坎水之正爾。至心屬火，則別有說。且脾造白盐以衛身抗邪，正合春生之意。素問「肝者，將軍之官」正合秋肅之意。高誘注淮南精神訓「脾爲風，肺爲氣，膽爲雲，心爲主」云，「脾，木也，木生風。肺，火也，故爲氣。膽，金也，膽勇者。心，土也，故爲四行之主。」案膽爲肝府，言膽可以見肝。考八卦所屬，震巽二木，乾兌二金，坤艮二土，惟離火坎水皆一卦。人身五藏，木金土各一，而肺火腎水各有左右，亦不無關係之處。蓋夏令肺火用事，肺强腎弱，汗多溺少。冬令腎水用事，腎强肺弱，尿多喉痒。故冬防嗽嗆，夏忌悶痞。春令脾木用事，脾强肝弱，易動風瘍。秋令肝金用事，肝强脾弱，易發痎瘧。中央胃滯，心煩嘔吐泄瀉。此五屬病根五令所犯最易。謹此五者，則永康寧。、

蕭吉五行大義，「藏則有五，稟自五行。府則有六，因乎六氣。藏者，藏受五氣。府者，傳流受納。」引「醫和云，陰淫寒疾，陽淫熱疾，風淫末疾，雨淫腹疾，晦淫惑疾，明淫心疾」·爲六氣案左氏文七傳「水火金木土穀謂之六府。」誼當取此，不得以六氣論。且如此則五藏六府方得相配。世以

膽爲肝府，大腸爲肺府，小腸爲心府，膀胱爲腎府，胃爲脾府。如是五藏五府配旣。尙餘一府，或以三焦配命門。難經八十一曰，「左者腎，右者命門。」同位同用之藏，妄分左右，故知非周秦學者之言。或心包絡，或加膻中，說復互異，總是五藏不敷配六府。或又以手足三陰三陽十二經配成十二藏府，仍屬陰陽五行之遺毒。說文「脬，旁光也。」本書於膀胱曰脬。案藏者，蘊也。府者，宣也。有蘊處必有宣處。蘊爲內庫，宣爲外府，交相致用，互助同功。膽爲肝府，以貯肝藏之汁。脬爲腎府，以輸腎藏之尿，合乎藏府之例。至若肺與大腸，心與小腸，則呼吸循環與消化所系各異，謬於生理之眞。惟肺與心連，心雖自爲土藏，實兼火府。肺之所滌，心實受之。心之所宣，肺故蘊之。榮衞雖屬分功，而氣非血不行，血非氣不流，故心宜爲肺府。肺之左右護心，猶腎以左右絡脬也。胰爲脾府，與膽爲肝府，同輔助胃消化之功，而漏胰之名，幾疑無是府矣。脾生白蚳，自有其用，而奪胰之功，故醫書所說，皆脾其名而胰其實。華佗扁鵲之旣往，藏府生理，幾無識者。今依三焦部位，上焦鬲上爲炎上之火藏肺火府心。下焦臍下爲潤下之水藏腎水府脬。中焦鬲下臍上，左有木藏脾下連木府胰，右有金藏肝金府膽，夾輔中央土藏胃而土府腸乃在下焦者，五行家中央土，艮寄於火爲寅午戌坤寄於水爲申子辰，噴門以上食管寄上焦火分，幽門以下二腸寄下焦水分爲坤腹也。(見附圖乙)世以肝屬木色青者因膽汁，心屬火色赤者因血液，脾屬土色黄者因胃分，肺屬金色白者因庖人灌肺淨血，腎屬水色黑者因腰子色褐也。其實五藏血凝色無不褐，脾紫肝赭肺赬皆帶褐色，豈獨腎也。然謂腎屬水色黑，於誼猶近，獨肺不經庖人之灌水，使血溢出流盡，則赬者必不能白也。惟褐之色，腎在下最深，深可擬屬水之黑，肺在上最淺，淺可擬屬火之赤。脾肝互相稱，脾屬木而衝金，故胰色白，肝屬金而衝木，故膽色青，影中央胃土之黄爲綠。胰曰白元，膽曰綠英，胃曰黄庭，實爲三素所由名。胃雖穀府，實兼土藏，消化之樞機，與肺之呼吸，腎之排泄，功無軒輊。如此則五藏六府之分配(見附圖甲)無悖於生理之功能矣。

藏府屬脈　古醫診視，望聞問切，四者並重。後世專恃切脈。脈有九候。素問三部九候論，「上部，天，兩額之動脈，以候頭角之氣。地，兩頰之動脈，以候口齒之氣。人，耳前之動脈，以候耳目之氣。中部，天，手太陰，以候肺。地，手陽明，以候胸中之氣。人，手少陰，以候心。下部，天，足厥陰，以候肝。地，足少陰，以候腎。人，足太陰，以候脾胃之氣。」其實九候不如是各有所屬，祇以皮膚淺薄，動脈經過最易檢驗之處，世醫必强以某處屬某藏府，膠矣鑿矣。分手脈魚際以上爲寸關尺三，王熙脈經，「從魚際至高骨，却行一寸，名曰寸口。」物理論云，「名醫達脈者，來之寸口，三候之間，則得之矣。」難經「十二經中皆有動脈，獨取寸口以決五藏六府死生吉凶之法，寸口者脈之大會手太陰之動脈也」。周禮疾醫「參之以九藏之動」，鄭注，「脈之大候，要在陽明寸口。」賈公彥疏，「陽明，在大拇指本骨之高處與第二指間。寸口者大拇指本高骨後一寸。」說文，「寸，十分也。人手却一寸動脈謂之寸口。」「尺，十寸也。人手却十分動脈爲寸口，十寸爲尺。周制，寸尺咫尋常仞諸度量，皆以人之體爲法。」公羊僖三十一傳「膚寸而合」。注，「側手爲膚，案指爲寸。」投壺「室中五扶」，注，「鋪四指曰扶，一指按寸。」說文徐箋，「人手却動脈謂之寸，自動脈至曲肘謂之尺。」醫家以高骨爲關，關前爲寸脈，後爲尺脈，蓋古法相傳如是。今更別左右手三部六脈，各屬何經，而又各異其說，僅右關同屬脾胃。內經派以左寸屬心膻中，左關屬肝鬲，右寸屬肺胸中，右關屬脾胃，兩尺同屬腎腹，而內經別派亦自略異，似脈訣所屬，左關多一膽，爾脈訣派以左寸屬心小腸，左關屬肝膽，左尺屬腎膀胱，右寸屬肺大腸，右關屬脾胃，右尺屬命門三焦，後以兩腎分屬水火卽本此李瀕湖張景岳二家同以左寸屬心膻中，左關屬肝膽左尺屬腎膀胱，而張以屬大腸李以屬小腸右寸屬肺胸中右關屬脾胃，右尺屬腎，而張以屬小腸李以屬大腸。彭宗海溝通以上諸說，以左寸屬心膻中而兼小腸，左關屬肝膽，左尺屬腎膀胱而兼小腸。右寸屬肺胸中而兼大腸右關屬脾胃右尺屬命門三焦而兼大腸。彼所以小腸屬左大腸屬右者歷來醫家五行，小腸爲心之府，大腸爲肺之府故。至陳修園以爲六脈三屬，兩寸候宗氣出於上焦，兩關候榮氣出於中焦，兩尺候衛氣出於下焦六候二十四氣，本屬左右六脈，左關屬初之氣，候屬厥陰風木注，肝屬木，故以風木配左寸二之氣，少陰君火，心屬火，故配君火。右尺三之氣，少陽相火命門屬火故配相火右關四之氣，太陰溼土，脾胃屬土，故配溼土。右寸五之氣，陽明燥金，肺屬金，故配燥金。左尺終之氣太陽寒水，腎屬水，故配寒水。又以一脈分沈中浮三狀，而以立春起於左關之沈，雨水驚蟄迄春分爲左關之浮，如此，左寸分屬清明穀雨立夏小滿，左尺分屬芒種夏至小暑大暑右關分屬立秋處暑白露秋分，右寸分屬寒露霜降立冬小雪，左尺分屬大雪冬至小寒大寒以候一年之氣。嗚呼，陰陽五行之權威一至於此。諸名醫之著作一至於此，國醫學之

理論一至於此。切動脈者，實以檢驗氣血流行之常變臧否，籍考身中有無受病處爾

第十五章　導引術

史記封禪書，「齊威宣之時，騶子之徒，論著終始五德之運及秦帝，而齊人奏之，故始皇采用之。而宋毋忌正伯僑充尙羨門高最後，皆燕人爲方僊道，形解銷化。」裴駰集解，「服虔曰，尸解也。張晏曰，人老如解去故骨，則變化也。」知神仙之術，盛於戰國。故漢藝文志方技略四，病理學之醫經，藥物學之經方外，以養陽種子之房中，與健身延年之神僊並著。神僊有宓戲神農黃帝歧伯等雜子技道，步引按摩方治諸法，漢志曰，「神僊者，所以保性命之眞，而游求於其外者也。聊以盪意平心，同死生之域，而無怵惕於胸中。若或專以爲務，則誕欺怪迂之文彌以益多，非聖王之所以教也。」然則神僊云者，亦不過衞生導引，期登康壽而已。若索隱行怪，孔子曰吾弗爲之矣。

漢前諸家　修養之術，原於易繫「寂然不動，感而遂通，」書訓「念茲在茲，敬勝怠吉，」

孔子「三畏四勿，克己內省，」曾子「十目十手，」子思「不睹不聞，」孟子「求放寡欲，勿忘勿助，」陰符經「機在目，」「五賊在心，」「九竅之在乎三要，」老子「不爲目，」「虛心實腹，塞兌守中，」「緜緜若存，用之不勤，」列子「得全於天，物莫能傷，」莊子「終其天年，不中道夭，」「其人以踵，其息深深，其寢不夢，其覺無憂，」至於「虛室生白，吉祥止止，」「心齋坐忘，」「祖述孔顏，」本簡易平實，夫婦知能之事，保身全生，養親盡年之學，而歷來丹經道販，故神其說以衒其奇，非漢志神僊，入方技之意也。莊子大宗師篇敍伏戲以至傅說，皆得僊道，逮屈原遠遊「羨登僊」之「化，」韓非說林「獻不死之藥，」墨翟有枕中五行記，淮南傳鴻寶萬畢術，茅濛得道，留侯辟穀，秦皇漢武信方士求長生，劉向列仙傳，葛洪神仙傳，干寶搜神記，王嘉拾遺記，而後依託附會者衆。雖法言君子篇說無仙，風俗通怪神破迷信，王充論衡，王符潛夫論辯斥尤力，而道教興矣。文獻通考神仙家云，「黃帝老子列禦寇莊周之書，所言者清淨無爲而已，略及煉養之事，服食所不言也。至赤松子魏伯陽則言煉養而不言清靜，盧生李少君欒大則言服食而不言煉養。」「清靜無爲之言，曹相國李文靖師其意而不擾，則足以致治。何晏王衍樂其誕而自肆，則足以致亂。煉養之說，歐陽文忠公嘗刪正黃庭，朱文公嘗考訂參同契。二公大儒，攘斥異端不遺餘力，獨不以其說爲非。山林獨善之士，以此養生全年。」續通考又有朱子陰符經考異。後漢書方術傳通志藝術傳，並載華佗五禽之戲。而王真胎息，漱舌咽津，郝孟節能斷息六月，辟穀十年，冷壽光唐虞魯女生甘始東郭延年封君達左慈上成公王和平等，精通容成公御女補導之房中術，壽百數十登仙。慈傳李賢注引魏文典論，述「郤儉能辟穀餌茯苓。」按曹丕典論，「甘始善行氣，老有少容。始來，衆人無不鴟視狼顧，呼吸吐納。左慈到，又競受其補導之術。」曹植辯道論，「始能行氣導引，慈曉房中之術，儉善辟穀，悉號有三百歲。」魏書釋老志「授寇謙之服氣導引口訣，遂得辟穀，氣盛體輕，顏色鮮麗。」「李譜文授以銷鍊金丹雲英八石玉漿之法。」知南北之神仙家言皆盛

華佗五禽戲　三國志本傳，「佗語吳普曰，人體欲得勞動，但不當使極耳。動搖則穀氣全消，血脈流通，病不得生，譬如戶樞終不朽也。是以古之仙人爲導引之事，熊經鴟顧，引挽腰體動諸關節，以求難老。吾有一術，名五禽之戲，一曰虎，二曰鹿，三曰熊，四曰猿，五曰鳥，亦以除疾，兼利

踊足，以當導引。體有不快，起作一禽之戲，怡而汗出，因以着粉，身體輕便而欲食。普施行之，年九十餘，耳目聰明，牙齒完堅。」

魏伯陽參同契　龍公武讀書志，「按神仙傳，修真養志，約周易作此書，凡九十篇。徐氏箋注。桓帝時，以授同郡淳于叔通，因行於世。彭曉爲之解，陸德明解易字云，虞翻注參同契言字從日下月。今此書有日月爲易之文，其爲古書明矣。」陳振孫書錄解題，「參同契考異，朱熹撰」朱子語錄，「參同契所言坎離水火龍虎鉛汞之屬，只是互換其名，實精氣二者而已。精，水也，坎也，龍也，汞也，氣，火也，離也，虎也，鉛也。其法以神運精氣，結而爲丹。陽氣在下，初成水，以火煉之，則凝神丹。其用字皆根括古書，非今人所能解，以故皆爲人妄解。中有云「十周粲彬彬兮萬遍將可覩，神明或告人兮魂靈忽自悟」，言誦之久，則文義要訣自見。又曰「二用無爻位，周流行六虛」，二用者用九用六，九六亦坎離也。六虛者，卽乾坤之初二三四五上六爻位也。言二用雖無爻位，而常周流乎乾坤六爻之間，猶人之精氣，上下周流乎一身而無定所也。世有龍虎經，云在參同契之先，季通亦以爲好，及得觀之不然，乃隱括參同契之語而爲之也。蓋後人見魏伯陽有龍虎上經一句，遂僞作此經故間有說錯處。」通志藝文略參同契十九部，四庫全書道家載六部存目五部，道藏目錄舉十種。通考經籍著彭曉通真義附明鏡圖訣朱子考異，張隨注，張處大易圖律逮祕書學津討原皆有蔣一彪集解。

魏夫人黃庭經　道家最古丹訣，精詳確實，非唐後庾隱之類，推黃庭經。文獻通考經籍神仙，「歐陽文忠公隱名無仙子刪正黃庭經，其序曰，以自然之道養自然之身，不自戕賊夭閼而盡其天年，此自古聖智之所同也。後世貪生之徒，爲養生之術者無所不至，至茹草木，服金石，吸日月之精光，息慮絕欲，煉精氣，勤吐納，專於內守，以養其神。其至也或可全形而却疾，是謂養內之術。世傳黃庭經，晉魏間道士養生之書也。其說專於養內，多奇怪，故傳之久，則易訛舛。今處處異本，莫可考正。家有黃庭石本，乃永和十三年晉人所書，其文頗簡，以較世俗所傳，獨爲有理。故爲刪正諸家之異，一以永和石本爲定。其難曉之言，略爲注解，庶幾不爲訛謬之說惑世以害生，是亦不爲無益。」晁公武讀書志「黃庭外景經敍謂老子所作，與法帖所載晉王羲之所書本正同，而文句頗異。其首有「老子閒居作七言解說身形及諸神」兩句，末有「吾言畢矣勿妄陳」

一句，目改淵爲泉，改治爲理，疑唐人誕者附益之。」陳振孫書錄解題，「務成子注，是南嶽魏夫人所受者，魏舒之女也。」

黃庭傳　六一居士跋王右軍書黃庭經後，「今道藏別有三十六章名曰黃庭內景，乃此經之義疏也。」歐陽公眼力真不小；細辨文法與語氣，確是申說經文之義疏，故詞較增而意較詳。今確定黃庭內景爲黃庭傳，晁公武讀書志「題大帝內書。梁邱子敘云，扶桑大帝命暘谷神王傳魏夫人，一名東華玉篇」。陶弘景真誥，翼真檢論，上清真經始末云，「晉哀帝興寧二年，南嶽魏夫人所授弟子司徒公府長史楊君作隸字寫出，以傳護軍長史許君及子上計椽，椽以付子黃民，民以傳孔默，後爲王興先竊寫之，始濟浙江，遇風淪漂，惟黃庭一篇得存。」此卽內景也。若王右軍所書黃庭經文，則出在楊君傳黃庭於許君之先。右軍以晉穆帝昇平五年卒，是年歲在辛酉，後三年歲在甲子，卽哀帝興寧二年，右軍已卒三年矣，若謂興寧間始傳於世，右軍安得預書之也。蓋魏夫人本當世已傳之黃庭經內篇修養之理而作黃庭傳，專言人身黃庭之體用，以發明內篇之旨，故名黃庭內景。魏紫虛元君，卽茅山譜第一代開祖，茅山志又魏夫人傳，云夫人能隸書，嘗述黃庭內景，令子璞，傳法於瑯琊王舍人楊義，卽茅山第二祖，再傳許穆，第三祖，八傳而至陶隱居，皆以黃庭一卷爲傳授之心印。

內景　內者，蘊於身中之謂，虛擬之則爲心神，二教論曰，「救形之教稱爲外，濟神之典號爲內」此浮圖之書故爲內典也，論語，「色厲而內荏」又曰，「內省不疚」此毛詩之疏，故言內德也。而後漢書方術傳則以讖緯爲內學，焉此外，史記有「內視之明」梁書有「內照之美」蓋所謂內鍊也，卽內功也。醫經有「內傷之病」左傳有內熱之疾」蓋所謂內情也，又內症也。蘇東坡詩，「內外丹成一彈指」注云「道家以烹鍊金石爲外丹，龍虎胎息吐故納新爲內丹。」魏志王淩傳，「聞命驚愕，五內失守」五內卽五藏也，故指實之，又爲五藏生理學家以胸腹腔中所包諸機爲內藏是也，是故，窮闡內藏之生化者，醫家以素問靈樞爲黃帝內經也。精研內藏之神通者，仙家以黃庭爲大帝內書也。晉書葛洪傳，「洪所著抱朴子，言黃白之事，名曰內篇」按莊子，晏子春秋，淮南子，皆有內篇，內者對外而言，猶管子之有經言也，黃庭內景，「是爲黃庭曰內篇」則黃庭亦稱內篇矣，世人遂專以內篇爲神仙家說焉，景者，形色分配，饒有意致之謂。

說文「光也」，詩箋「明也」，博雅「白也」，釋文「境也」，黃庭舊註「神也。」其經有十三神，皆身之內景名字。上中下三部各有八景，凡二十四景也。內景之名，漢詩已見，大戴禮「方曰幽而圓曰明。明者吐氣者也，是故外景；幽者含氣者也，是故內景，故火日外景，而金水內景」註云，「內景者陰道含藏也」雲笈七籤「陽爲外景，爲外神也，陰爲內景，爲內神也。」三丰玄譚「釋氏外景，外其身而虛空之，先了性也。道家內景，內其身而胎息之，先了命也」三丰之言內景，可謂盡其說矣。梁邱子黃庭經序，「外指事，卽天人地。內指事，卽肺心脾中，故曰黃庭內景。」此卽黃庭內景之舊說也。內景之旨可識矣。至遊子道樞黃庭篇「內景之學，蓋有二家，權其至當，其思無邪」吾願修道之士，持此三字訣以讀黃庭一篇。然後印證之於丹經萬卷，則無入而不自得焉。

外景　經籍考又別有黃庭外景經三卷。崇文總目云，「記天皇氏至帝嚳受道得仙事。」而此本無之。蓋舊有黃庭外景，不稱經。卽梁邱子所謂外指事者，專記列仙傳授之事，故稱外景。以別於修養內訣之稱內景。黃庭經有內景外景，猶抱朴子有內篇外篇，一也。葛洪自敍「其內篇言神仙方藥，養生延年之事。其外篇言人間得失，世事臧否。」觀此，凡言內者，皆主個人身內事，俗稱內功，而言外者則指一切世間事，俗稱外功。外功以積一身之善，內功以煉一身之神，內外兼修，方能有濟，是以黃庭有內外景，崇文總目編纂時，黃庭外景之書猶存，其後此書亡失，好事鄙夫，遂因黃庭傳之稱黃庭內景也，卽以黃庭經當黃庭外景，而不思其不通。豈未知外景專言傳授之事，內景專言修養之訣，二者截然不同，何得以修養之內篇而妄冒外景之名，况內景止有一卷，而外景乃有三卷。若如謬說外景卽從內景删繁就簡，豈有未删之繁爲一卷，旣删而簡反增成三卷之理。作僞之不揜，竟若是。

右軍黃庭　野客叢書，西清詩話，黃伯思東觀餘論，皆言王右軍只書道德經換鵝，無書黃庭經換鵝事。而王氏法帖書苑力辯其非，並云「黃庭經換鵝與道德經換鵝，自是兩事。故書右軍一篇云，「掃素寫道經，筆精妙入神。」送賀客歸越云「山陰道士如相見，應寫黃庭換白鵝」」蘇東坡喜書黃庭經，嘗書黃庭經贊以贈葆光道師。陸放翁嘗佩誦黃庭經，故其年高德盛，屢形於詩。其書懷絕句有云，「早佩黃庭兩卷經，不應靈府雜羶腥。」又道室雜興有云，「白頭始悟頤生妙，盡在黃庭兩卷中。」又道室卽事云，「一簪殘雪寄林亭，手把黃庭兩卷經，琴調養心安淡泊，爐香挽夢上青冥。」張船山詩有仙才，詠陰符黃庭詩云，「手爇名香寫道經，陰符鈔罷又黃庭，勝看才士詩文集，播弄天機損性靈。」劉道愚誦黃庭句云，「淨几明窗只自知，黃庭一卷入深思，琴心彈破玄關理，靜養深山坐待時。」

葛洪抱朴子　晉書本傳，古今醫統，並云「好神仙導引之法。」「從祖玄，號葛仙公。」左慈弟子，見神仙傳。「以煉丹祕術授鄭隱」，卽鄭思遠，見圖書集成神異典神仙外傳。「洪就隱學」「鮑玄」卽藝術傳仙人隱君授道訣之鮑靚。「以女妻洪。」干寶薦之元帝，「領大著作，固辭不受。」聞交阯出丹，求爲句漏令，廣州刺史鄧嶽留之，乃止羅浮山煉丹。八十一，尸解得仙」其抱朴子自序曰，「考覽奇書，既不少矣，率多隱語，難可卒解。」「今爲此書，粗舉長生之理。」「世儒徒知服膺周孔，莫信神仙之書，不但大而笑之，又將謗毀真正。故予所著子，言黃白之事，名曰內篇，其餘駁難通釋，名曰外篇。」內功分胎息房中二術，胎息卽體內之新陳代謝，納氣數息，逾百至千，道鴻毛鼻端驗之，子後午前，天地之生氣也。房中，節欲外，凡事勿過，不疾走，不久坐，不久視，起臥有時，飲食有度，則元氣流行體內，日本貞原益軒衛生訓據之。外卽服食，下藥除病，中藥養性，上藥延年飛昇，最上九轉金丹。上士天仙，中士導引長生，下士千歲而已。又述却寒辟穀，按摩導引，辟疫斬尸，禹步登山，聰明耳目諸法，日本妻木直良云，「抱朴子所說諸鬼神及其六甲祕咒卽九字真言與五岳真形圖之靈符，並爲後世佛教之密宗所模倣，此可證明思想接近之實也」見東洋學報一卷二號，其對俗微旨等說，實爲太上感應篇之藍本。

陶弘景導引養生圖　晉初嵇康作養生論，養生之學深入人心。梁書陶弘景傳，「得葛洪神仙傳，有養生志，隱句容句曲山，卽第八洞宮，名金壇華陽之天，漢咸陽三茅君得道處，」號山中宰相，貞白先生，其名醫別錄自序云，「隱居先生在乎茅山之上，以吐納餘暇，遊意方技，」著養生延命錄，真誥，登真隱訣，真靈位業圖，並存道藏。晁公武讀書志，「導引養生圖，梁陶弘景撰，分三十六勢，如鴻鶴徘徊，鴛鴦戲羽之類，各繪像於其上，田偉家本少八勢。」「真誥，真人口授之誥，記許邁楊羲諸仙受授之說，本七卷，」運題象之須彌，闡幽微之酆都，甄命授之仙術，握真輔之靜室，協昌期之仙藥，陰宅養生禁忌，稽神樞，翼真檢，凡七篇，日本常盤氏云，「真靈位業圖爲道教之曼荼羅。」見東洋學報大正九年十月十卷三號。

唐後諸家　崇文總目，「陰符元機唐李筌撰，本題魏寇謙之傳」，陳錄，「卽陰符經」，鼂志，「孫思邈撰千金方，洞明醫術，以至導引養生之要，無不周悉」，「司馬承禎坐忘論七篇，其後有文元公跋，謂子微之坐忘卽釋氏之宴坐」，陳錄，「言坐忘安心之法七條幷樞翼一卷，以爲修道階次」，「子微序天隱子，言長生久視無出此書，今觀其言與坐忘論相表裏，豈託之別號與」唐書本傳，「從潘師正學辟穀導引，無不通，師正異之曰，我得陶隱居正一法，逮而四世矣，卒八十九，謚貞一先生」又有無能子，張志和元眞子，羅隱兩同書，譚峭化書，眞仙譜系，涵虛李西月集，老子後衍大派，李宗隱仙派關尹文始宓喜傳麻衣李和隱石室，再傳希夷陳摶隱太華，三傳火龍賈昇隱終南，四傳三丰張通隱武當，王漁洋云，「拳勇之技，少林爲外家，武當張三丰爲內家，」金仙派東華少陽君，傳正陽漢鍾離權，再傳純陽唐呂嵒，施肩吾有鍾離傳道記，玉壺遐覽謂皆五代至宋初時人，嵒從火龍受天遁劍法，權化奇蹟至夥，見古今圖書集成神異典神仙部通考有肘後三成篇，陳錄，「其言小成七，中成六，大成五，皆導引吐納修煉之事」，又有金丹訣，卽此書而微不同。」更衍南北二宋，分見圖書集成。嵩傳逖劉操，俞樾茶香室三鈔引何蓮春緒紀聞，云卽宋眞宗時劉海蟾，陝西通志「名哲相燕王劉守光，喜黃老之學，遁跡終南。」再傳紫陽張伯瑞，陳錄「一名用成，撰通天祕要悟眞篇五十言詩，及西江月百篇，末卷禪宗歌頌，謂學道不通性理，獨修金丹，則性命之道未全。」累傳杏林石泰，道光薛式，泥丸陳楠，白玉蟾葛長庚，鶴林彭耜，稱南宗五眞。嵩又傳重陽王嚞，續通考經籍作嘉。著書頗多，教人讀孝經老子，而修孝謹純一之德，立說多及六經。登萊諸地說法集會，必稱三教，屏去妄幻，獨全本眞，故號全眞。見亞洲學術雜誌，長春道教源流，臨終語丹陽曰，學道無他，在乎養氣，心液下降，腎氣上騰，至脾元，氤氳不散，則丹聚矣。肺與肝爲往來之路，習靜旣久，當自知之。見茶香室三鈔引李日華六硯齋二筆再傳丹陽馬鈺，長春邱處機，長眞譚處端，長生劉處玄，王玉陽郝太古孫不二，號北宗七祖。馬累傳黃房公李太虛，張紫瓊，趙緣督，而至上陽陳致虛，著參同契分章注。邱獨受元祖隆遇，統管僧道，號全眞教，見釋祥邁至元辯僞錄，元史釋老志，輟耕錄，著攝生消息論，見續通考。傳龍門法派，「道德通玄靜，眞常守太淸，一陽來復本，合教永圓明」見劉獻廷廣陽雜記。由鹿皮張虛靜李盧庵，曹還陽，至沖虛伍守陽，自署第八代。著仙佛合宗，天仙正理，主心息相依逮柳華陽，有金仙證論，慧命經。閔小艮有天仙心傳，道藏輯要，皆呂祖派。宋南渡後，道教分派漸起，見胡元瑞筆叢引玉壺遐覽王禕青巖叢錄謂南宗主性，北宗主命。主性者自力服食，煉養，保嗇真情，主命者他力，符咒科儀，祈禱延命。然依性命圭旨，及修養家言性謂上丹眉間，清靜無爲命謂下丹臍下，橐籥抽添。故說北宗先性，南宗先命。潛虛陸西星之方壺外史，其南華副墨見續通考。晚近有汪東亭之道統大成，張松谷之丹經指南。

內丹　通考經藉神仙家「道家之術，雜而多端，清淨一說也，煉養一說也，服食又一說也。」清靜本道家正宗，姑勿論。煉養爲內丹，參同，黃庭，隱仙，南北三宗皆是不外五炁歸元，三華聚頂，潛確類書，「以精化氣，以氣化神，以神化虛」是也。俞琰參同契發揮，「丹法以時易日，於半夜坤腹之交，趺足端坐，如巖不動，閉口吞氣，如冬蛇之蟄」此坐法也黃庭內景「但思一部壽無窮」，「黃庭經「子能守一萬事畢」」抱朴子地真篇「思一至飢，一與之糧思一至渴，一與之漿」張君房雲笈七籤，存思部有存大洞真經三十九真法，存思三洞法，老君存思圖，存思玄父玄母訣等，此心法存想也。天隨子云，「存謂存我之神，想謂想我之身。」至於息法服炁，或服天地之炁，卽莊子刻意篇，「吹呴呼吸，吐故納新。」劉向列仙傳，「彭祖八百餘歲，常食桂芝，善導引行氣。」抱朴子至理篇，「服藥雖爲長生之本，若能兼行氣者，其益甚速，不能得藥，但行氣而盡其理者，亦數百歲」王逸楚辭遠遊「飡六氣而飮沆瀣兮，漱正陽而含朝霞」注，「陵陽子明經言，春食朝霞，朝霞者，日欲出時黃氣也。秋食淪陰，淪陰者，日沒以後赤黃氣也。冬食沆瀣，沆瀣者，北方夜半氣也。夏食正陽，正陽者，南方日中氣也。幷天地玄黃之氣，是謂六氣」陸德明莊子逍遙遊「乘天地之正，而御六氣之辯」音義，引李云「平旦爲朝霞，日中爲正陽，日入爲飛泉，夜半爲沆瀣，天玄地黃爲六氣」所謂仙人餐霞飮露，盜天地日月之精華。如逍遙遊，「列子御風而行。」「藐姑射山之神人，不食五穀，吸風飮露，乘雲氣，御飛龍，而遊乎四海之外。」或服自身之氣，卽內呼吸。老子，「緜緜若存。」莊子，「眞人之息。」抱朴子釋滯篇，「行炁可以治百病，入瘟疫，禁蛇虎，止瘡血，居水中，行水上，辟飢渴，延年命，其大要胎息而已。得胎息者，能不以口鼻噓吸，如在胞胎之中，則道成矣。初學行炁，鼻中引炁而閉之，陰以心數，至百二十，乃以口吐之，及引之，皆不令自耳聞其出入之聲，常令入多出少，以鴻毛著鼻口之上吐炁，而鴻毛不動爲候也。漸習轉增其心數，久久可以至千，至千則老者更少，日還一日矣。」

胎息經　通考有葛仙翁胎息術，續通考有廣胎息經。道藏諸家，幻真先生注胎息經較古。

經曰，「胎從伏氣中結，氣從有胎中息。氣入身來爲之生，神去離形爲之死。知神氣可以長生，固守虛無以養神氣。神行卽氣行，神住卽氣住，若欲長生，神氣相注。心不動念，無來無去，不出不入，自然常住。勤而行之，是眞道路。」　銘曰，「三十六咽，一咽爲先。吐惟細細，納惟緜緜，坐臥亦爾，行立坦然。戒於喧雜，忌以腥羶，假名胎息，實曰內丹，非只治病，決定延年，久久行之，名列上仙。」注「臍下三寸爲氣海，亦爲下丹田，亦爲玄牝。口鼻卽玄牝出入之門。修道者常伏其炁於臍下，守其神於身內，神氣相合而生玄胎。玄胎旣結，乃自生身，卽爲內丹，不死之道也。玄綱云，鍇銖陽炁不滅不爲鬼，纖毫陰炁不盡不爲仙。元炁卽陽炁，食氣卽陰炁。胎息用功後，關節開通，毛髮疏暢，卽但鼻中微微引氣相從四支百毛孔中出，往而不返也。後氣續到，但引之而不吐也。」

太上玉軸六字訣　吸以採天地清氣，呼以瀉藏府毒氣，當日小驗，旬日大驗，年後卻病延壽。自子至己上六陽時，開窗透氣須避風進解帶面東正坐，叩齒三十六以定神，攪津漱鍊二三百下，低頭向左汨嚥，候送至腹，默念「呵」字，吐心中毒氣，昂頭閉口，徐吸清氣補之，呼短吸久，吐少納多，若聞息聲，氣麤損心。六次，復念「呼」字瀉補脾元，「呬」字肺，「嘘」字肝，「嘻」字膽，「吹」字腎，各如前，合三十六息爲小周。次看何藏病，如眼病，又念噓嘻二字，合三十六遍，通前七十二爲中周。仍加小周，總百八次爲大周。自午至亥，下六陰時，病面南屬火，却陰毒，然不如陽時。病重者，每字五十次，三百爲小周，通九百次，無病不愈。黃庭山人鄒應博說。

李長生十六字訣　訣云：（一吸便提，氣氣歸臍）行住坐卧，意到時，嗽三五，舌攪牙，抵上腭，津滿口，汨然嚥下，隨吸氣相送至臍下丹田，略存，曰一吸。如忍便狀，意力提歸臍，及夾脊雙關腎門，直至後項玉枕，透泥丸，不覺氣之上出，曰一呼。（一提便咽，水火相見）烝既上升，隨汨然嚥下，如前。久行，却病延年，不飢不渴，安健勝常，瘋疾尤效。精欲泄未泄時，可使歸元海不走。一年，絕感冒痞積，逆滯不和，癰疽瘡毒，耳聰目明，心力强記，宿疾俱瘳。

華山十二睡功訣　習睡功者，夜靜無事，一陽來時，端身正坐，叩齒三十六，寬帶側卧，閉目垂簾，舌舐上腭，並膝收一足，十指如鈎，陰陽歸竅，是外日月交光也。一手掐劍訣掩生門，一手掐劍訣曲肱枕，眼對鼻，鼻對生門，合齒閉天門，閉地戶，心目內觀。坎離會合，是內日月交精也。功法如鹿之運督，鶴之養胎，龜之喘息。人晝夜萬三千五百息，行八萬四千里氣，天地造化悉在玄關橐籥，使思慮神歸於元神，內藥也。體精內含，用光外發，內外打成一片，方是入道功夫。此際六賊消滅，五行攢簇，火候昇降，醞就真液澆養靈根，故曰玄牝通一口，睡之飲春酒，朝暮謹行，特真陽永不走。睡功畢，起時摩心指眼，則心身舒暢，行住坐臥，要聚氣凝神，神住則氣住，氣住則精住，精住則形固。神住無思慮，氣住無呼吸，精住無淫慾，然後三元歸一，八脈還源，七寶無漏，血化爲膏，始得長生久視。性靜情逸，心動神疲，神去則氣散，氣散則精耗，精耗則形枯，形枯則死矣。至人無妄，無妄則無夢，故心常虛明，神常澄湛。世人妄念不息，情欲交熾，心染萬緣，神無寧靜，茫茫晝夜，生死皆夢。臨命終時，一片情欲牽扯不斷，安得不趨入他途，投入異類，受此輪迴，無有出期。故修仙之人，心如不動，龍養珠，雞抱卵，蜣螂滾毬，蠮螉咒子，蚌含明月，兔懷胎，鼈射影，犀望星。功到，則禾凝露，瓜脫蒂，神氣相抱，精自歸源，凝結不散，即嬰孩也。妙在存神斯中，始得二氣交感於黃庭，三華混一於元竅，聖胎道成，真神蛻化，出離生死。一百日龜息，三百日成丹，二年身輕，眉心門開，三年飛昇，修持不怠，自有妙驗（毛玄漢降龍伏虎）。心中元炁謂之龍，身中元精謂之虎，性定龍歸水，情忘虎隱山（瞿上輔煉魂魄）。砂中取汞爲魂，水裏掏金爲魄，日中尋兔髓，月內取烏血（麻衣真人和調真炁）。調和真炁五朝元，心息相依念不偏（胡東隣運化陰陽）。法天象地謂之體，負陰抱陽謂之用，天地立基，陰陽化機（杜勝真陰陽復姤）。陰極陽生爲復，陽極陰生爲姤。陰陽火候（王龍圖靜養火候）。靜中陽動爲火，地下雷轟爲候，雷震攝天根，巽風觀月窟（康南岩守爐鼎）。乾宮真陽謂之鼎，坤內真土謂之爐，身心端正，爐鼎堅牢（張怡堂煉成靈寶）。萬神不散爲之靈，一念常存謂之寶（張玄玄牢拴猿馬）。揩摩心地爲沐，洗滌塵垢爲浴，猿伏馬擒，纖塵不染，神氣合心。（彭懶翁收放丹樞）入希夷門爲收，出離迷境爲放（譚自然廓然靈通）。悟本知源爲靈，廓然無礙爲通，識破娘生面，都無佛與仙（喻一陽出離生死）。出離生死爲了，得道飛昇爲當，打破鴻濛竅，方知象帝先。

調息訣　調運氣息，降氣海，升泥丸，則氣和神靜，水火有既濟之功，方全修養。每日暇時，不拘子午，片刻神靜，盤坐寬衣，平直其身，兩手握固，合口專念，閉目內視，叩齒三十六聲，舌抵上腭待津生時，鼓漱滿口，汩汩嚥下，直送臍下一寸二分丹田中。彷彿有熱氣，如忍大便，運至尾閭，升腎夾脊雙關，達天柱玉枕，駐泥丸，舌抵上腭，經神庭，降鵲橋，重樓，絳宮，臍輪，氣穴丹田，經曰，「夾脊雙關透頂門，修行徑路此爲尊」上通天谷，下達尾閭，爲心腎來往之路，水火旣濟之鄉，欲通此竅，先要存想山根，則呼吸之氣，由泥丸，通夾脊，透混元，而達命門矣。

服食　服食爲外丹，服草木金石之藥。神農本經有「服之長生者」留侯導引辟穀，李少君以穀道却老方見漢武。若醫書備荒代穀之方，非莊子藐姑射神人不食五穀吸風飲露之說。譚峭化書「火煉鉛丹以代穀食」豈眞松脂桂實之品，琳腴石髓之味耶。復次燒煉之術，黃白變化見漢書淮南王安傳，鉛汞雜藥，煉入爐鼎，成金銀丹砂，抱朴子金丹「九轉」砂汞迭變「丹砂，雄黃，白礬，曾青，慈石，五石散最著。「通鑑」亦曰寒食散，世說新語，「何平叔云服五石散，非惟治病，亦覺神明開朗。」癸巳存稿，「通鑑注言寒食散，蓋始於何晏。又云，煉鐘乳硃砂等藥爲之，言可避火食，故曰寒食。按寒食言服者食宜涼，衣宜薄，惟酒微溫飮，非不火食，其法漢張機製，在金匱要略中。」攷燒煉之用有二，一服食以求壽，歷朝帝王士夫之服金丹者，貪生而喪其生，底死不悔也。二點金以致富，從來貪夫之信提罐方士者，求財而蕩其產，受騙不悟也。雖然，上古化學之發明應用，本始道家，精於提煉化合之方，號稱方士。神祕自隱，寖失其傳，後人奇訝，驚爲神仙，墨子經說上下，固東周科學家，而其枕中五行記，抱朴子遐覽篇列於道經。墨子且爲太極仙卿，治馬跡山，見葛洪枕中書。卽淮南萬畢術，頗多符於科學原理，不得盡諉神祕。而豆腐之點化，至今猶利賴焉。

房中　漢書藝文志，「房中者，情性之極，至道之際，樂而有節，則和平壽考，及迷者弗顧，以生疾而隕性命。」容成陰道，及黃帝堯舜三王等八家，百八十六卷。抱朴子至理篇，「行氣宜知房中之術，不知陰陽之術，屢爲勞損，則行炁難得力。」微旨篇，「服藥千種，三牲之養，而不知房中之術，亦無所益。」釋滯篇，「房中之術十餘家，或以補救傷損，或以攻治衆病，或以採陰益陽，或以增年延壽，其大要在還精補腦之一事。」遐覽篇，「道經有容成經。」劉向列仙傳，「容成公者，自稱黃帝師，見於周穆王，能善補導之事。取精於玄牝，其要谷神不死，守生養氣，髮白更黑，齒落更生」故亦稱容成術。參同契「陰道厭九一」陰道，即容成陰道。九一者，即御女之謬說，分上中下三峯，採人精氣神仙鑑云「劉宋時有張三峯者，號樸陽子，傳陰道中三峯採戰之法」又云「彭祖稱太清景明三峯真君」李涵虛云「因御女之術起於彭祖，採補房中耦喪屢娶後爲殷王拘繫，欲殺之，蓋大律當譴也」醫方道藏，外臺祕要，玉房，素女諸書，並載此術，北宋時，日本康賴醫心方二十九養陽篇引玉房祕訣，見隋書藝文志，又黃帝問素女玄女采女陰陽之事，皆漢志黃帝三王養陽方之遺說，張衡同聲歌「素女爲我師，儀態盈萬方，衆夫所希見，天老教軒皇。」漢志有天老雜子陰道，故亦稱素女術，王先謙漢書補注引葉德輝沈欽韓說，隋書經籍志有素女方，孫星衍刻入平津館叢書云「此爲漢志所載黃帝雜子十九家方二十卷之一也」呂覽「湯問伊尹，對曰，凡一事之本，必先治其身，嗇其大寶，用其新，棄其舊，腠理遂通，精氣日新，邪氣盡去，及其天年，此之謂真人」

導引　行蹻術，即莊子刻意篇，「熊經鳥申，」張良之導引辟穀，華佗之導引五禽戲。抱朴子雜應篇「若能乘蹻者，可以周流天下，不拘山河。道有三法，一曰龍蹻，二曰虎蹻，三曰鹿盧蹻或服符精思，若欲行千里，則以一時思之，若晝夜十二時思之，則可以一日一夕行萬二千里，亦不能過此」則且及飛遁變化之方矣。

逍遙子導引訣　訣曰：〔水潮防後患〕平明睡醒，卽起端坐，凝神息慮，舌抵上腭，閉口調息，津液滿口，三次嗽嚥，送下入丹田，五臟邪火不炎，四肢氣血流暢，諸疾不生，永除疾患，老而不衰。〔火起得長安〕子午三時，存想真火自涌泉穴起，從左足升玉枕，過泥丸，降丹田，三遍，右足同。從尾閭起，又三遍。久則百脈流通，五臟無滯，四肢健，百骸理。逍遙子云：陽火須知自下生，陰符上降落黃庭，周流不息精神固，此是真人大煉形。〔夢失封金櫃〕慾動則火熾，火熾則神疲，神疲則精滑而夢失。睡時調息存神，兩手各搓臍二七，復搓脇腹，擺搖七次，嚥氣丹田，握固良久，屈足側臥，永無走失。慾火攻夢中遺失，致傷生，搓摩有法君須記，絕慾除貪是上乘。〔形衰守玉關〕百慮感中，萬事勞形，所以衰也。善攝生者，行住坐臥，一意不散，固守丹田，默運神氣，冲透三關，自然生精生氣，返老還童。〔鼓呵消積聚〕食積氣積，脾胃受傷，患者升身閉息，鼓動胸腹，俟氣滿，徐呵出，五七次，便通快。〔兜禮治傷寒〕元氣虧弱，腠理不密，則風寒傷感，患者端坐盤足，而手緊兜外腎，閉口緘息，存想真氣自尾閭升夾脊，透泥丸，逐其邪氣，低頭如禮拜狀，不拘數，汗出為度。〔叩齒牙無疾〕晨睡醒時，叩齒三十六通，舌攪牙齦，津液滿口，三次嚥下。小解閉口，緊叩其齒，解畢方開，永無齒疾。〔升觀鬢不斑〕思慮太過，則神耗氣虛，血敗而鬢斑。子午時握固端坐，凝神絕念，兩眼含光，上視泥丸，存想追攝二氣自尾閭上升下降，返還元海，每行九遍，久則神全，氣血充足，髮可返黑。〔運睛除眼翳〕傷熱傷氣，肝虛腎虛，則眼昏生翳。每日睡起，趺坐凝息，塞兌垂簾，雙目輪轉十四次，緊閉少時，忽然大睜，行久不替，內障外翳自散。切忌色慾，幷書細字。〔掩耳去頭旋〕邪風入腦，虛火上攻，則頭目昏旋，偏正作痛。久則中風不語，半身不遂。靜坐升身，閉息，兩手掩耳，折頭五七次，存想元神逆上泥丸，以逐其邪，自然風邪散去。〔扞踏應輕骨〕雙手上托，如舉大石，兩脚前踏，如履平地，存想神氣，按四時噓呵二七次，則身健體輕，足耐寒暑。〔搓塗自美顏〕顏色憔悴，由心思過度，勞碌，每晨靜坐閉目，凝神存養，神氣沖澹，自內達外，兩手搓熱，拂面七次，嗽津塗拂數次，半月，皮膚光潤，容顏悅澤。〔閉摩通滯氣〕氣滯則痛，血滯則睡，澄心閉息，左右手各摩滯七七遍，津塗勤行，乾沐浴七日，則氣通血暢，永無凝滯之患。〔凝抱固丹田〕神一出便收來，神返身中氣自回。如此朝朝幷暮暮，自然赤子產眞胎。此凝抱之功、靜坐存想，元神入於丹田，隨意呼吸，旬日丹田完固，百日靈明漸通，不可或作或輟。〔淡食能多補〕食之不節，必致虧損，孰若食淡謹節之爲愈。〔無心得大還〕無心，常淸靜也。

內功圖說　潘霨衞生要術自序，「五臟之眞精，卽元氣之分體。其本，道經所謂丹田，難經所謂命門，內經所謂七節之旁有小心。陰陽開闔在乎此，呼吸出入係乎此。無火而能令百體皆溫，無水而能令五臟皆潤。此中一綫未絕，則生氣一綫未亡，胥賴於此。平日存想丹田，使本身自有之水火得以相濟，則神旺氣足，邪不敢侵。與其疾痛臨身，呻吟求治，莫若常習片刻之功，以防後來之苦。玆取豐城徐鳴峯本，參之醫經各集，略爲增删。凡於五官四體各有所宜按摩導引者，列之分行外功，任人擇取行之。」咸豐八年刻。光緒七年，「王祖源復其本書原名曰內功圖說」

十二段錦　訣云：〔閉目冥心坐，握固靜思神〕註，盤趺靜坐，豎起脊梁，腰勿軟弱，身勿倚靠，緊閉兩目，冥亡心中雜念，握手牢固，靜息思慮。〔叩齒三十六，兩手抱崐崙〕上下齒相叩作響三十六，以集身內之神使不散。崐崙卽頭，兩手十指相叉，抱住後頸，兩掌緊掩耳門，暗數鼻息九次，微細呼吸，不宜有聲。（左右鳴天鼓，二十四度聞。）數息畢，移兩掌擦耳，以食指壓中指，重彈腦後，如擊鼓聲，左右同彈二十四度。仍放手握固（微擺撼天柱）天柱即後頸，低頭紐頸向左右側視，肩隨擺動，各二十四次。（赤龍攪水津，鼓漱三十六，神水滿口匀，一口分三嚥，龍行虎自奔。）赤龍即舌，舌頂上腭，攪滿口內上下兩旁，使水津自生，鼓漱於口中三十六次，神水即津液，分作三次作汩汩聲吞下，心暗想，目暗看，所吞津液直送至臍下丹田。龍即津，虎即氣，氣隨津下。（閉氣搓手熱，背摩後精門）以鼻吸氣閉之，兩掌搓擦極熱，急分摩腰後精門，兩邊軟處即徐放氣出。十六遍，仍收手握固。（盡此一口氣，想火燒臍輪。）閉口鼻之氣，以想運心火下燒丹田，覺似有熱極，仍放氣出。（左右轆轤轉。）曲灣兩手，先左後右各連肩圓轉三十六次，此單轉轆轤法。（兩脚放舒伸，叉手雙虛托）放所盤兩脚，平伸向前，兩手指相叉，反掌向上，如扦重石，腰身俱著力上聳，仍放下安頭頂，九次。（低頭攀足頻。）兩手向前，力扳兩脚底，低頭如禮拜狀，十二次，仍收足盤坐，收手握固。（以候神水至，再漱再吞津，如此三度畢，神水九次吞，嚥下汩汩響，百脈自調匀。）再用舌攪口內，候神水滿口，鼓漱三　六，兩度作六次吞嚥下，要汩汩聲響，連前共三度，（河車搬運畢，想發火燒身，舊名八段錦，子後午前行，勤行無間斷，萬疾化爲塵。）心想臍下丹田中，似有熱氣如火，閉氣如忍大便狀，將熱氣運至穀道，即肛門，升上腰間、背脊、後頸、腦後、頭頂止。又閉氣，從額上，兩顴、耳根、面頰，降至喉下，心窩、臍下丹田止。似發火燒，通身皆熱。

分行內外功訣　（心功）冥心靜坐，息慮絕欲，以守神氣。（身功）盤足坐時，一足跟抵住腎囊根下，勿漏精氣。垂足平坐椅上，膝不可低，外腎勿着坐處，豎脊直身，不可倚靠，坐畢，徐放手足，勿急起身。（首功）兩手掩耳，食指壓中指，彈腦後兩骨，鳴天鼓，却風池邪，兩手扭項，左右反顧，肩膊隨轉二十四次，除脾胃積邪。叉手抱項後，面仰視，手力向前，項力向後，去肩痛目昏。（面功）口鼻閉氣，兩手摩熱，擦面，邱壑悉周，皺斑不生，顏色光潤。（耳功）手按耳輪，上下摩擦，名營治城郭，使人聽徹。平坐，足一屈一伸，兩掌前伸，扭項，左右各顧七次，除耳鳴。（目功）睡醒，勿開目，拇指背擦熱，揩目十四次，輪轉眼珠，左右七次，緊閉少時，忽大睜開，保鍊神光，永無目疾。拇指背節，重按眉旁小穴二十七遍，摩兩目、顴上，旋轉耳行三十遍，手逆乘額，從眉向腦後髮際二十七遍，嚥津無數，耳目清明。手按近鼻眼眦，閉氣，氣通即止，常行能洞視。跪坐，兩手據地，力向後顧五次，名虎視，除胸臆風邪腎邪。〔口功〕坐必閉口。若口乾苦舌澀無津，喉痛難嚥，乃熱也。宜張口呵氣十數次，鳴天鼓九次，舌攪口內嚥津，復呵，復嚥，候口津生，卽熱退藏涼。或口津冷淡無味，心中汪汪乃冷也，宜吹氣溫之，候口有味，卽冷退藏煖。每晨口微呵出濁氣，鼻吸清氣嚥之。睡宜閉口，使真元不出，邪氣不入。〔舌功〕舌抵上腭，津液自生，再攪滿口，鼓漱三十六，三口汩嚥有聲，名漱嚥灌溉五藏。〔齒功〕叩齒三十六，以集心神。二便閉口咬齒，除齒痛。〔鼻功〕兩拇指背擦熱，揩鼻三十六次，能潤肺。視鼻端，默數息，每晚去枕覆身臥，灣膝反豎兩足，吸清吐濁四次，力竭微吸，除身熱背痛。〔手功〕兩手相叉，虛空托天，按頂二十四次，除胸膈邪。一直伸向前，一曲迴向後，如挽弓狀，除背胦邪。兩拳用力左右虛築七次，除心胸風邪。搥臂膊腰腿，反搥背上各三十六次，去四肢胸臆邪。固握曲肘，向後頓掣七次，頭隨手向左右扭，治身上火丹疙瘩。〔足功〕正坐伸足，低頭如拜，兩手力攀足心十二次，去心包絡邪。高坐垂足，兩跟相對，趾扭向外，復趾尖相對，扭向內，各二十四遍，除脚風氣。盤坐，一手捉脚趾，一手擦湧泉，濕風皆從此出，至熱止。後脚趾動轉數次，除濕熱健步。兩手向後據床，跪坐一足，一足用力伸縮七次，左右交換，治股膝腫。徐行手握固，左足前踏，左手擺向前，右手擺向後，右亦如之除兩肩邪。〔肩功〕兩肩連手左右輪轉二十四次，先左後右曰單轆轤左右同轉。曰雙轆轤。調息神思，以左右手各擦臍十四遍，擦脇，連肩擺搖七次，嚥氣納於丹田，握固兩手，屈足側臥，能免夢遺。〔背功〕兩手據床，縮身曲背，拱脊向上十三舉，除心肝邪。〔腹功〕兩手摩腹移行百步，除食滯閉息存想丹田火自下而上遍燒全體。〔腰功〕兩手握固，拄兩脇肋擺搖兩肩二十四次，除腰肋痛並去風邪。兩手擦熱，鼻吸清氣，手擦精門，軟腰處，徐放出〔腎功〕一手兜裹兩睾丸，一手擦下丹田，左右換手各八十一遍，訣云「一擦一兜左右換手，九九之數，真陽不走」臨睡，坐床垂足，解衣閉息，舌抵上腭，目視頂門，提縮穀道如忍大便狀，兩手摩擦十四椎下，兩旁寸半腎俞各一百二十次，能生精固陽，除腰痛稀小便

卻病延年法　兩手中三指按心窩，向左順揉二十一轉。隨且走且向下揉至横骨，分向兩旁上揉至心窩兩手交接，隨下推直至横骨二十一次，矮枕平臥，凝神滌慮，兩手各摩腹二十一次。左手叉左腰，拇指前，餘指後，右手中三指自左乳下直按至腿夾二十一次交換，畢趺坐，兩手拇指掐子紋，餘指拳屈，分按兩膝，十趾亦稍鉤曲，胸自左轉前，由右歸後，搖轉二十一次，交換如

搖身向左胸肩搖出左膝前，向後搖伏膝上，向右搖出右膝，向後弓腰後撤，勿急勿著力。日三課，早晚尤要。

赤鳳髓四十六勢　勢云：〔偓佺飛行逐走馬〕手如托布，轉向左右各運氣九口，治赤白痢。〔黄石公受履〕坐平伸兩足跟，手按兩腿，運氣十二口。〔籛鏗觀井〕立，兩手握拳，鞠躬到地，徐起，雙舉過頂，閉口鼻微放氣三四口，治腰腿疼。〔嘯父市上補履〕坐，舒兩腿，手攀左脚心，運左三右四口，治精脈不存。〔邛疏寢石〕當精走時，左指掩右鼻，右手截住尾閭，運六口，精自收回。〔接輿狂歌〕右手扶牆，左手下垂，右脚登舒，運十八口，交換，治腰疼。〔涓子垂釣荷澤〕端坐，左拳撑左脇，右手按右膝，存想病處，左右各運六口，專治久癥。〔谷成公靜守谷神〕咬牙閉氣，兩手按耳後，鳴天鼓三十六，叩齒三十六，治頭暈。〔莊周蝴蝶夢〕仰臥，右手枕頭，左手用功，腿左伸右縮，運二十四口，治夢泄遺精。〔東方朔置幘官舍〕兩掌捻耳骨，運十二口，治混腦沙頭風疼不止。〔寇先鼓琴〕兩手按膝，向左右扭項背，各運十二口，名搖天柱，治頭疼諸風，血脈不通。〔修羊公臥石榻〕側臥屈膝，手擦熱，抱陰及囊，運二十四口，治四時傷寒。〔王子晉吹笙〕端坐，兩手挪拿胸旁二穴九次，運九口，任脈通，百病消除。〔鍾離雲房摩腎〕端坐，兩手擦熱，背摩精門，運二十四口，治腎虛冷，腰疼腿痛。〔東華帝君倚杖〕端立柱杖，項腰左右運轉十八口，三遍，膝拂地擺，治腰背痛。〔山圖折脚〕坐舒兩脚，兩手攀脚心，運九口，治夜夢遺精。〔許旌陽飛劍斬妖〕丁字步立，右手揚起，扭身左視，左手屈後，運九口，治一切心疼。〔魏伯陽談道〕高坐，右腿舒，左腿灣，左手舉，右手摩腹，運十二口，治背膊疼痛。〔子主披髮鼓琴〕端坐，手擦熱，抹脚心，按兩膝，端坐，呵氣九口，理血脈三焦不和，眼花虛弱。〔故嫗泣拜文賓〕立，鞠躬低頭，手齊脚尖，運二十四口，名烏龍擺尾，治腰疼〔服閭瞑目〕端坐，兩手捧臍下，運四十九口，治肚腹疼痛，不能養精。〔陶成公騎龍〕左右手伸向左，頭右扭，交換各九口，治胸膈膨悶。〔谷春坐縣門〕端坐，兩手按膝，左右扭身，運十四口，治一切雜病〔謝自然趺蓆泛海〕兩拳至兩脇齊心，用力存運，左右各二十四口，治疲症。〔宋玄白臥雪〕仰面直臥，兩手在胸腹往來，翻江攪海，運六口，治五穀不消。〔馬自然醉隋雲溪〕腹着地，兩手從後上舉，足亦上舉，運十二口，治絞腸痧。〔玄俗形無影〕端坐，兩手擦脚心，各運二十四口。〔負局先生磨鏡〕端坐，直舒兩脚，兩手握拳，連身向前，運二十口，治遍身疼痛。〔呂純陽行氣〕立，左手舒，右手捏膊肚，運二十二口，交換，治背膊疼痛。（邪子入山尋犬）手左指，右視，運二十四口，交換，治左癱右瘓。（裴玄靜駕雲昇天）端坐擦丹田，運四十九口，治小腸虛冷疼痛。（何仙姑簪花）兩手抱頭端坐，運十七口。（韓湘子存氣）兩手擦目，隨貼拳兩脇，氣昇上，運二十四口，治血氣弱敗。（曹國舅撫雲陽板）高坐左脚彎，右脚斜舒，拱手左舉右視，運二十四口，交換，治癱瘓（候道玄望空設拜）　八字步立，低首胸前，兩手運腹十七口，治前後心疼。（玄真子嘯咏坐席浮水）端坐兩手托天，運上下各九口，治肚腹虛腫。（許碏插花滿頭　立兩手托天，脚跟向地緊撮谷道，運九口，治肚膨脹，遍身疼痛。（劉海戲蟾）立左脚向前，握兩拳，運十二口，交換，治遍身拘束疼痛，時氣傷寒。（白玉蟾運氣）交手按兩肩，目左視，運十二口，治胸腹虛飽。（藍采和行歌城市）氣脈左不通，立舉左手，運氣右同。（陵陽子明垂釣）　坐舒兩脚，兩手向前齊足，運十九口，治腰腿疼痛。（鄔通微靜坐默持）兩手按膝，存想閉息，運四十九口，氣通血融，治久病黃腫。（子英捕魚）立，打蛇勢，手脚俱要交叉，左右各十二口，治血脈不和。（陳希夷熟睡華山）頭枕右手，左拳摩腹，右腿下捲左腿上，默存想調息，收氣三十二口，運十二口，久行，治色癆。（金可記焚香靜坐）端坐，兩手摩兩脇並患處運三十二口，專治久瘋。（戚逍遙獨坐）端坐，兩手攀膝齊抱，左右登板九數，運二十四口，治絞腸痧。

以上皆述導引修靜之文功，以下更敘神勇練身之武功，實技擊之祖。

五禽戲　此蓋後世所擬，非必華佗之舊。須閉氣行之。（羨門虎勢）低頭拳戰，如虎發威，如提千觔鐵，輕起來莫放氣，平身吞氣入腹，腹如雷鳴，或五七次，氣脈調，精神爽，百病除。（庚桑熊勢）拳一伸一舉，如熊身側起，左右擺，脚安前投，立定使氣，兩脇傍骨節皆響，能安腰力，除腹脹，或三五次，舒筋骨，安神養血。（士成綺鹿勢）低頭撚拳，如鹿轉顧尾閭，平身縮腎立，脚尖跳跌，脚跟連天柱動，身皆振動，或二三次。（費長房猿勢）如猿一手抱樹，一手撚菓，一脚虛擢起，一脚跟轉身，更換，連吞入腹，汗出方已。（亢倉子鳥勢）如鳥飛欲起，尾閭氣朝頂，雙手躬前，頭腰仰起，迎舞頂。

八段錦　訣云：（兩手擎天理三焦）正立，兩臂上舉，叉手，翻掌力托，舉仍下垂，正立，後同。（左右開弓似射雕）平步如騎馬勢，右拳外伸，頭目隨注所翹食指，左拳平臂屈肘，如拉弓勢，交換〔調理脾胃單舉手〕右掌上舉，指向左。左掌垂按，拇指貼腿，朝前。交換。〔五勞七傷望後瞧〕頭徐向左右後顧。舊法兩手垂按，王懷琪法掌貼腿。〔搖頭擺尾去心火〕平步，手按膝，舊法虎口向前，王法向內。上身及頭右俯後仰，左俯前傴。〔背後七顛百病消〕手貼腿，膝挺直，兩趾並力企踵數次。〔攢拳怒目增氣力〕平步，右拳仰，下旋外伸，左拳仰貼腰，肘掣後，目前注。交換，更徐向前伸，交換。〔兩手攀足固腎腰〕直膝，躬身，昂首，手握足趾。王法增後仰，叉手抵腰椎，拇指相接，餘指斜力抵臀。若別於更名十二段錦之文八段錦，亦稱武八段錦。

易筋經十二勢　易筋經分上下兩卷，達磨造，般刺蜜諦譯義。有修靜之內功，鍊身之外功，少林寺僧多傳習之。宋岳飛鑒定作序。王祖源旅嵩山少林三月，盡得其內功圖，技擊譜，采十二勢圖與十二段錦合刻，名內功圖說。〔韋馱獻杵一〕平心靜氣，正身直立，手環拱當胸。〔二〕足趾點地，兩掌外拓。〔三〕掌托天，趾點地，力周骸脇，目上覷，牙緊咬，舌抵腭，鼻調息，兩拳用力徐收回。下四勢同。〔摘星換斗〕隻手擎天，覆掌注雙眸，調鼻息，交換。〔倒拽牛尾〕兩骸前屈後伸，小腹運氣空鬆，雙眸注拳，前拉後拽。〔出爪亮翅〕怒目挺身，推手向前，七次。〔九鬼拔馬刀〕側首曲肱，抱項至頸，交換。〔三盤落地〕舌拄腭，瞪眸閉口，足蹲平步，手力按擬，拏若起千鈞。〔青龍探爪〕目注左拳，從右掌伸臂下出，掌平氣實，力周肩背，回收過膝。〔臥虎撲食〕身匍撲，掌撐地，足分蹲，迭屈伸，昂頭胸前探，偃背腰砥平，調息。〔打躬〕兩手掩耳持腦，灣腰至膝，頭探胯下，咬牙，拄舌，力在肘灣。〔掉尾〕膝直腰灣，手推至地，瞪目昂頭，凝神一志，起而頓足二十一次，左右伸肱七次，盤坐調息，定靜方起。

自余高祖以來，秉鄉邑之政者，垂百七十年。而先祖遺愛爲最，號糯米老爺，喪葬執紼垂涕者衆，鄉老口碑至今猶在。卽其匾聯批牘，得者彌珍惜焉。懷德堂宅百七十年間，左右鄰三頻祝融，獨屹然無損，雖祖德餘慶，亦鄉民共護之力。家館武師，以衞地方，兼教子弟。先君在鄂，蒙張文襄公器重，每攜萬金過江，僅隨一弁。狹長跳板，隻手三沈暴徒於江心，乞哀而後釋之。大雨傾盆，右手撐傘，左手拯活墮江滅頂復透之人，斷其所蓄長爪甲二。大八仙桌，能以二指拈其邊以行。蓋皆得力於嫻習技擊之功。常語及曾祖時某武師之神奇。余幼時猶及見曹武師，拳譜諸祕訣外，更有伐毛洗髓經兩卷，云達磨所傳，岳飛所序，用藥熏鍊，習成神勇。郭憲洞冥記，「黃翁語東方朔，

指道真詮

吾却食吞氣，已九千餘歲。目中瞳子色皆青光，能見幽隱之物。三千歲一反骨洗髓，二千歲一剝骨伐毛，自吾生已三洗髓五伐毛矣。」今神勇訣蓋易筋經之類，而借其誼以見鍛鍊體魄之效爾。

先後天卦象變圖説

先後天卦象交變圖說

附易學源流考

錢根鍠署

沈序

易學爲楊氏家寶，至中一子而集其大成。間嘗讀其自序，知其學易功候之專，講易徵引之博。於漢易宋易清易，各有根據，無一語一字鄉壁虛造。此先後天卦象交變圖說，殆龍之一鱗，鳳之一毛耳。聽講者既有味乎其聽之，要求複講者屢矣，茲復以付印爲請，以期各手一編，拳拳服膺而弗失。其確有心得，可揣而知也。他日所著易學叢書三十六種，果一一印而行之，其霑溉後學，寧有量邪。癸未四月耄翁沈恩孚

胡序

尙辭尙變尙象尙占、是易之四道。漢易大概尙變。宋易大概尙辭、尙象見於繫辭、後無作者。漢古五子焦氏易林、宋朱熹本義是尙占。蓋制器尙象原人時代取法現象之初步、後世文化進步是取法想象中之象、非取法現象中之象、其精者遂成今日之科學。易之尙象、已無有價値。尙占是易之最古者、見於左氏傳者十七處、而其繇辭與今易多不同。古五子不存。焦氏易林僅有繇辭、而無占法。尙占之易究竟若何、是不可考。朱熹本義雖存、今之占者皆不之用。尙占一道、遂成爲社會上之技術。易有君子之道四、僅有尙變尙辭二道、一爲漢之象數、一爲宋之義理。清代易學各家言象數而明易例。焦理堂作易通釋、能明易例、而於尙變極有精意。端木鶴田融合漢象數宋義理爲易體例之學、其辭雖晦、其例頗密。此其大概也。無錫楊中一、世傳易學。繼清代易學之後、博覽過之、又有精密之發見。先後箸錄易學三十六種、大概皆尙變之一道、而又嚴於體例者、如先後天卦象交變圖說是也。先後天說紀愼齋沈竹礽易學中、各有精密之說、中一之卦象交變圖說、與紀沈不同、而加明白矣。則是研究先後天之說者多得一種之指導也。余於易雖肄業及之，而於漢之象數，宋之義理，皆不能有深刻精微之研究，清之體例，更無論已。第本序卦之說，寫成一部周易古史觀，不於象數義理立場，而於古史立場，自知非說易堂堂之旗，正正之陣。中一謂周易古史觀，必於漢之象數，宋之義理，清之體例外，別著古史觀一派，在中一爲稱之過情，在余爲受之無實。但不知能否持之有故，言之成理，以偏師當一軍而已。茲者中一卦象交變圖說付印，問序於余，余於象數義理體例，皆不能有所闡述，發揮卦象交變之妙，第言其大概如上云。民國三十二年四月安吳胡樸安序。

召序

博學通儒，非俗眼能識。明師善教，易當面錯過。而盜名漁利之徒，專騖迎合社會心理，不惜視學術爲投機眩世駭俗以聳聽聞，或索隱行怪，以誣當時而欺後世。而天下者亦吠影吠聲，互相盲從，溷蛆腐蠅，儼成風習。人心愈險詐，道德愈墮落，長此以往，不知胡底，最可痛心。果欲爲挽救計，惟有矯正僻流，貫澈主張，喚醒迷誤，回頭正道。雖明知高山流水，識者無人，白雪陽春，和者益寡。然祇能依足擇履，決不能削足適履也。凡所欲爲，悉惟良心之安，人知吾如是，人不知亦如是。惟聖賢然後能識聖賢，師儒然後能識師儒，人不識我，於我何傷。若必求人之認識而爲之，則不贊成者，雖合理當爲之事，亦將不爲，是小人儒爲人，非君子儒爲己也。所貴爲君子者，舉世混濁而獨清，衆人皆醉而獨醒，祇求事之合理與否，不間社會之心理於我何如也。人能如是存心，庶幾動靜語默，一準諸天理人情，而無過不及之弊。故能獨往獨來於天地之間，而與造物者爲友，此聖賢之用心，而非凡俗所能識。豈得以凡俗之好惡而易其心哉。世之不學或淺學者流，欲自文其陋，而又不甘自歎，於是有三說焉。

一者，舍訓詁而專談義理，舍學問而專談心性，且以咬文嚼字，記誦詞章爲戒。不知義理出於訓詁，心性原於學問，合則相通，離則俱非。使人不能測其學業之是非淺深此自欺欺人之法一也。二者，避繁難而就簡易，避精深而就淺近。且以現代化通俗化相爲號召，而誑騙學無根柢之門外漢。此自欺欺人之法二也。三者，儉腹無儲，將以攻他山之石，盍簪有會，藉端求伐木之名。勢必文王姜里，不能演周易，孔子徒步，不能制春秋。史公蠶室，不能作史記。斯文之盛業，幾視若議會之制憲。此又自欺欺人之法三也。爲此言者，豈不知治學與幹事不同，而著書更與治學不同。著書者，必個人平日先有心得獨到之處，而後臨時發表以貢同好，非可專藉集會討論，掇拾補綴，爲口耳間四寸之學，以文其不知而妄作之陋。或且視心靈如機械，視學問如議案，將以取決於多數，不學無術之通過，而認爲合理，豈非笑話。聖賢師儒人間希有，不朽之作，豈肯喚賣兜售。世無知者，亦惟有藏之名山，以待其人，必見有可與言者，而後方與之言，非自貴也，貴道也，非自尊也，尊道也。自惜身分，不敢輕瀆，所謂師嚴然後道尊也。道之所在，卽尊之所在也。蓋若于學無心得獨到之處，本不可亦不敢强不知以爲知況敢靦然自附著作之林以盜名漁利乎既果有心得獨到之處矣則前無古人後無來者獨往獨來于天地之間百世以俟聖人而不惑豈有並世凡俗敢與較量是非淺深且聖人既往無人可爲是非標準又何從而較量既無人可與較量更何從與人集會討論是則是非則非兩言決爾既曰是矣何待討論既曰非矣何必討論依據聖經立説而猶藉口于集會討論者是必離經叛道之徒也否則亦徘徊門外本不見宗廟之美百官之富所以模稜兩可無所適從必有待于集會討論方能定其取舍從違者也蘇氏盛稱史公之文而以爲苟有一人焉在其目中皆足以礙人氣且使子長而更與子長交亦必不能成史記而況其他乎三蘇宋之大著作家也惟過來人方能自知而自道此豈不學或淺學者所能夢想其萬一乎

棠握管凝神縱筆遣詞方至此忽宗姬華安四同門不速而蒞見而責問曰然則會友輔仁聖門胡爲有此説中一先生同門有會亦屬多事然然三千之徒一以至聖爲依歸中一同門一以師尊爲依歸有依歸卽有標準而可折中朱陸異同至今未

決、問誰敢爲朱陸折中之標準。惟孔子乎、而孔子不生于宋。若以各人心中之孔子、而折中朱陸、必孔子與朱陸皆所不許。吾儕同門、皆中一之門人、而中一爲吾儕所依歸之師表、折中之標準、故可以衡量吾儕同門之是非淺深。至于師尊中一、則今無孔子、問誰可亦誰敢而得衡量之否、則亦不過叔孫武叔輩妄人而已、爾何足與討論。四君首肯稱是、皆曰、吾師上承羲文孔子之道統心傳、尊爲聖導師、以教吾儕。吾儕親炙師尊、宜皆服膺師教、一以孔子所傳六藝羣經、及孝弟忠恕誠正修齊之道爲博文約禮之正歸。尊孔益當尊師、背師卽是背孔。若或離經叛道、定屬惑世誣民之邪說云。

吾師姓楊氏、名聖、號踐形、學者尊稱中一先生。母侯太夫人夢感瑞雲環身、宸斗隕懷、龍負圖象、矯首天中、麟吐玉書、光耀地上、聞空際語云、羣聖擁護、送一玉麒麟來、遂生吾師。詳盡說明、參考學鐸叢書徐氏序。齠齡穎悟、强記及長、博學多能、經子而外、兼通科哲技術之書、無不覽、亦無不精、又皆有心得獨到之處。唐蔚芝先生國文法句式舉例序云「楊君經學理學家、非文學家也」信哉。二十年前、吾師勤於講學棠之得親炙也。蓋自詣尙賢堂聽講、始聞李佳白博士云、「易爲中國固有之哲學原理、而今久成絕傳、獨楊先生移風轉俗、繼絕開來、他日昌明易教、直孔聖之信徒也。」棠由是有志於易、每期必至。講詞輒登國際公報、紅卍字哲報亦轉載之。乙丑冬、易學演講錄出版、奉命作序。明年隨師至尊倉會、見姚子樑先生、讀其所爲序、贊頌吾師備至、然後知姚老識吾師之深、非泛泛比也。師初治易、家人多反對、以爲不合時宜、非緩急所需。逮鼎革後、杭辛齋乃以易學著聞、知天下有同嗜焉。雖超時代可也。近數年嗜易者漸多、有治孟氏京氏者、有以漢象釋易林者、有以古史觀易者、更有以科學數理原子等說說易者、殆風氣之轉變如是其速耶。然後知專趨炎涼、巧逐浮沈者、不足以有爲。惟超時代者、平地覆簣、荒山翦棘、進吾往也。雖無文王猶興。日前趨孔聖學會聽講、學聞吾師又譔聖學大概、分聖經、聖學、聖功、聖門、聖域、聖人、聖師、聖統、聖教、聖化等十篇、尤以聖經宜如何籀讀爲最詳。蓋讀書必先識字、讀經書必先識古字、不考六書、不通聲假、何能籀讀古經。否則望文生義、穿鑿附會而已爾。清儒有言「義理本於訓詁、非訓詁之外別有義理。」知冥想頓悟者、無非自欺欺人，不可與言讀經。吾師教人，必先從漢學訓詁以得其制度名物，然後通諸宋儒義理，此即孔子博文約禮之誼。東周有子學，西漢有經學，宋明有理學，清有樸學，自今而後，繼起者必聖學矣。傳聖學者何人也，其庶乎吾師受羲孔道統之心傳，尊爲聖導師也久矣。以聖師而述聖學，上考下俟，先後一揆，豈徒文以載道而已。吾師所爲，每超過時代，即不爲社會所知，然開風氣之先。他年聖學昌明，賢才輩出，始知一滴千里者，皆導源於涓滴之泉也。彼視短識淺者，固不足以語此。

棠不肖，衣食於奔走，不獲常侍几席，時聆教誨，私心竊視者天將以夫子爲木鐸，易經救世聖學心傳諸書，早日印行，以覺我後學也。此先後天卦象交變圖說，發明於辛亥暮春，至今已三十二週年，巧合六十四卦中陽儀之數，其法別有心裁，視世俗之僅拾術士牙慧者不同，此所以感格羲皇，榮膺天爵，而開易學之新元也。初名原旨，書凡三卷，均經杭辛齋先生圈點眉批，惜已遺佚。今所印行者，乃轉錄自中國國學會衛星月刊，僅及原旨十分之一，然已爲易學叢書絡續付刊之先聲矣。敬獻數言，以誌吾道之不孤，且爲師學之有傳人也。慶癸未五月門人安慶召國棠謹敍。

自序

易學、先人之世業也。皇祖文王、始演周易。十七傳至晉太傅叔向公、躬踐易教、孔子賢之。又二十傳至漢太尉伯起公、有易論見本傳、諸儒尊稱關西孔子。累傳至宋先賢文靖公、學者稱龜山先生。程門立雪、吾道南矣。得二程道統之眞傳、爲洛閩中樞。一傳羅豫章、再傳李延平、三傳而至朱子、開理學之新元。程有易傳、朱有本義、公之易說、詳載家乘。公之祠在無錫東城東林書院東。六歲隨先祖謁祠、歸、先祖抱之膝上、指几上書曰、此文靖公易說、汝他日克傳家學、庶道南有繼人矣。因敎作先後天八卦圖象。稍長、讀周易折中、習江永河洛精蘊、朱子啓蒙、邵雍皇極經世、周子太極通書、張載西銘正蒙、治宋易義理之學。先大夫郵賜古越藏書樓書目、遂興博覽志。十七歲、負笈毘陵、日就圖書館鈔讀李鼎祚周易集解、易緯八種、及胡渭、惠棟、張惠言、劉逢祿、姚配中、孫星衍諸書、始知孟喜、京房、鄭玄、宋衷、荀爽、虞翻、陸績、姚信、翟玄、范賢、干寶、侯果等漢易象數之學。既讀焦循易通釋、端木周易指、又發見清易體例之學、遂主融會漢象宋理、清例爲研易之準、三十三年至今、無或渝此心。辛亥暮春、發明先後天卦象交變原旨，夢格羲皇心傳易統語，詳故友徐君記中。又寢謁尼山，摸與麟書一卷，五色五五化生筆一語，詳門人姬生記中。自後讀易輒有心得，先後著錄成易學叢書三十六種。辛酉夏與康南海住茅山月餘，暢談孔易微言，每及窮理盡性以至于命。返滬與杭辛齋數論易學，特重象數。癸亥春尚賢堂李佳白請余講易學，從此到處講易，成演講錄八編。丙寅易學會成立，就余中一圖書館所儲歷代易學專著六百餘種，爲別闢易藏一室，以公同好。丙子冬中國國學會金松岑編衞星月刊，函索易著，因將舊作「原旨」删改爲「先後天卦象交變圖說」，以應分登一二兩期。庚辰夏，沈心老集老友數十人爲講易會，請余主講，初卽用「卦象交變」，後更編「孔易微言」及「易象因重篇」二書。秋又集融五講經社，迄今三閱寒暑，余分期編講「易學研究」，而「卦象交變」又複講三次。易學會誕自坤範女學，壬午夏而至愛國女學，蓋已三遷矣。近爲「第三講所」，研易諸君編「易經讀法入門」，以期速成。而多數同好復求複講「卦象交變」，並慫恿付梓，爰爲敘其緣起如此。癸未清明，梁溪中一子楊踐形識。

先後天卦象交變圖說目錄

先後天卦象交變圖說目錄 一

第二　引言

先後天卦象交變圖說

楊踐形述

第一　題解

（解一）先天　先天指定象八卦方位。說卦傳曰「天地定位。山澤通氣。雷風相薄。水火不相射。」邵康節曰「此伏羲八卦方位乾南坤北離東坎西兌居東南震居東北巽居西南艮居西北所謂先天之學也。」（參看圖一）杭辛齋（杭氏私淑端木國瑚實遜清易派之殿軍）易楔曰「邵子貫徹易理獨有會心」案蓋得力于「八卦相錯」句耳。然先天卦位實非始于宋也。（攷證辯論備詳踐形易學叢書）荀爽虞翻之徒固無論矣。即禮記祭義「祀天南郊、祀地北郊、朝日東門、夕月西門」儼然乾南坤北離東坎西之定象。漢學家謂「先王制禮推本于易。」足徵先天卦位傳自孔門舊矣。

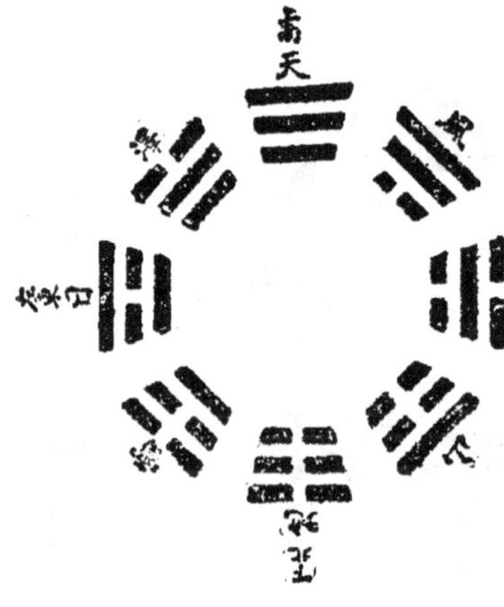

先後天卦象交變圖說

一

（解二）後天　後天指本象八卦方位。說卦傳曰「帝出乎震，齊乎巽，相見乎離，致役乎坤，說言乎兌，戰乎乾，勞乎坎，成言乎艮。」邵康節曰「此卦位乃文王所定，所謂後天之學也。」其位震東，兌西，離南，坎北，謂之四正。乾居西北，坤居西南，艮處東北，巽處東南，謂之四維。（參看圖二）案易緯通卦驗，候卦氣以四時八節分配本象八卦，所謂「變通配四時」也。踐形茲篇雖用邵氏羲文之誼，而一以漢易師說解答先天化後天之象。

（解三）卦象　卦謂卦位，僅指小成三畫八卦言，非大成六十四重卦，所謂先天圓圖方圖也。象謂圖象。聖人制器尚象，十翼詳引「蓋取」，易固象學也。漢（漢易存者京鄭荀虞）宋（宋易先進周邵程朱）明（明易代表來瞿塘派）清（清易中堅焦循端木）師承各異，要皆不離象學。惟晉易清談，始視象為筌

後天本象四時流行圖（二）

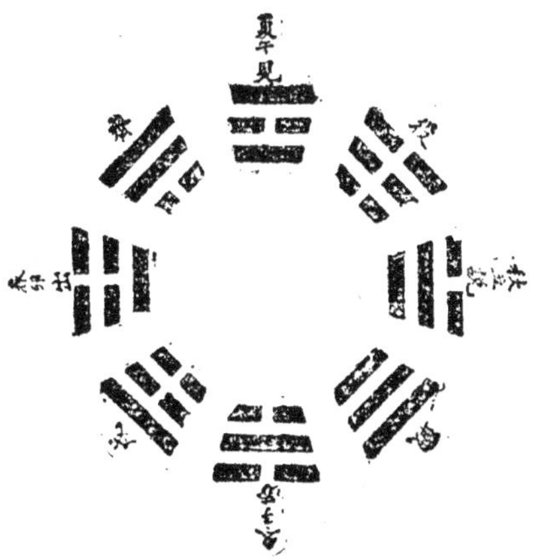

跡耳。（參觀王弼周易略例）案象有三即鄭康成所謂「易含三義」是已。先天定位不易之象也是謂定象之體後天流行變易之象也是謂本象之用而其造化之樞機尤在簡易之象是所謂懸象也繫傳曰「懸象著明莫大乎日月。」許愼說文亦引祕書「日月爲易」日月在先天東西相望所謂日月相推而明生焉此「日月貞明」之象「明」字以之。（參看圖三）及至後天子午同經所謂「日月運行一寒一暑」此「剛柔相易」之象「易」字以之。（參看圖四）所以坎離二用周流六虛而爲先後天交變之樞機也漢易家輒以月之晦朔弦望權釋定象足見易道流行象徵日月殆所謂「陰陽之義配日月」乎。

先天定象日月並明圖（三）

後天本象日月成易圖（四）

（解四）交變　交者交易也變者變化也交易指爻

先後天卦象交變圖說

四

象、言。變化、指、卦、象、言。指爻象言者，四正則一爻相易，四維則一爻獨存。指卦象言者，四正則陰陽互變，四維則陰陽相仍。一爻相易者，先天之乾坤各易中爻而爲後天之坎離，先天之坎離互易上下而爲後天之震兌。一爻獨存者，後天之父母分存上下于先天之子女，後天之姊弟各存中爻于先天之兄妹。參看圖五之兩端白而中黑者，爲陽變陰。其兩端黑而中白者，爲陰變陽也。此云交也。陰陽互變者，先天乾坎之陽變後天離兌之陰，先天坤離之陰變後天坎震之陽。參看圖六 陰陽相仍者，後天之父子仍先天之兄弟，後天之母女仍先天之姊妹。參看圖七 此云變也。易繫傳曰：「變通配四時。」謂先天之陰陽日月，變後天之春夏秋冬，故參伍以盡

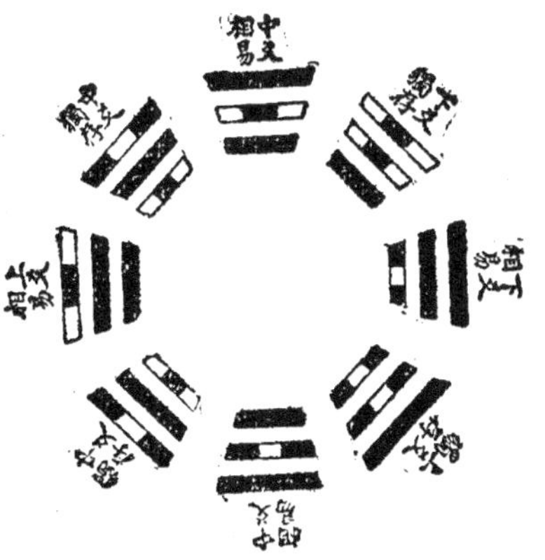

先後天陰陽交易圖（五）

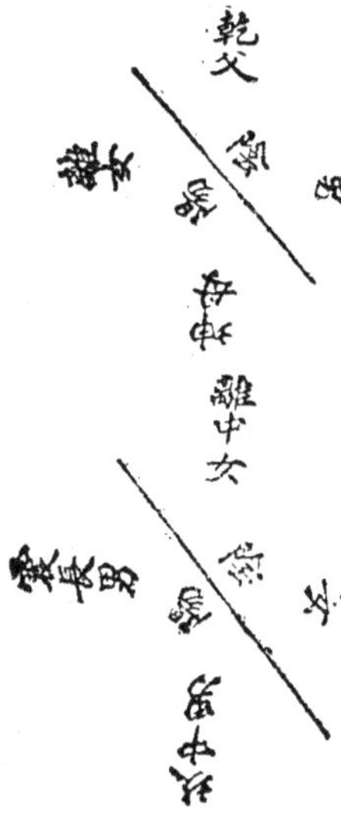

先後天陰陽互變圖（六）

先後天陰陽相仍圖（七）

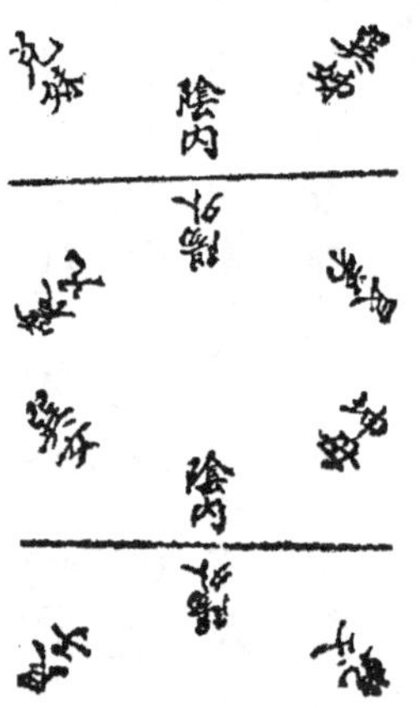

先後天卦象交變圖型（八）

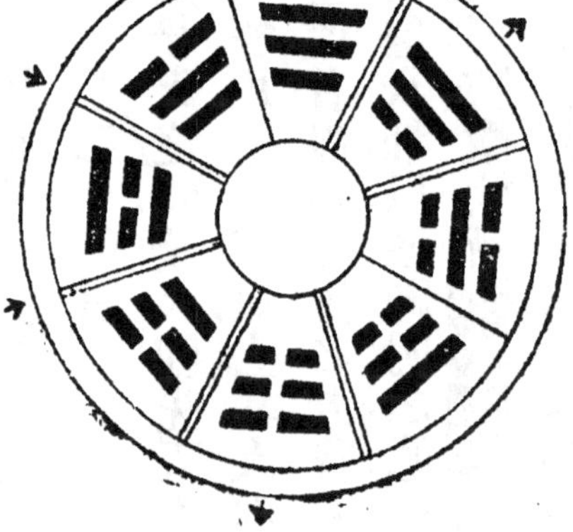

利也。

（解五）圖　圖謂交變圖。分之則成四式．一先天定象圖．二先長陽道圖．三後消陰勢圖．四後天本象圖。統之則體用一源．顯微無間．止此交變之圖耳．于何有四圖形．宛如車輪．外有輪緣．內分八軏．卽八卦方位是已。中心有一大圓形．切之此其表面也。其裏面．則依先後天卦象交變之理由及方法．製就機關。（參看圖八）應用之時．祇須按其當然之徑途．一轉移間．瞬息萬變．不啻供遊戲之幻術。雖在大庭廣衆．可使「天地交泰、日月運行」先天卦象．立變後天．一顯此奇妙不可思議之神通．不必如先儒之手術繁難．陰陽互換．上下抽調矣。以之證明從先天化後天

之象。最爲易簡。故易含三義。而易簡居首。惟此圖足以象之。新製銅質圖現存易學會

先天爲後天之體。後天卽先天之用。故後天之象。出于先天之圖。

第二　引言

（解六）體用　易有體。立其大本是也。易有用。行其達道是也。大本者。繼天立極之意。達道者。經國緯民之方。昔者伏羲之作易也。仰以觀于天文。俯以察于地理。于是始畫八卦。以通神明之德。以類萬物之情。故大本立焉。文王當紂之末世。應周之盛德。防微杜漸。指交變圖初變移巽而言蓋凜履霜堅冰之戒勿使女壯爲禍積小以成高大故曰微非一朝一夕之故曰漸 歸于无咎。指交變圖再變移坤而言據漢易孟虞等卦象坤爲咎 富有日新。指交變圖末變離日中天而言富有之謂大業日新之謂盛德暗含大有同人二象 功業見乎變。乾變後天之離乾爲功離爲見 故達道行矣。

（解七）後天出于先天　體爲具理之原。用爲流行之法。法原于理。故後天之象。出于先天之圖也。案先天卽後天之未發。後天卽先天之已現。有顯藏之誼。無先後之殊。若執先天是一象。後天又是一象。則天地造化。非一貫矣。孔穎達兼義曰：「天地不交。水火異處。則庶類無生成之用。品物無變化之理。故雖定位而合德。不相入而相資。」此聖人有以見天下之動。而觀其會通也。

其交變之法，蓋有多端，或以術數，或以理氣，或以爻象。似覺其遠，靜而思之，如有所得。

先天卦位合數圖（九）

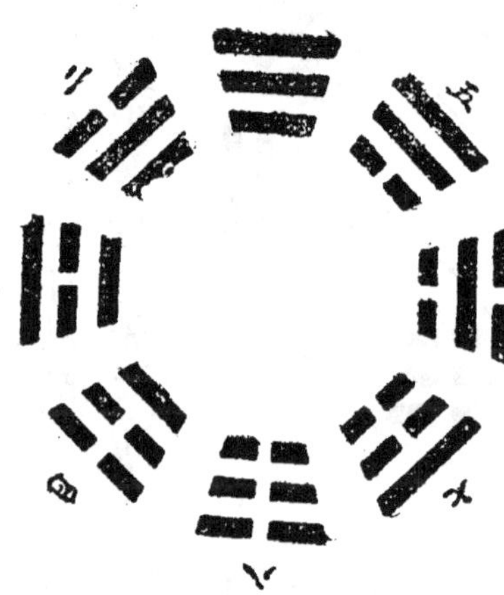

後天卦位合數圖（十）

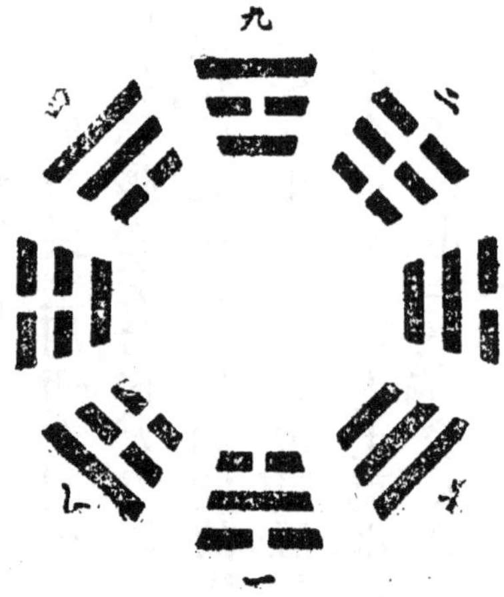

（解八）數　有以數言者。本于河圖洛書。天地定位，一與八錯也。山澤通氣，二與七錯也。雷風相薄，四與五錯也。水火不相射而相逮，三與六錯也。其合也皆九。參看圖九　及其變也，坎一坤二震三巽四乾六兌七艮八離九，其合也皆十。參看圖十　此交變之由合數也。

（解九）氣　有以氣言者．先天之五行分爲五層。土最重濁．故坤艮在下。金氣輕清．故乾兌居上。天地之中．植物最蕃．而介乎兩間．巽震是也。水性潤下．故近地。火勢炎上．故近天。此一定之象也。及變爲後天．本象則水行地底．日麗中天．亦潤下炎上之故。土氣最爲中和．故火金之交有坤土．水木之間有艮土。胡炳文曰「後天之所以變化者．實由先天而來。先天水火相逮．以次陰陽之交合。後天雷風動撓．以著五行之變化。惟其交合之妙如此．故變化之妙亦如此」朱子則謂「先天象具五行相克之序。卽火克金．金克木．木克土．土克水．水克火。而植物間之．亦微意也」（參看圖十一）後天象．朱子謂「具五行相生之序」徐氏亦云「震巽屬木．木生火．故離次之。離火生土．故坤次之。坤土生金．故乾兌次之。金生水．故坎次之。水非土不

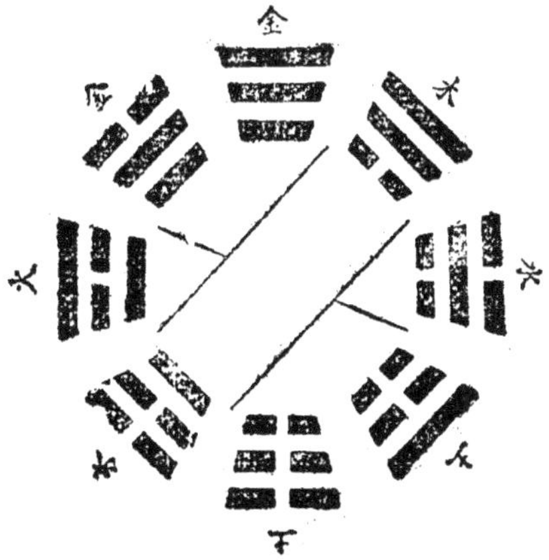

先天卦位五行相克圖（十一）

能以生木．故艮次之。水土又生木．木又生火。八卦之用．五行之生．循環無窮．此所以爲造化流行之序也。」（參看圖十二）生克皆氣也。

（解十）交　有以交言者．則上下相生．上下相法。所去者陽．則所生者陰。所去者陰．則所生者陽。陰陽互易．以相交變。陽卦則由施而受．陰卦則由受而施也。韓園學易圖說謂「四正之卦．對面交易．四隅之卦．左與左交．右與右交。四正之卦一爻

後天卦位五行相生圖（十二）

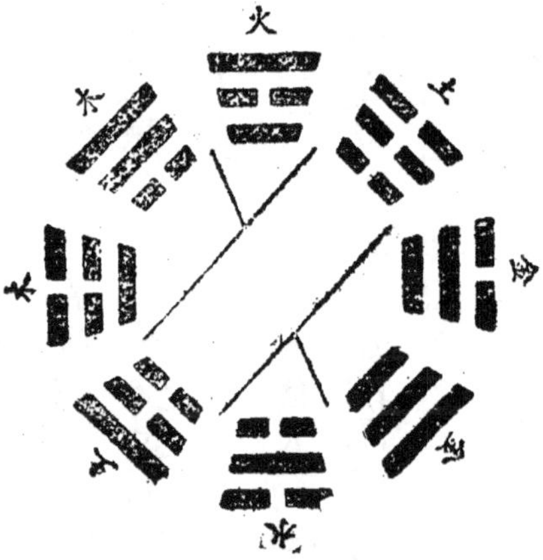

先天易交變後天圖（十三）

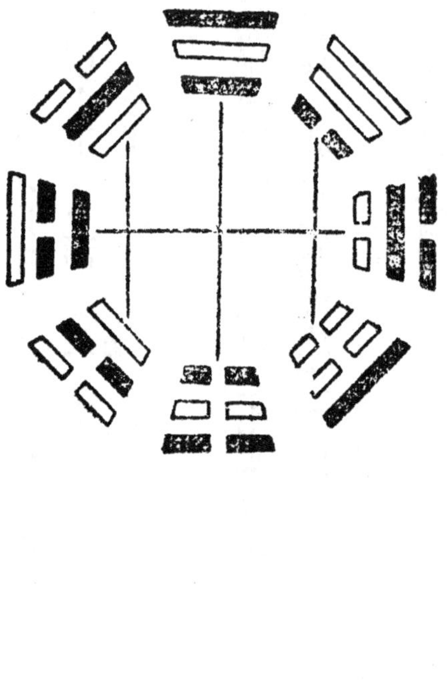

交易。四隅之卦。兩易交易。」故乾以中爻交坤而變離。坤以中爻交乾而變坎。離以上爻交坎而變震。坎以下爻交離而變兌。震以上下交兌而變艮。兌以上下交震而變巽。巽以上二爻交艮而變坤。艮以下二爻交巽而變乾。（參看圖十三）如是則先天變成後天矣。

（解十一）遠　自來言先後天交變之說者。紛然雜陳。雖能言其致變之由。或既變之位。而于爻變之方。無能明言所以者。煩雜扞格。均非自然易簡之理。故曰遠。

第三　理由

夫天地定位。上尊下卑。日月運行。東升西沈。此先天象也。故爲體。

（解十二）宇宙象　易曰「天尊地卑。乾坤定矣。」乾鑿度曰「乾坤相並俱生。天地既分。乾升坤降。」是太極既生兩儀。陽氣輕清者上升爲天。故曰尊。陰氣重濁者下凝爲地。（上下依地爲準。地心爲下。天空爲上。）故曰卑。易曰「日月運行。一寒一暑。」王夫之周易稗疏謂「指坎離。」蓋日月往來。寒暑相推。日東升。月西沈。懸象著明。莫大乎日月也。故天地定位。乾坤辨上下之分。日月運行。坎離列東西之門。吳澄曰「左方起震而次以離。鼓之以雷霆也。右方起巽而次以坎。潤之以風雨也。離爲日。坎爲月。艮山在西北嚴凝之方爲寒。兌澤在東南溽熱之方爲暑。左離次以兌者日之運行而爲暑也。右坎次以艮者月之運行而爲寒也。」韓園易圖云「雷出地以行天。風起天而行地。山根地而上峙。澤從天而下降。」故先天之象天在上地在下。則乾坤定矣。日東升月西沈。則坎離對望矣。兌巽二卦在圖之上半而屬天。則風雨自天也。艮震二卦在圖之下半而屬地。則山雷出地也。是爲易之常體。儼然一宇宙之現象也。

後天本象在齊家庭圖（十四）

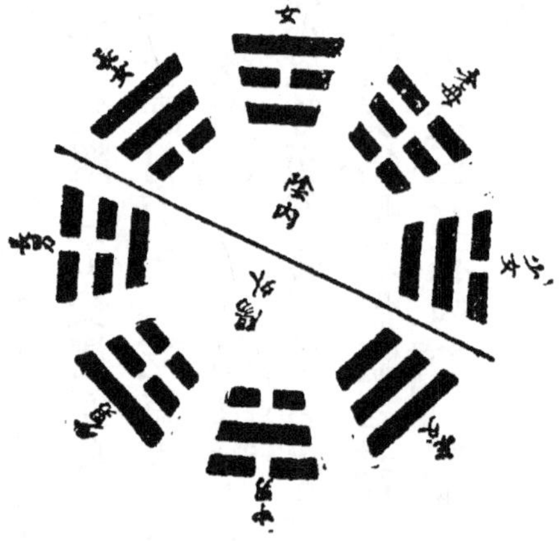

二

及天地既感。陽中有陰。陰中有陽。故坤以二五之乾而爲離。乾以二五之坤而爲坎。離本乾位。故聖人南面而聽天下。嚮明而治。坎本坤位。故君子鞠躬盡瘁。勞而勿怨。此後天之坎離。所以代先天之乾坤也。故爲用。

（解十三）家庭象　天地既感，則剛柔相摩，陰陽相交。專者直，闔者闢。陰含陽，陽凝陰。一往一來，而生萬物。乾來就坤而爲坎，坤往承乾而爲離，二五交遘，而萬象以興，萬物以生。荀爽謂「乾舍于離，配日而居；坤歸合坎，配月而居」。乾爲天，坤自下來，故南面而聽。（自此以下數解悉承漢易虞翻派師說，並參清易端木派筆法，故句中多專門術語，幸識者諒之）乾爲治，天子當陽，故嚮明而治；坤爲躬，乾道行健，故鞠躬盡瘁；坤爲順，心服上施，故勞而勿怨。況乾居西北，父道尊嚴；坤居西南，母儀養育；坎離用事，正夫婦之倫；震巽爲長，示倡隨之義；艮事父兄以盡孝弟；兌從父母，不越非禮。乾統三男在外，坤統三女在內（參看圖十四），紀綱斯正，齊治所基。此正易之妙用，儼然一家庭之現象也。

坎離二用，周流六虛。二用者，致中和之謂也；周流者，育萬物之謂也。故坎離在先天爲日月而衡，在後天爲水火而縱。故曰：變通者，趣時者也。

（解十四）坎離二用　坎離二用，爲明，爲易之日月，先天後天之樞機也。徐幾曰：「坎離，天地之大用也。得乾坤之中氣，故離火居南，坎水居北也。坎離用事，而父母退居西北西南之維，致仕歸養之義也。」六虛有二義，一六位，二六子。周流者，陰陽之氣流行于六子之位。則明生而寒暑成也。中也者。天下之大本也。體也。和也者。天下之達道也。用也。體立而用行。故曰致也。後天之序。爲出齊見役說戰勞成卽生散長養收制藏終。品物流行。故曰育也。日東月西。象之橫也。炎上潤下。形之縱也。變通者。配四時以盡利。時謂消息盈虛之機。項安世曰「後天之序。據太極既分之後。播五行于四時也。」

交變圖第一式（十五）先天定象

先後天卦象交變圖說

第四　說明

天下有風。月窟之始也。山附于地。剝爛之劇也。

(解十五)月窟　天指乾。風指巽。先天之象。乾巽相連。是天下有風。月窟成矣。邵康節曰「乾遇巽時爲月窟」。巽承乾下。以陰消陽之始也。紂嬖于妲己而戮商容比干。囚文王奴箕子。甚矣女壯之禍。故君子防微杜漸。必戒愼于始也。

(解十六)剝爛　山指艮。地指坤。先天之象。艮坤相連。是山附于地，剝爛成矣。參看圖十五 象傳曰「山附于地，剝。」以柔變剛，以陰滅陽，小人道長，靡爛邦國。紂惑于僉壬，億兆離心，三分去二，碩果僅存，猶未悔悟，卒致剝廬無國。詩有「匪風下泉」，又曰「愠于羣宵」，故君子戒之。

聖人囚于羑里，明于憂患與故，欲錯綜以濟天下之辜。

（解十七）囚濟　朱震曰「聖人設卦，本以觀象，自伏羲至于文王一也。」史記周本紀謂「西伯囚羑里，益易之八卦。」漢書司馬遷傳謂「西伯拘而演周易。」艮爲拘，坎爲憂患，先天之象坎艮坤三卦相連，艮之下有坤，身則爲囚，坤又爲故。及變後天，移承于離日之下，以望坎月則爲明，又在震雷之上，易曰「天下雷行。」震足望坎水而釋拘憂，故以濟天下之辜。易曰「因貳以濟民行，以明失得之報」是也。

（解十八）錯綜　錯卽旁通，謂左右交互之意。綜謂上下低昂之意。象既變，乃以先天之巽來居震位，是震巽旁通也。自上而下，降是低昂也。皆謂巽不可不來交震。爰先去月窟，以長陽道，巽越三卦而承于日之下，雷之上，非初也，姤而今也益乎。消姤也登光也初也渙而今也鼎乎。渙散也鼎新也在明明德而新民乎，以止于至善乎。詩曰「周雖舊邦，其命維新。」

（解十九）姤益　先天既變後天，乾不遇巽，不成月窟。巽陰既去，則乾統坎艮而對震，故以長陽道越踰也。謂巽卦右旋踰乾兌離三卦而處焉，三卦九爻陽之數也。以陰順陽而不淩犯謂之承，越三卦則當離日震雷之間。日照普天，震驚百里，陰

交變圖第二式（十六）　先長陽道

小歛迹，不善者遠矣。初謂先天卦位，今謂後天卦位。象傳曰「天下有風姤。」昔在先天，乾巽相連，柔道牽而遠民，故曰勿用取女，不可與長也。傳又曰「風雷益。」今變後天，巽震相連，則風雷迅烈，君子必變，損上益下，指巽自上降下其道大光，乾純爲道離熾故光此周室所以興也。

（解二十）渙鼎　象傳曰「風行水上渙。」昔在先天，巽坎相連，故紂喪其象，億兆離心，而文王渙其

躬與上相應雖因而無慍色。渙其羣三分有二以服事殷象傳曰「以木巽火烹飪也聖人亨以享上帝而大亨以養聖賢」今變後天離巽相連則二老來歸子將焉往。故君子以正位凝命而協于上下(鼎凝巽命乾純離熾)以承天休(皆指乾純也)上有澤火之革(謂兌離相連)去故下有火風之鼎取新重明麗正而中虛巽于理以化成天下。(參看圖十五十六)德基建矣而又望道如未見。

(解二十一)建　乾德建于上坤民親于下艮止于至善坤之舊邦顧此巽命而位遷維新。(並漢易卦象)

(解二十二)移風易俗　先天一變而長陽道爾時麗明尚未中天故乾道未見迨再變而消陰勢方見嫌坤陰蔽乃革坤舊染畀以改坤過之方坤不連艮則陰無勢。謂巽已正位坤從而就之巽先坤後抑陰之道始于微也故巽必先去而坤乃後移。巽爲風坤爲俗故曰移風易俗。

乃移坤以消陰勢。亦越三卦而承于澤之下日之上。非初也剝而今也萃乎。(剝喪也萃聚也)三分天下有其二以服事殷乎內文明而外柔順以蒙大難乎。

(解二十三)剝萃　先天再變而消陰勢。坤卦左旋。越震巽離三卦而處焉。坤避艮而移。猶巽避乾而移。故亦云承。亦順九陽之數。而就兌澤離日之間。類聚（謂陰陽各聚）羣分。（謂陰陽不雜）明嫌（指巽避乾坤避艮也）別微。（指巽先移坤後移也）昔在先天艮坤相連。道剝而民爛。今變後天兌坤相連。化成萃聚之象。近悅而遠順。雖除戎器以備不虞。利有攸往。順天命也。觀其所萃。而天地萬物之情可見矣。然而三分有二以服事殷者。聚以正也。此時離在坤下。明入地中。有明夷之象。當晦明而順則。故內文明而外柔順。以蒙大難也。（參看圖十七）聖功格矣。而又視民如傷。

(解二十四)明夷　離與坎望。聰明（坎耳爲聰離日爲明）如聖坤離成澤事功（坤爲事乾爲功）已至。（乾坤夾輔兌澤上下）爾時坤艮處兌金之下。故離視之如傷。亦謂明夷。明夷傷也。（參看圖十七）

交變圖第三式（十七）後消陰勢

于是乎離明中天。而雍雍穆穆。坎憂潛北。而業業兢兢。昔之衡者今之縱。昔之東者今之南。順天而時行，受茲介福。（指火地晉象）關雎之德化，汝漢是徵。（指風火家人象）此後天之象所由變歟。

（解二十五）晉夬　由第三式先天再變圖之離卦居東者，順旋而向南，卽是後天圖矣。蓋先天定象爲交變圖之第一式。移巽卦而居離震之間，爲交變圖之第二式。先長陽道，是謂「初變移風。」（巽爲風象）更遷坤卦而居澤離之間，爲交變圖之第三式。後消陰勢，是謂「再變易俗。」（處翻易義坤象爲俗）移風易俗，聖人潔靜神微之敎。故易爲聖人修身寡過之學，經國緯民之方（皆坤卦象）也。然後將交變圖旋轉，于是離明順運而處乾南之位爲中天。雍穆明德之盛也。坎憂自釋而退坤北之位以潛藏。兢業戒懼之貌也。先天陰陽並列而司卯酉之門。後天日月升沈而分晝夜之境。先天離貞于東，日月之位也。後天離旋于南，運行之象也。澤上于天，夬也。（後天之象兌乾相連）中正以剛決柔，左旋以順

交變圖第四式（十八）後天本象

天命、利往、與時偕行。明出地上晉、（謂後天象離坤相連）順而麗乎大明、介爾景福、衆志允之。巽隨離升、與坤並列。（參看圖十八）所以著交變之端、由于此耳。

（解二十六）家人　後天象左旋順運、風火相連。象傳曰、「風自火出家人。」彖傳曰、「家人女正位乎內、男正位乎外、男女正、天地之大義也。」又曰、「夫夫婦婦而家道正、正家而天下定矣。」關雎麟趾鵲巢騶虞諸詩、足徵周之德化廣被遠矣。故人而不學周南召南、其猶正牆面而立也。

（解二十七）翼傳　易爲全世界一切學術之淵源、又爲五千年前最古之信書。雖因卜筮而獨免秦厄、然非卜筮之書也。殷人尚鬼、權假而用之耳。易象創始遂皇、易道垂自太昊、易理備于文王之演、易學傳自孔門之教。孔曰吾從周、是孔易則周易也。故特傳文王後天之圖。然文王演易、推本羲象、故十翼不廢伏羲先天之旨。攷先天羲象、哲學宇宙觀也。後天文圖、哲學人生觀也。苟無宇宙、何有人生。故孔子雖重倫理、而翼傳並著其象也。彼農易連山、軒易歸藏、雖各爲夏殷所用、而孔門不傳、終見佚耳。

第五　方法

其理既備乎前．其法復識于後。欲便記憶．更著捷訣．益見交變之易簡耳。

（訣一）離明貞乎正東。

（解二十八）定象　謂先天定象原圖不動。卽交、變、圖、第、一、式、也。

（訣二）巽風吹入震宮。

（解二十九）移風　謂先天巽象與震對錯。今抽巽而塡離肩之下．震宮之上。遂旁離而擠各卦右移．以補其空。卽在後天離卦之右也。見交、變、圖、第、二、式。

（訣三）坤土塞塡兌澤。

（解三十）易俗　謂第二式坤與兌對。再抽坤而塡離肩之上．兌卦之下。遂旁離而擠各卦左撞．以補其空。卽在後天離卦之左也。見交、變、圖、第、三、式。

（訣四）明光旋向天中。

（解三十一）本象　謂第三式離坎對錯．仍如先天之舊象。今將此式左旋順運．使離明由東而南．處當乾位．立刻成後天本象。卽交、變、圖、第、四、式、也。

易學源流考

易學源流考

楊踐形述

童君楊君蘇君等要余敘易學源流，余因述此考，上溯伏羲，下迄三國。其自晉以後，別詳中一楊氏易藏書目提要。

全世界第一部最古之哲學，尙能完存原作，歷經闡發，傳習流播于本國之土地民族至今不絕者，非易經一書乎。宓犧之王天下，仰觀俯察，遠相近取，因遂皇河圖，而作八卦，以通神明之德，類萬物之情，彌綸宇宙之道，示現象變化之法，軌大明天人感應之理，垂敎後世，以消息因重成六十四卦，造六岺以迎陰陽。其序首乾次坤。鄭玄易論「伏羲作十言之敎，乾坤震巽坎離艮兌消息。」消息爲歷來說易之要鍵，說明別詳踐形「周易消息大義。」

神農更其序，首重艮，如雲出岫，連緜不絕，號連山氏，列厲一聲之轉。夏人因而繫之辭曰連山，卽春官大卜所掌三易之一。夏建寅，正人統，卦位艮當寅維。桓譚新論「連山八萬言」，則後漢書尙存，漢志隋志無錄。唐志十卷，隋劉炫僞造。司馬膺注。北魏酈道元水經注引連山。梁元帝有連山三十卷。皆在僞書前。干寶稱成言乎艮章爲連山易。薛貞以乾始于子。坤始于午。艮震巽離坤兑乾坎爲序。朱元昇三易備考「連山二篇自復至乾爲陽儀。自姤至坤爲陰儀。其策萬有一千五百二十。繫辭二篇之末。舉連山言。」「乾長卽坤消。乾分卽坤翕。卦皆兩兩相對。」

黄帝又更其序。首重坤。萬物莫不歸藏于中。號歸藏氏。商人因而繫之辭。是謂歸藏。亦三易之一。商建丑正地。統坤爲地。夏殷皆有彖而無爻。仍六爻也。

禮運「孔子曰吾得坤乾焉」鄭注「殷陰陽之書存者有歸藏」漢志無。晉中經阮七錄有。隋志十三卷。晉薛貞注。宋中興書目有初經齊母本蓍三篇。郭璞山海經注有啓筮。楊愼云「連山藏于蘭臺。歸藏藏于大卜。見桓譚新論」則後漢未亡。今並宋之三篇亦亡。經義考搜輯甚詳。按坤以藏之章爲歸藏易。干寶朱震李過黄宗炎朱彝尊于卦異名並有闡發。三易備考「歸藏二篇自甲子至癸巳爲先甲。甲午至癸亥爲後甲。其策萬有八百。」「首坤終剝。」徐善四易「此歸藏十二辟卦所謂商易。」

當殷之末世周之盛德文王與紂之事囚于羑里內文明而外柔順以蒙大難其有憂患乎。乃循六峇增以六爻而用九六之變演三百八十四爻之數子不可以先父陰不可以先陽始復羲皇之序而繫之辭是謂周易謂易道周普無所不備也周建子正天統乾爲天。

漢志「重易六爻作上下篇」指文王所繫二篇之卦辭爻辭爲經。馬融陸績據箕子之明夷升之王用享于岐山左傳韓宣子適魯見易象云「吾乃知周公之德」而定爻辭周公作。然班固云「人更三聖世歷三古」孟康曰「宓羲爲上古文王爲中古孔子爲下古」則不及周公。

孔子晚而好易曰「假我數年卒以學易可無大過。」讀之韋篇三絕鐵擿三折漆書三滅研易之勤如此故有十翼之作彖傳上下象傳上下繫辭傳上下文言傳說卦傳序卦傳雜卦傳。

漢志「十二篇」顏師古曰「上下經十翼」此古初本。費直始以彖象文言附入卦中、鄭玄注合經文加彖曰象曰、王弼分爻之象各附當爻成今本。宋王洙古本上下經、祇爻辭、外分卦辭一、彖辭二、大象三、小象四、文言五、繫辭上下六七、說卦八、序卦九、雜卦十。呂大防神宗末刻古經于成都、並列卦爻分上下彖象上下、繫辭上下、文言、說卦、序卦、雜卦凡十二篇。晁說之徽宗初并爲古周易八篇、卦爻一、彖二、象三、文言四、繫辭五、說卦六、序卦七、雜卦八。吳仁傑古周易上下經、後彖傳一、象傳二、以卦名及初上九六二用之文歸之繫辭傳上下三四、今繫辭上下爲說卦上中、合原說卦爲下、六七八、序卦九、雜卦十、同馮椅厚齋易學。呂祖謙因晁本定著十二篇、同汲公、惟十翼並加傳字、朱子本義用其本。史記漢注皆不及雜卦、孔疏「雜卦者于序卦之外別言。」康有爲謂「史記中「序彖繫象說卦文言」八字爲劉歆加入」、崔適史記探原且云「孔子不應自讚所作」、疑古殆成風習。隋志「秦焚書、易失說卦三篇」、論衡正說「宣帝時、河內女子得逸易一篇」、卽此。

清姚振宗漢志拾補「易經二篇、汲冢古文。」晉束晳竹書敍「易經二篇、與周易上下經同。」杜預左傳集解序「汲冢周易上下篇與今正同而無彖象文言繫辭于時仲尼造之于魯尚未播之遠國也。」

孔子傳易于魯商瞿子木少孔子二十九歲而乾坤鑿度有「仲尼偶筮其命得旅請益于商瞿」語辨終備有「瞿年四十使向齊國慮絕無子夫子與瞿母筮告曰後有五丈夫子」並答賜回語再傳楚馯臂子弓史記仲尼弟子傳作弘亦子夏之門人應劭云故李鼎祚集解序「卜商入室親授微言」正謂合之子夏子木二人子夏傳王儉七志引劉向七略「易傳子夏韓嬰」荀勗中經簿「四卷或云丁寬作」張璠云「或馯臂子弓作薛虞記」梁阮孝緒七錄「六卷」隋經籍志「二卷殘闕」唐藝文志同陸德明釋文敍錄「三卷」

子夏傳輯本張澍敍「孔子讀易至損益卦喟然而歎子夏避席而問知卜子夏好精義不讓商子木省循立意實孟京之嚆矢亦馬王之濫觴」張惠言敍「韓嬰出于子夏與商瞿之傳異」馬國翰敍「此書自馯臂傳至丁寬韓嬰得而修之載入已書如毛萇說詩首列子夏小序」唐初重此書一行易纂孔疏陸釋皆

引之。李鼎祚集古易三十餘家僅存數節。原書亡張弧輩依王弼本僞造宋中興書目十卷清四庫總目多至十一卷。惠棟謂以釋文集解校之無一字相合所稱僞子夏傳指此。唐劉知幾司馬貞已知唐本之僞宋崇文總目晁說之傳易堂記陳振孫書錄解題又知宋本之僞。房審權乃取後贋本明胡應麟四部正譌清朱彝尊經義考皆知今本之僞而又僞不但非子夏書且非張弧書矣。釋文豐卦沬字下、引服虔云隔行引薛云胡一桂啓蒙翼傳誤合爲「虔薛周易音註」經義考沿誤列虔薛一家實卽薛虞記似乎子夏之義疏。

及公孫叚有易論二篇。

竹書敍「公孫叚二篇公孫叚與邵陟論易。」洪亮吉傳經表「易一傳孔子二傳商瞿三傳公孫叚」經義考師承篇「儒分爲八其一公孫氏傳易者羣輔錄有明徵。」

馯傳江東橋庇子庸史記作疵漢儒林傳作魯橋庇子庸授江東馯臂子弓陸德明經典釋文同四傳燕周醜子家史記作豎五傳東武孫虞子乘史記作淳于人光子

乘羽。六傳田何子莊。漢傳作裝。漢興以齊田徙杜陵。號杜田生。年老家貧。守道不仕。惠帝親幸其廬以受業。始傳十二篇。漢以來言易者皆本田何。傳東武王同子中、洛陽周王孫、梁項生、丁寬子襄、齊服光、皆著易傳數篇。

漢志拾補「易經十二篇田氏。」經義考引晁說之云「漢易家著書自王同始。」漢志「易傳王氏二篇、易傳周氏二篇、易傳丁氏八篇、易傳服氏二篇。」

王授淄川楊何叔元。著易傳。漢初立博士。旋廢。齊卽墨成、廣川孟但、魯周霸、莒衡胡、臨淄主父偃、皆以易貴。周授衞蔡公。著易傳。

漢志「易傳楊氏二篇、易傳蔡公二篇。」蔡公著易傳。失名。案虞翻諫卦引彭城蔡景君說、朱震漢上易叢說推廣其卦變之誼、玉函山房輯佚書爲蔡氏易說。

丁初從項生。材過之。升事田。學成東歸。田曰、易以東矣。至洛。復從周授古義。號周氏傳。景帝時爲梁孝王將軍。作易說三萬言。訓故舉大誼而已。稱小章句。授同郡碭人田王孫。漢紀作槐里。再傳沛施讎長卿、東海孟喜長卿、瑯邪梁丘賀長翁、各有章句。宣帝時皆立學官。晉懷帝永嘉之亂、三家並亡。

漢志「易經十二篇．施孟梁三家。」蔡邕書石經．易用丘三家本．無妄等皆作無．不同費直古文。旅巽得喪其齊斧作齊不作資。繫上以此先心不作洗文言嘉會作嘉德。

楊何授易大中大夫京房太史司馬談。梁丘先從京．後更事田．以筮有應近幸．傳子臨．精熟京房法。再傳五鹿充宗君孟．有略說三篇。瑯邪王駿．通五輕王吉之子。三傳平陵士孫張仲方博士．沛鄧彭祖長夏齊衡咸長賓爲莽講學．馮商又事劉向．有士孫鄧衡之學。後漢代范升博士．授京兆楊政子行。穎川張興君上有徒萬人．傳子魴。梁丘書亡無徵。大戴保傅賈誼新書劉向說苑方朔化民有道對引「易曰正其本萬物理失之毫釐差以千里」太史公范升傳引易二句作事可見楊梁之淵源。宣元六王傳王駿引易王莽傳引易皆梁丘易誼。

施幼事田田爲博士．復從卒業。謙讓稱學廢不教授。及梁丘爲少府．事多．遣子臨．分門人張禹等從學。匿不見强之方授。薦其結髮事師數十年賀不能及詔拜博士．授張禹子文．瑯邪魯伯。魯授太山毛莫如少路．瑯邪邴丹曼容。張爲成帝師至丞相安昌侯。授淮陽彭宣子佩、沛戴崇子平、皆著易傳、有張彭之學。崇授賓。再傳劉昆桓公。授明帝及子軼。

施說無徵。僅許愼五經異義、陵氏釋文、朱震漢上易傳引同說文。略見一句而已。彭宣傳說鼎卦。彭學卽施誼。張惠言易義別錄「施氏之後、有彭宣戴崇作易傳。景鸞作易說。」范儒林傳「景鸞字漢伯、廣漢梓潼人。能理施氏易、作易說。」

后蒼禮疏廣春秋皆出孟卿。卿以禮經多、春秋煩雜、使子喜從田受易。喜自稱譽、獨得易家候陰陽災變書。授同郡白光少子、沛翟牧子況。皆博士。有翟白之學。蜀趙賓說易陰陽氣亡箕子。箕子、萬物方荄茲也。持論巧慧。易家不能難。皆曰非古法。云受孟喜。喜爲名之。賓死、莫能持其說。又不肯仞。南陽洼丹子玉、世傳易。莽時避世敎授。光武初爲博士。作易通論七篇。號洼君通。學義研深。易家宗爲大儒。中山觟陽鴻孟孫、以敎授名。縣竹任安定祖、兼通數經。時稱「居今行古。」徒自遠至。辟除博士。公車徵、皆不就。傳沛杜徵國輔。

通志「漢曲臺長孟喜章句、隋八卷。殘闕。梁十卷。」釋文敍錄「十卷。無上經。」

七錄云「下經無旅至節無上繫。」唐志十卷。今佚。惟釋文正義集解引孟說。唐大衍曆議「十二月卦出孟氏章句，其說易本于卦氣，而後以人事明之。」引孟氏說四正卦義。六十四卦用事配七十二候圖。許序說文「易用孟氏」五經異義引孟京說。虞翻自言「世傳孟氏學。」可見孟說一班。孟學所重卦候消息。惠棟易漢學發明之。近沈瓞民有周易孟氏學。

後漢世孟氏學。會稽虞光傳子成。孫鳳。曾孫歆。玄孫翻仲翔。號虞氏易。翻注。隋唐志「九卷。」釋文「十卷。」今佚。集解所採獨多。說以陰陽消息六爻發揮旁通升降上下。歸于乾元用九而天下治。依物取類。貫穿比附。後儒罕能通其條理。清元和惠棟考孟京荀鄭虞氏作易漢學。張惠言求其條貫。明其統例。釋其疑滯。信其亡闕。爲虞氏義九卷。表其大指爲消息二卷。

弘農董遇季直有易章句十卷。七志七錄隋唐志同。釋文「十二卷。」易義別錄「集解不引。則書亡唐初。在王肅前。故無與肅合者。」正義引二節。釋文引二十餘節。

吳興姚信元直，七錄「易經十二卷」，隋唐志「十卷」，釋文同，「字德祐」，吳志陸績傳注引「姚信集有表請賜績女鬱生以義姑之號」，易義別錄「其言乾坤致用，卦變旁通，九六上下，與虞應。」

又汝陽袁良傳子安，邵公傳京仲譽，敞叔平傳彭伯定，湯仲河傳閔夏甫，爲袁氏家學。

論衡案書「袁太伯之易章句，雖劉子政楊子雲不能過也。」袁京易傳雜記三十萬言。清顧懷三補後漢藝文志有袁渙子準孝尼論經世之術，著易傳。

梁焦贛延壽嘗從孟問易，傳東郡頓丘京房，本姓李，吹律自定京以爲焦卽孟學，翟白皆不肯，曰非也。京易章句十二卷，說長于災異，授東海段嘉，漢傳作殷，及河東姚平，河南乘弘，皆爲郎博士。汝南戴馮次仲，范書作憑，年十六舉明經，徵試博士。大會獨立，光武問，對曰博士說經皆不如臣，而坐居臣上，是以不得就席。召上殿與諸儒難說，稱「解經不窮戴侍中。」以言諷解徐遵禁錮，南陽魏滿叔牙亦傳京易，濟陰孫期仲奇，兼治古文尚書，范作仲彧，牧豕養母，遠來學者皆執經壟畔以追之，里化其仁。黃巾賊至戒不犯孫先生舍。又有安邱郎宗仲綏傳顗稚光。

荀悅漢紀「獨得隱士之說託之孟氏。」成帝時劉向校易說「諸家皆祖田楊丁大誼略同惟京氏爲異不與孟氏同。」漢志有「孟氏京房十一篇災異孟氏京房六十六篇京氏段嘉十一篇」阮七錄「京房章句十卷錄一卷」隋唐志並「十一卷」釋文敍錄「十二卷」今佚正義釋文集解引之呂晁亦引之可與三家費氏互考同異。隋志五行家有京易占候十種唐志存其五見史傳有遺文者如飛候易占易妖易數風雨占候今存者京氏易傳三卷積算雜占條例一卷。易家世應飛伏六位十甲五星四氣六親九族福德刑殺皆出京氏漢唐來引京氏言災異皆舉易傳。獨釋文集解所引皆章句大異易傳。陸績治京易而說純粹不類干寶可見章句正矣。六日七分卦候消息風雨寒溫此孟氏所傳。一行所議京氏法四時卦用事上減九卿卦之七十三分不同孟氏。八卦配十干虞翻所本焦循謂「納甲法始見京房易傳。」易漢學發明積算甚詳近徐昂治京氏易。又有崖援唐檀杜喬劉寬何林徐穉第五元先樊英傳卻巡潁川陳寔揚秉傳賜。

南陽樊英季齊安帝初博士著易章句世名樊氏學。

江西張遐侍徐穉過陳蕃穉指之曰此張遐也通易理所著有太極說，

陸績虞翻並傳京學。

吳陸績公紀並見范書陳志豫知亡日自稱「有漢志士」七志「錄一卷」隋志「易注十五卷」唐舊經籍志新藝文志「十三卷」釋文同今佚明姚士粦采釋文集解及京易傳注輯爲一卷易義別錄「公紀所述凡納甲六親九族四氣刑德生克未嘗一言及之至言六爻發揮旁通卦爻之變有與孟氏相出入者京氏自言卽孟氏學。」「少年與仲翔友觀其書亦幾與荀虞頡頏。」隋志「梁有周易日月變例六卷虞翻陸績撰亡。」虞翻有京房易律曆注一卷周易集林律曆一卷並見隋志。

七錄有「伏萬壽周易集林一卷。」隋志「十二卷系京房」姚振宗後漢藝文志「大抵集焦贛費直京房諸家林占之說。」

涿崔篆易林六十四篇或曰卦林或曰象林崔駰之祖孔僖傳「駰以家林筮之。

」唐志「張滿易林七卷。許峻易林一卷。」七錄十卷。隋志五行家作易新林。又有易訣七錄作易要訣三卷。隋一卷。易災條。隋二卷。易雜占七錄七卷。

燕韓嬰文帝博士。亦以易授人。推易意而爲之傳。燕趙間好詩。故其易微。韓氏自傳之孫商爲博士。孝宣時涿郡韓生其後也。以易徵。曰所受易卽先太傳所傳。蓋寬饒孟喜徒。見韓生更從受易。

漢志「韓氏二篇。」七志引七略「易傳子夏韓氏嬰也。」韓本子夏之易而暢明之。韓詩外傳說易有六則。漢書蓋傳有引韓氏易傳語。

淮南王劉安聘明易者九人。號九師法。著道訓十二篇。衡山王子孝客江都。救赫有易注。別有白子支傳平陵朱雲游。再傳九江嚴望。嚴元仲能長安惠莊。有李生傳賈復。有鍾徐宣傳憲。再傳防。有鄧宏傳甫德。有閬中譙元傳瑛。

漢志「易傳古五子十八篇。」劉向別錄「所校讎中易傳古五子書。除復重。定著十八篇。分六十四卦。著之日辰。自甲子至壬子。凡五子。」漢律曆志引之。孟康如淳註甚詳。

漢志「易傳淮南道訓十二篇」別錄「所校讎中易傳淮南九師道訓，除復重，定著十二篇，淮南聘善爲易者九人，從之采獲，故中書署曰淮南九師書。」高誘淮南序「與蘇飛李尙左吳田由雷被毛被伍被晉昌等八人，及諸儒小山大山之徒共著此書。」文選兩引其「飛遯」之注。陳振孫書錄解題誤以荀爽九家當之。

史記衡山王傳「孝客江都救赫，」索隱引「劉向別錄易傳有救氏註。」東萊費直長翁傳易，瑯邪王璜平仲，無章句，以彖象繫辭文言解說上下經，號古文學。

劉向以中古文易經校三家經，或脫去無咎悔亡，唯費氏經與古文同。七錄隋唐志釋文皆「章句四卷」違本傳，或爲費學者附益，今佚。焦氏易林卷首載費直說一節，禮記正義引易林一節，不見焦林，卽隋志「費直易林二卷」注「梁五卷」「易內神筮二卷」梁有「易筮筮占林五卷，」唐志又「費直逆刺占災異十二卷」晉天文志唐開元占經皆引費直周易分野，十二次起至度數。

後漢京兆陳元長孫、兼左氏春秋。扶風馬融季長、爲易傳、又注書毛詩禮記論語。河南鄭衆仲師、兼傳毛詩周禮左氏。馬傳北海鄭玄康成、注易書三禮論語孝經書大傳五緯中候、箋毛詩、作詩譜。潁川荀爽慈明、爲易傳、並費學。

史徵口訣義觀兌大象震九四、皆引鄭衆說。左傳序疏「鄭衆賈逵虞翻陸績以爻辭周公作。」

馬融傳「治費氏學、與陳元鄭衆並名于代。」漢紀「融著易解、頗生異說。」七錄「傳九卷。」隋志「注一卷亡。」唐志釋文「章句十卷。」今佚、兼義集解引之。其誼以乾坤十二爻論消息人道政治。議卦爻。

鄭玄先事京兆第五元、通京氏易公羊。從東郡張恭祖受周官禮記左傳韓詩古文尚書、以山東無足問者、乃西入關、因涿郡盧植事馬融、三年不見。會集諸生考論因質諸疑義、辭歸。融語門人「鄭生今去、吾道東矣。」馬鄭間必有相契于微者。孔疏「鄭玄作易贊及易論。」鄭易注錄「一卷、」七錄「十二卷、」隋志「九卷、」釋文「十卷、」今佚。據魏志高貴鄉公傳、鄭本彖象實不連經。集解主引荀虞、鄭說同者不復引。引鄭者多彖注、彖言乎象、據本象說卦德。孔賈疏惟徵禮象、多本爻辰。後世遂以鄭爲言卦德爻辰禮象至變通消息之誼則莫知之。姚配中始由荀虞以通鄭誼、曹元弼有鄭注箋釋。

鄭玄弟子孫炎叔然有周易例、程秉德樞有周易摘。

荀悅稱叔父爽著易傳、據爻象承應陰陽變化以說經、兗豫之言易者、咸傳荀學。七錄隋志「十一卷」唐志釋文「十卷」今佚。鄒湛譏其訓箕子爲荄滋、正兼取孟學、趙賓說故虞翻稱「荀謂號爲知易」「馬融有俊才、解釋復不及之」荀傳見于集解、乾升于坤、坤降于乾、乾起坎而終離、坤起離而終坎。其言消息變通往來上下、異于虞者、虞以「乾息則吉、坤息則凶」荀則「息者陽之生、消者陰之用、坤之消乾、正所以成乾。」荀以震巽合爲元亨、注用世伏歸魂、又兼京學。

山陽劉表景升、南陽宋衷仲子、一字仲子。宋傳梓潼李仁德賢、傳子譔欽仲、釋文作仲欽、有易注、著蜀志。

劉注中經簿錄「十卷」七錄「九卷、錄一卷」隋唐釋文「五卷」今佚。疏集解呂晁並引之。易義別錄。其「義于鄭爲近。」史稱「起立學校。博求儒術。綦毋闓宋忠等撰五經章句。謂之後定。」宋注七志七錄「十卷。」隋唐志同。釋文「九卷。」集解引之。虞翻表「鄭玄宋忠雖各立注。忠小差玄。」言升降卦氣動靜近荀注革五「九者變爻。」費易無變動。姚配中發明七變爲九。非陽變陰。廣漢馮顥叔宰。順桓間有政績。梁冀不善。隱居作易章句。

魏東海王朗景興。師楊賜。作易傳。傳子肅子雍。易注十卷。又山陽王弼易注六卷。易義別錄「肅著書務排鄭氏。託于賈馬以抑鄭。馬鄭不同則從鄭。馬鄭同並背馬。然訓詁大義出馬鄭者十之七。其出于馬鄭者。朗之學。掊擊馬鄭者。肅之學。」初劉表以女妻王粲。族兄凱生業。曹丕誅粲。以業嗣。生弼宏。弼附魏志鍾會傳。少爲裴徽傅嘏所知。何晏薦之。而曹爽用王黎。弼初與黎荀融善。後因不終。正始十年秋疫卒。年二十四。注易上下經六卷。乘讖緯之弊。排斥漢象數。專談義理。別有易略例一卷。唐志合易注稱七卷。新唐志「周易大衍論三卷。」舊志作「大演論一卷。」通志有「周易窮微論一卷。」宋史志有「易辯一卷。」陳書錄解題意爲一書。非宋志有「宋咸劉牧王弼易辯二卷」蓋劉牧辯王弼之辯宋咸又從而辯之。

潁川荀彧三兄衍休若子紹孫融伯雅與王弼鍾會俱知名著易義文又難王弼大衍義四兄諶子閎從孫惲景文隋唐志「周易注十卷」

沛劉邠令元本名炎依繫辭諸篇之理爲易注八年用思不得其要。與何晏論易及老莊之道。

南陽何晏平叔進之孫養曹操宮。裴徽與論易「常覺其辭妙于理不能折之。」管輅曰「其説易生義美而多僞。」伏曼容云「晏疑易中九事以吾觀之晏了不學也。」張緒言其「所不解易中七事諸卦中所有時義是其一。」王應麟謂「晏以老莊談易係小子觀朵頤所不解者豈止七事。」有周易説册府元龜「周易私記二十卷講疏十三卷」乃何妥之譌隋志沿誤。

陳留阮瑀元瑜附魏志王粲傳子籍嗣宗晉傳「魏晉之際天下多故名士少有全者遂酣飲爲常不與世事。」宋史藝文志「通易論一卷」凡五篇。

成候易潁川鍾繇元常有周易訓傳子會士季利漕郭恩義博平原管輅公明

平原管輅公明宋志中興書目並「易傳一卷」唐志「周易林四卷」隋志「周易通靈決二卷通靈要決一卷」魏志裴松之注引輅別傳「與鮑子春論易與王基何晏鍾毓劉邠論難易義」

隋志有鍾會「周易盡神論一卷梁有易無互體論三卷亡」唐志總「四卷」荀顗有難易無互體論譙國嵇康叔夜有周易言不盡意論一篇

沛高相與費同時亦無章句專說陰陽災異自言出丁將軍傳子康蘭陵毋將永爲高氏學

漢武帝立易楊氏博士宣帝復立施孟梁丘易元帝又立京氏易費高二家民間傳之後漢費與高微晉懷帝永嘉之亂施梁丘並亡孟京費易人無傳者東晉易置王弼太常荀崧奏請立鄭易博士值王敦亂不果

著作者　楊踐形
校印者　童粹衷
出版者　易學會
流通處　孔聖學會
融五講經社
五教書局
印刷者　字林印刷公司

著者楊踐形贈送

癸未八月初版　定價拾元
百元

雪墨

手墨

王清穆

沈序

近人鑽擘墨學者夥矣哉顧敘道墨之不甚異于孔孟者蓋尠好爲異說者以墨學略肖佛學甚至謂墨翟印度人望文生義附會于赤道人之膚色不知史記孟子荀卿列傳固明云「蓋墨翟宋之大夫」則墨子固齊之蓋人也齊魯位泰山南北魯孔齊墨宜有不甚相異之處評墨子者遜清畢氏沅一敍詳析而平允已少少見墨子眞相矣自孫氏詒讓墨子閒詁出讀墨者始大便利有功于墨子良鉅雪墨之作、無錫楊中一氏踐形之特識也何雪乎孟子痛詆墨氏兼愛爲無父以墨學末流之愛無差等致墨氏含寃二千餘年而莫白非孟子所及料也有雪之者準諸孟子「仲尼不爲已甚」語謂兼愛卽無父毋乃已甚乎亦與孟子之本指未爲剌謬也墨子公孟篇儕「孔子當而不可易」公孟篇雖非出墨子手要亦其徒之述其師說較諸非儒篇之爲末流僞托者誠不可同年而語矣夫孔子豈囿于儒而已乎儒居班志九流之一耳有小人儒者孔子早戒弟子以毋爲孔子則手訂六藝肩列聖相傳。之。道。統。時。中。一。誼。垂。之。千。萬。禩。而。不。礲。而。無。纖。毫。之。流。弊。豈。囿。于。儒。而。已。乎。世以戴記儒行篇孔子多尊儒語。遂謂孔子爲儒教祖。小孔子者也。墨子知孔子當而不可。易。卽。引。墨。子。爲。孔。子。徒。亦。奚。不。可。且墨與孟同稱堯舜禹湯文武之道。同斥桀紂幽厲之行。同以仁義之說。斷撥亂世而反之正。同尊巍巍蕩蕩不可獲罪之天。孟云順天者存。逆天者亡。墨云順天之意。得天之賞。反天之意。得天之罰。就其犖犖大者觀。之。孔。孟。墨。捄。世。之。苦。心。殆。無。乎。而。不。同。則。雪。墨。之。作。匪。特。孔。子。無。類。之。教。當。爲。之。莞。爾。卽。孟。子。不。得。已。之。好。辯。或。亦。可。無。辯。矣。乎。

中華民國三十二年十月耄翁沈恩孚

錢序

墨子之言曰：「孝子之爲親度者，欲人愛利其親與？欲人惡賊其親與？我先從事乎愛利人之親，然後人報我以愛利吾親乎？抑我先從事乎惡人之親，然後人報我以愛利吾親乎？」墨子辨矣。雖然，愛以心言，其事尚虛；利則有其事矣。事有大小輕重，徒曰利耳利耳，未知所利何如。吾以爲事親，當以養言，假有膏粱甘脆于此，將以奉吾親乎？抑以奉他人之親乎？苟如此說，墨子之說必窮。巫馬子謂墨子曰：「我不能兼愛，我愛鄒人于越人，愛魯人與鄒人，愛我鄉人于魯人，愛我家人于鄉人，愛我親于我家人。」此天下之通理也。以下語不合理，而墨子攻其語之不合理者，其辭矣。費假使巫馬之語止于愛吾親于家人，墨子安得而非之？是墨子之說又窮。然則墨子禦以上兩說如之何？曰：吾所謂兼愛者，視吾力之所及，天下之人苟聽吾言，愛人而視吾力所及，則天下蒙福，愛兼之說行矣。此非予之言也，孟子親親仁民之說也。墨子不用此言，殆疑其別而非兼，且無以異于儒。不知親親自別，仁民自兼，初不相害。天下通理、何分儒墨。墨子不如此言、墨子之短也。是故壞兼愛之說者、愛無差等之語也、愛無差等、又安用施由親始。夷子之說、不通之甚者也。墨子言愛利人之親、而後報之以愛利吾親、語雖未盡、猶未病也。若愛無差等、墨子尚未有此、至夷之始揭而聲之。此傳其學者之過也。雖謂之無父、其何辭。夷之肯受孟子之命、是墨之弱者也。若其悍者、必不受命、而說益甚。戰國无妄之世、處士橫議、何所不至。由兼愛以入于無父、則由無父以入于禽獸、亦何難之有。雖然、此非墨子之意也、墨者之言也。鄙人昔者作悼墨、謂佛之平等、耶之天主、皆源于兼愛、而非墨之本意。今者楊子踐形作雪墨、謂墨子之言與三代聖王合、與孔子合、與孟子未嘗不合。一切毀孔非儒、皆出自墨者。楊子誠豪傑之士也。悼墨兼言墨之短、雪墨極伸墨之長、語不盡同、而用意則同。故樂爲之序、以告世之治墨學者。癸未初秋錢振鍠。

雪墨自序

子以四教．文行並重．而四科十哲．德行尤在文先。故論語曰．行有餘力．則以學文．德行稱顏淵仲弓．而曾子獨唯然于忠恕一貫之傳．與有若之言似夫子．故時人皆特稱子而不字。仲弓居敬行簡．間傳而有荀況．顏淵陋巷不改．間傳而得莊周。曾子親承道統．間傳而孟軻出焉。有子之後．幾無其人．同門推尊．抑又何說．意者其墨翟乎。翟所交接之人．後于孔子．而前于孟荀。史遷附傳于孟荀之末．引「或曰並孔子時．或曰在其後。」豈無微意哉．蓋墨子卒于戰國．而上及于孔子．故淮南要略云「受孔子之術。」司馬貞索隱引「別錄云墨子書有文子．文子子夏弟子．問于墨子．如此則墨子者在七十子後也。」劉安以爲親炙孔子．劉向以爲七十子後．殆孔子沒而游夏輩欲師事有若．翟亦當在其列。彊曾子，獨曾子不可。此孟之不忘于墨．猶曾之不顧于有也。同善繼述有子者必墨子．亦猶善繼述曾子者間傳而得孟子也。是故孟荀莊墨．戰國時孔門之四大宗派也。自劉略班志以來．莫不認孟荀爲儒．而莊別爲道墨自爲墨分四子成三家近世更析荀爲小康孟爲大同儒又分二抑嘗思文史通義經解謂「荀莊皆出子夏門人」乎故「莊亦爲儒」廖平所說章太炎曉之至于通六藝而夢周公步趨夫子如墨翟卽別自爲墨固亦孔門之繼別爲宗者爾而其所著書更具救世之宏願徒因孟子云「兼愛無父」一語獨擯于夫子門牆之外而不得歸宗如莊生例者蓋二千餘年矣清之季稍有表章之者顧其悲憫之志仁義之修卒未能顯白明喻于後世也夫儒家正宗論者固羣推孟子之性善民貴說矣而考其天爵之良貴正與莊子之和天倪墨子之同天志皆以不徇私欲眞自由大公無我爲眞平等而咸具禮運大同之精神則三子者一致也淮南要略「墨子學儒者之業受孔子之術」主術「孔丘墨翟修先聖之道通六藝之論口道其言身行其志」呂覽博志「孔丘墨翟晝日諷誦習業夜親見文王周公旦而問焉」韓非顯學「孔子墨子俱道堯舜」是周秦之際皆以孔墨連稱固知墨學之出于孔門也至若孔孟之連稱瞠乎在其後也久矣獨惜後學不察狃于世俗之成見未考漢志「宗祀嚴父以孝視天下」之評而貿然距之甚如禽獸皆耳食

之過也。唐之韓愈述原性原道原毀諸篇以直接孔孟之傳息邪距詖自任于大醇小疵之荀況與揚雄猶嫌其擇焉不精語焉不詳而其讀墨子書後乃曰「孔子畏大人不尙同哉。孔子賢賢不尙賢哉孔子氾愛親仁以博施濟衆爲聖非兼愛哉。」至有「孔子必用墨子墨子必用孔子不相用不足爲孔墨」之評。直以孔墨必相關。有同于周秦舊說矣。夫墨用夏政法禹形勞卽孔子「吾無間然」之旨其說節用氾愛也。

說文「氾濫也」，玄應一切經音義引此下云「謂普博也」。案廣雅釋詁四「氾博也」，釋言「氾普也」。又引說文「汎，浮也」。朱駿聲通訓定聲「汎，假借爲氾」，釋詁四「汎博也」。論語「汎愛衆」汎廣也。氾爲本字，汎爲借字，氾汎一也。孟子說「墨氏兼愛」而莊子天下篇云「墨子氾愛兼利」是兼愛卽「氾愛」也。氾愛又卽論語之「汎愛」，孝經之「博愛」。兼博氾汎一誼也。

則「汎愛衆」「節用而愛人」早著論語首篇更詳荀子富國所謂「節用裕民必有仁義聖良之名」「兼而愛之此聖君賢相之事也」而云「亂起不相愛」卽孟子「上下交征利」之意。且「兼相愛」與「交相利」互言而「兼君」「兼士」又與有己無人之「別君」「別士」對言則兼者無間之仁相人偶之誼。經上曰「仁體愛也」又曰「體分于兼也」可證。故韓非稱爲「體身」正所謂「近取譬」也與孔子「己立己達」孟子「己肌己渴」何異。謂「使天下兼相愛愛人若愛其身惡施不孝。」卽孝經「先之以博愛而民莫遺其親」也。兼愛下既有「君必惠臣必忠父必慈子必孝兄必友弟必悌」之訓非命又有「君不義臣不忠父不慈子不孝兄不良弟不悌」之誡則猶是虞書「五典」「五教」泰誓「五常」孟子「五倫」周語「五義」左傳「五教」「六順」禮運「十義」大學「五止于」中庸「五達道」。虞書「愼徽五典」，孔傳「五典，五常之教，父義母慈兄友弟恭子孝」。又「敬敷五教」，孔疏「敷之義慈友恭孝，此事可常行，乃爲五常」。泰誓「狎侮五常」，孔疏「五常卽五典，謂父義母慈兄友弟恭子孝，五者人之常行。」孟子滕文公「使契爲司徒，教以人倫，父子有親，君臣有義，夫婦有別，長幼有序，朋友有信」，後世因稱五倫。國語周語「五義紀宜」，韋注「五義，謂父義母慈兄友弟恭子孝」。左傳文公十八年「布五教于四方，父義母慈兄友弟恭子孝」。隱公三年「君義臣行，父慈子孝兄愛弟敬，所謂六順也」。禮記禮運「父慈子孝兄良弟弟夫義婦聽長惠幼順君仁臣忠十者謂之人義」。大學「爲人君止于仁，爲人臣止于敬爲人子止于孝，爲人父止于慈，與國人交止于信」。中庸「君臣也，父子也，夫婦也，昆弟也，朋友之交也，五者，天下之達道也。」與大戴記孔子之言也三德五常全同儒說而叮嚀反覆獨以孝爲諄諄經上曰「孝利親也以親爲分」大取曰「厚親分也」「知親之一利未爲孝也」此與孝經之「移孝作忠」曾子之「無勇非孝」孟子之「縱欲不孝」何異兼愛上曰「子之不孝父所謂亂也子自愛不愛父故虧父而自利」下曰「原孝子之爲親度者欲人之愛利其親也」賈誼新書道術「子愛利親謂之孝」殆祖述此意又曰「

我先[三]從事乎愛利人之親然後人報我以愛利吾親」中曰「愛人者人必從而愛之」此與孝經「愛親者不敢惡于人」孟子「愛人者人恆愛之」「殺人之父人亦殺其父」之「一間」何異夷之云「施由親始」正謂「愛之始起于「父子之親」親親之誼也擴而充之方及于仁民孟子則謂「親親而仁民而愛物」邵雍皇極張載西銘並深得孟墨二子仁愛之精神至「愛無差等」實夷之邪說其流弊必至「不愛其親而愛他人」之「悖德」非僅昧于「老吾老以及人之老」之旨而已故孟子辭而闢之闢其後學末流之弊必至于「無父」爾非斥墨子本人也何以明之于其稱謂明之滕文公篇「墨氏兼愛是無父也」氏而不子知必舉其學派非指其人故以氏該之不然孟子一書稱人之辭皆子而不氏故盡心篇「墨子兼愛摩頂放踵利天下爲之」指其人必稱其子無稱氏者雖許行夷之輩猶稱之曰許子夷子也稱墨子徒言其救世自苦稱墨氏方斥其末流無父措辭之間猶可覩兩處本意之不同至論儒墨之大辨蓋在節葬之說「子生三年然後免于父母之懷」宰我不悟所以斥爲「朽木不可雕」墨自爲墨意殆斯歟雖然夷

之墨者、而葬其親厚、既見孟子之書矣。仲由儒也、而歛首足形、又出諸孔子之口。蓋「稱其財、斯謂之利、」「喪祭宜稱家之有無」「有毋過禮、無則歛首足形、人豈非之。」徵諸檀弓、孔子所敎子游所傳、方知墨子得禮意之深也。「魯請郊廟之禮、桓王使史角往、其後在于魯國、墨子學焉、」呂覽當染篇說、殆卽漢志「出于清廟之守」之意歟。檀弓「子路曰、吾聞諸夫子、喪禮與其哀不足而禮有餘也、不若禮不足而哀有餘也、」「曾子曰、國奢則示之以儉。」卽論語八佾「禮與其奢也甯儉、喪與其易也甯戚、」述而「奢則不遜、儉則固、與其不遜也甯固、」之意。故墨子修身篇「喪雖有禮、而哀爲本焉」。魯問篇「國家貧則語之節用節葬、國家熹音湛湎、則語之非樂非命、國家淫僻無禮、則語之尊天事鬼、國家務奪侵陵、則語之兼愛非攻、故曰擇務而從事焉。」是知各篇原旨、蓋皆矯枉救弊、有爲而言、抑又墨子善學孔子「因材」「可語」之遺意矣。然則節葬之說、殆將痛砭世人之生前不事孝養、而死後徒鶩鋪張以爭誇者。檀弓陳注「世固有三牲之養而不能歡、亦有厚葬以爲美觀而不知陷親于僭竊之罪者。」又況王公大人之厚葬久喪輟民財，虛府庫，長野心之非法，啓盜賊之覬覦，既無益于死者，反增多其罪過。故曰「上稽之堯舜禹湯文武之道而政逆之，下稽之桀紂幽厲之事猶合節也」。桓寬鹽鐵論散不足篇正可參考。不然，漢藝文志隋經籍志皆稱「墨子以孝示天下」，意有私耶，豈反情耶，抑過譽耶。當戰國亂世而諄諄以仁義立說爲挽救者，惟孟與墨爾。孟墨二子同以仁義之說挽亂世，同證之于天（孟子有「天與之」「天也」「天爵」「天吏」「天民」等說。），同稱堯舜禹湯文武之道，同斥桀紂幽厲之行，同以箕子微子周公爲仁若聖，同稱于孔子，知「是其當而不可易者」。（其，墨子作亓，或誤寫亦，俞樾云「亦，當爲亓，古文其字也」。）乃後世徒計其末流之弊而沒其最初之旨，不究墨書之內容，不思論語孝經之言，漫然以「兼相愛」與「以德報怨」「視敵如友」同觀，不識墨子救世之本心，此「雪墨」一書所以不得不作也。夫故掃徑翦棘，證經引傳，博徵周秦遺獻，根據孔門專記諸書暨史家學者之評論，爲之訟冤昭雪，雅不欲爲墨子知己，明證俱在，天下有目者所共識也。嗟夫，士君子之處斯世也，難，囂囂與抑，涼涼與進，取則狂，自守則拘，世無尼父，孰爲顏淵，特立獨行者既不可得，何怪乎同流合汚，阿世所好者比比皆是也。墨子悲憫之願，掩沒二千餘年而勿彰、墨子之不幸與、墨書之不幸與、抑墨學之不幸與。嘗謂一書本之誦習者愈盛、而竄改錯亂處亦愈多。一學說之傳播者愈廣、而演變分化處亦愈甚。而墨子獨以是得保其本眞。雖間有繕寫之誤字、倘鮮穿鑿之斧痕。後之人欲讀其書而說者、先當識其本旨所在、然後推闡而發明之。幸勿雜以主觀、攙入我見、反使垂絕復續之生機、蒙重扃鐍之蔽錮、則非學者研究之態度矣。世之人好勝務怪、每舍眞常而誇新奇、至說之是非、據之確否、固在勿問。徒欲以一手掩盡天下之目、烏乎可哉。亦思所聞異辭、所傳聞異辭、地域以聯隔而易訛、時代以久遠而增紛、奈何析同根爲異株、强定讞以翻案、且自以爲讀書而得其間焉、斯亦弗可以已乎。墨子學儒者之業、受孔子之術、宗祀嚴父、以孝示天下。故孔墨連稱、周漢已有定論。奈後之人必欲絕孔墨之統、騁儒墨之爭、而增成非儒之贋說、俾操戈孔門以爲快、甚至挾三墨記錄之十論、認爲主旨、反斥墨子親譔之七篇、有類于儒家言者、指爲假託妄矣悖矣。雖其說或別有用意、而顚倒錯亂、誣衊墨子亦已甚。凡此等處、余于「雪墨」文中再三致意、讀者諸君、幸爲詳覽、庶幾悟徹其眞是非之所在也。息邪距詖、闢異衛道，以上承孟統自任者，宜莫昌黎若矣，而有「必用墨子」之論。蓋事有緩急，語有輕重，斯昌黎之所以爲善述孟子也。嗚呼，古之人本欲防微杜漸，而後之人反藉以推波助瀾，競爲怪誕。以衒惑當世，邪詖洪猛之既現前，且有什佰仟萬于古人所云者，而斤斤于儒墨之辨，抑末矣。區區之心，竊比昌黎，詞短意長，不盡欲言，祈識者諒諸，書成，童君粹衷以爲可以善世也，欲付剞劂，索余自敘，爰爲述此，以弁簡首。癸未冬，楊踐形識于學不厭齋。

雪墨目錄

雪墨

楊踐形 述

墨子著書具救世之宏願。經孟子無父一語蒙不白之寃者二千餘年矣。余悲憫墨子之志乃掃徑翦棘博徵先秦遺獻爲之訟寃昭雪余不敢爲墨子知己明證俱在天下有目者所共識也。

章一 緒論

墨子先秦之顯學也。弟子禽滑釐等三百餘人皆能篤行其敎以身殉道。九流三家之徒于此可以無媿然而漢後二千年來學統中絕嗣響無人直至遜清之季稍復見稱于世。其墨子之不幸與抑墨學之不足徵與不然何以赫于前而寂于後耶。嗚呼。鄒叟「無父」之一言深中人心而遏絕其萌勿使復殖也。子輿氏之言曰。「墨子兼愛是無父也。無父是禽獸也。」又曰「墨之道不息孔子之道不著。能言距墨者聖人之徒也。」墨之道幾與孔子之道不共戴天矣。世之士君子縱不能盡爲聖人之徒寧有甘爲禽獸者乎此墨子之所以無人問津而况嚮往之哉雖然盍姑嘗平心而詳察焉。墨子之流毒，竟有如是其劇，而孔墨之不並立，竟有如是其驗耶。則秦、漢之遺說俱在，固皆可以覆徵矣。欲得其情，先決二難。其一曰孔、墨之能否並立，其二曰兼愛之是否無父。

節一　孔墨能否並立

孔也，墨也，果不可以並立，與何故先秦諸子，偏以孔、墨並稱耶。韓非顯學篇曰「世之顯學，儒墨也。」又曰「孔子墨子俱道堯舜」呂覽當染篇曰「孔子墨子此二士也。」博志篇曰「孔丘墨翟晝日諷誦習業，夜親見文王周公。」順說篇曰「孔丘墨翟無地爲君，無官爲長。」淮南主術訓曰「孔丘墨翟修先聖之術，通六藝之論。」然則孔墨不但並稱，抑且同道矣。所志同，所學同，所行同，所遇又同，而且所夢也亦同。韓愈且言「孔席不暇煖，墨突不得黔。」豈無所見而云然。不僅此也，淮南要略篇曰「墨子學儒者之業，受孔子之術。」錢基博國學文選類纂內集敍曰「墨子者，不過孔子之繼別爲宗者爾。」然則不僅孔墨之道同，墨子之學，抑且出于孔子矣。何爲而見墨子之道不息，孔子之道不著耶。且墨學傳統巨子「禽滑釐與田子方段干木吳起之屬。皆受業于子夏之門。爲王者師。」史記儒林列傳非明徵、與。或曰、以孟子之闢墨、與墨子之非儒。孟子私淑孔子之道者。故疑孔墨之不並立也。應之曰、然則荀況非世所確認爲儒者耶。而何以其非十二子也、子思孟軻不少寬假。不僅此也。子張子夏子游之徒、並皆在所非之列。然則荀況非儒者耶。何獨專詆孔門之徒耶。世之論者、是孟必非荀矣、是荀必非孟矣。孟荀之不並爲孔門之徒也。必有一于此矣。而何以後世儒者、並稱孟荀而不悖耶。且先秦典籍、固數見孔墨之稱矣。而孔孟之並稱、蓋在旣廓墨子之後。韓愈原道非以醇乎醇而傳孔子之統爲推尊孟軻者乎。獨何以並稱孔墨、而有「孔子必用墨子、墨子必用孔子、不相用不足爲孔墨」之言見于讀墨子之篇乎。彼韓子非以闢异端息邪說傳孔孟之統自任者耶。何獨于墨子而與之。或又曰、墨子書有非儒一篇、極詆孔丘之語、明非孔門弟子所宜言。應之曰、墨子雖有非儒之說、獨無非儒之篇。後已詳爲辯正、姑弗贅。雜篇公孟、具見非儒之意、而數之曰、「儒之道足以喪天下者四政焉。」程繁以爲墨子之毀儒也、非儒也、毀儒非儒之名、皆出程繁之口。故非儒之切、無過于公孟一篇矣。雖然、儒之、足、非也、實、不、始、于、墨子。論語雍也篇「子謂子夏曰、汝爲君子儒、毋爲小人儒」。儒有君子小人之分。小人之儒、不僅墨子非之、孔子亦未嘗不非焉。雖謂墨子之非儒、非小人之儒。若孔子之所以戒子夏者、亦未嘗不可。故非儒之說不足以證孔墨之不並立。抑且以見墨子之善學孔子也。

墨子與公孟子辯而稱孔子、與程子辯而稱于孔子。「非儒何故稱孔子也。」墨子曰、是其當而不可易者也。今翟曾無稱于孔子乎。」故知墨子非儒而不非孔也。墨子苟非親受孔子之業、何由而識孔子之微言「當而不可易」乎。孟子乃所願則學孔子也。以爲「自生民以來、未有盛于孔子者也。」由百世之後等百世之王、莫之能違也」。「莫之能違」豈非「當而不可易」乎。孟子私淑孔子而後儒以孔孟並稱。墨子親受業孔子、而先秦亦以孔墨並稱。夫奚不可。

嘗考墨之非儒以四政也。一曰無鬼而祭、二曰有命而學、三曰久喪失業、四曰淫樂荒政。公孟一篇、蓋可覆也。而孟子之闢墨也以兼愛、荀子之非墨也以節用、皆未能中其肯也。夫稱墨子氾愛、固已著莊子之書、是兼愛即氾愛矣。汎愛親仁、孔子之教弟子也。節用愛人。孔子之道千乘也。學而一篇。彰彰可考。以此闢墨。不足以塞墨子之口。先秦顯學儒孟荀爲著。孟荀之所欲言。卽儒者之所欲言矣。而孰知儒墨之大辨。在節葬而非在其餘乎。雖然盍姑嘗一讀墨子之書魯問之篇。其言曰「凡入國必擇務而從事焉。國家昏亂則語之尚賢尚同國家貧。則語之節用節葬。國家憙音湛湎。則語之非樂非命國家淫僻無禮。則語之尊天事鬼國家務奪侵陵則語之兼愛非攻。故曰擇務而從事焉。」「擇務而從事」非卽孔子之「因材而設教」與。身服儒家反經尚可行權。安有別創墨派而必孟荀之馬首是瞻乎。亦盍姑嘗一展三禮之書其餘姑弗論專以儒墨之大辨節葬言。桓寬鹽鐵論散不足篇可徵也。姑以爲後出于漢不足徵。則周官禮記非儒者之所據耶。孔子曾子子夏子張子路之言見于檀弓一篇者。猶不足徵與。使孔子之言而猶以爲不足徵。則儒之所以爲儒者將誰徵耶。吾故曰。諸子之善學孔子者。莫如墨子而孔墨之並行且不悖。更無餘疑矣。

節二　兼愛是否無父

書墨　六

墨子書中數言兼相愛、交相利，而莊子天下篇稱之曰，「墨子氾愛、兼利。」氾愛、兼、利，卽所謂兼相愛、交相利也。互言之則曰氾、曰兼、曰交，乃至曰博，名雖不同，其誼一也，故孔子言「汎愛，」曾子言「博愛，」墨子言「兼愛，」三子之言愛無不同也。异乎孟軻之言，乃直以兼愛爲無父之誼，師表如孔子，大孝如曾參，豈皆無父之人哉。而其言如出一轍，何獨至于墨子而無父耶，謂余不信，請證諸孝經，「曾子曰，是故先之以博愛而民莫遺其親，」曾子言孝必「先之以博愛，」非卽孔子教弟子入則孝而必「汎愛衆」之意與。然則墨子之兼愛，正孔曾一脈教孝之心法，而反謂之無父可乎。

兼愛下篇曰，「吾不識孝子之爲親度者，亦欲人愛利其親與，意欲人之惡賊其親與。卽欲人之愛利其親也，必我先從事乎愛利人之親，然後人報我以愛利吾親也。」

此非墨子上承孔曾之心傳，教孝之明徵與。烏在而見爲無父也。

兼愛上篇曰，「亂何自起，起不相愛。若使天下兼相愛，愛人若愛其身，猶有不孝者乎。視父兄與君若其身．惡施不孝。」

兼愛中篇曰「君臣相愛則惠忠．父子相愛則慈孝．兄弟相愛則和調。天下之人皆相愛．凡禍簒怨恨可使毋起。」

墨子之意．以爲禍亂起于不相愛．而惠慈忠孝．皆一。愛之异名．蓋愛之爲德．猶元氣之在萬物也．遇父子而爲慈孝．遇君臣而爲惠忠．隨一事而得一名。名雖萬。不同．曷嘗有二。理哉。是故曾子唯然于一貫之傳．而歎曰「夫子之道．忠恕而已矣」中庸曰「忠恕違道不遠．施諸己而不願．亦勿施于人。」大學曰「是以君子有挈矩之道也．所惡于上．毋以使下．所惡于下．毋以事上．所惡于前．毋以先後．所惡于後．毋以從前。所惡于右．毋以交于左．所惡于左．毋以交于右。此之謂挈矩之道。」論語衛靈公篇「子貢問曰．有一言而可以終身行之者乎。子曰．其恕乎．己所不欲．勿施于人。」夫彊恕而行．求仁莫近．故雍也篇曰「夫仁者．己欲立而立人．己欲達而達人。能近取譬．可謂仁之方也已。」是故墨子之兼愛．亦本于「欲人之愛利其親．而先愛利人之親。」證諸孝經「子曰．愛親者不敢惡于人．敬親者不敢慢于人。」愛敬盡于事親，而不敢惡慢于人。曾、墨之言，若合符節，又烏在而見曾子之爲孝，墨子之爲無父耶？

中篇又曰：「夫愛人者，人必從而愛之；利人者，人必從而利之；惡人者，人必從而惡之；害人者，必從而害之。」

下篇又曰：「若我先從事乎愛利人之親，然後人報我以愛利吾親乎？意我先從事乎惡賊人之親，然後人報我以愛利吾親乎？」更引「大雅之詩曰：無言不讎，無德不報，投我以桃，報之以李。此言愛人者必見愛也，而惡人者必見惡也。不識天下之士所以皆聞兼而非之者，其故何也？意以爲難而不可爲邪？」

兼愛之效如此。墨子斯言，一若預知後世有「無父」之譏矣。雖然，奚啻孔子、曾子言之，卽孟子亦自言之。離婁篇曰：「仁者愛人，愛人者人恒愛之。」盡心篇曰：「殺人之父，人亦殺其父；殺人之兄，人亦殺其兄。然則非自殺之也，一間耳。」推孟子之用心，曷嘗有異于墨子哉？而奈何視兼愛之名，眞不啻洪水猛獸之可畏耶？抑亦異已。異端在前，斥其名而不究其實，學者之通病也，亦大病也。以吾觀之，荀不足論，孔子而後。以仁義爲天下倡者。惟孟與墨耳。請詳證之。

考仁字从人二。卽相人偶之誼也。人道由此而出。子思中庸篇。孟子盡心篇皆曰「仁者人也。」告子篇曰「仁者人心也。」許愼說文曰「仁者親也。」卽思孟親親之誼。論語「樊遲問仁。子曰愛人。」孟子亦曰「仁者愛人。」莊子天地篇曰「愛人利物之謂仁。」鄭康成曰「仁者愛人以及物。」韓昌黎曰「博愛之謂仁。」周濂溪曰「德愛曰仁。」程明道曰「仁者以天地萬物爲一體。」朱晦庵曰「仁者心之德愛之理。」而墨子經上曰「仁體愛也。」子罕言仁。而孟墨并侈言仁義。是孟墨之存心同也。告子言性以爲仁內也義外也。而孟子非之見于告子篇。墨子亦非之見于經說下。是孟墨之學說又同也。孔子以孝弟爲仁之本。而孟墨數言孝弟。擴充之而爲仁心仁政。是善學孔子者。實無過于孟墨二子矣。而獨于兼愛之說不相容至此。得毋耳食其名。而非心知其實與。吾嘗謂古今學術之爭門戶之烈。豈眞其內容之不同耶。毋亦名目之齟齬爾。不然。則韓愈所謂「辯生于末學。各務售其師之說。非二師之本道也。」

墨子經上曰，「孝利親也。」大取篇曰「知親之一利未爲孝也」墨子之于孝也辨別若斯之嚴顧可以無父誣之哉漢書藝文志墨家敍曰「以孝視天下是以上同。」隋書經籍志墨學家論曰「嚴父上德以孝示天下。」墨子「以孝示天下。」寧有孝而可曰無父無父而可曰孝之理哉兼愛之非無父可斷言矣至曰「愛無差等施由親始。」乃墨者夷之所言非墨學之眞也漢志又曰「及蔽者爲之推兼愛之心不知別親疏。」隋志亦曰「愚者爲之則推心兼愛而混于親疏也。」愛無差等出于後世蔽者愚者之所爲班固之說長孫無忌之論可謂至允矣。

章二　墨子分析觀

雪墨必先擘墨精擘尤在分擘統稱之僅曰墨子而已分析之則有墨子之人格與其學說與其書籍。而人格造就又有縱之爲時代衡之爲國別之殊。逐項審察是謂分析觀

節一　墨子之年代

先秦學術。墨與儒道鼎足而三。韓非子因以爲顯學也。獨怪史遷不爲作傳。僅附辭于孟荀列傳之末曰「自如孟子至乎吁子世多有其書故不論其傳云。蓋墨翟宋之大夫善守禦爲節用或曰並孔子時或曰在其後」司馬貞索隱「按別錄謂墨子者在七十子後也。」班固藝文志自注云「在孔子後。」畢沅墨子序云「翟實六國時人至周末猶存。」汪中墨子序則云「在句踐稱霸之後三家未分晉之前。」孫詒讓墨子閒詁酌乎兩者之間。以爲生于周定之初卒于安王之季。梁啓超據墨子可交接之人因謂稍後于孔子而稍前于孟荀約貞定之初至安王之中。胡適又謂生于敬王之中卒于威烈之初。按孫氏據墨子親士篇言吳起之死而斷墨子之卒在其後。胡氏據呂覽上德篇言吳起之死孟勝屬鉅子于田襄子而斷墨子之死在其先。余請辯之。按莊子天下篇釋文引向秀云「墨家號其道理者成爲鉅子。」畢氏按呂覽謂「屬鉅子者亦以名歸之而使其弟子皆從之就學也。」考墨翟弟子之爲鉅子者衆矣。禽滑釐爲墨學之正宗姑勿論。其他則有相里勤焉鄧陵子焉相夫氏焉宋鈃焉腹䵍焉隨巢子焉胡非子焉。乃至于孟勝亦猶三千之徒七十二賢。而有四科十哲也。德行顏淵。且先孔子而卒。奚必若佛家禪宗之傳衣鉢。同時不許有二人。是故墨翟猶存。而未嘗不可有鉅子。與衆多鉅子。且鉅子愈衆多。則墨學愈普遍。安在而見墨子必死于孟勝之先也。惟如胡說。則墨子得上及于孔子矣。淮南要略云「墨子學儒者之業。受孔子之術。」豈殆眞親炙者與。而必謂不存安王之世。是直以今人之壽限古人之年矣。葛洪神仙傳「墨子年八十有二。得神人素書三十五篇。撰集其要。以爲五行記。乃隱居以避戰國。至漢武帝使楊達束帛加璧以聘墨子云。」抱朴子內篇遐覽亦曰「變化術之大者有墨子枕中五行記。」按隋書經籍志醫方類有墨子枕內五行記要。豈卽此與抱朴子神仙金汋經。又載墨子丹法。使墨子而非登遐齡享永壽者。則曷爲以神仙視之。

節二　墨子之國籍及姓氏

史遷附傳墨翟。既疑其時代。又不著國籍。僅曰宋大夫而已。後世或有以爲魯人者。如高誘注呂覽愼大篇。又有以爲宋人者。如葛洪神仙傳。李善注馬融長笛賦引抱朴子。楊倞注荀子修身篇。有以爲楚人者。如畢沅墨子序。武億墨子跋。更有以爲鄭人者據莊子列禦寇篇言也。甚至有以爲天竺人者蓋謂墨子尊天明鬼獨標救世爲宗。近于佛耶不類先秦固有之思想或且以墨非翟姓如江瑔讀子巵言以「漢志九家莫不各舉其學術之宗旨以名家無以姓稱者。」附會其說甚且以墨爲刑徒役夫之稱則據莊子天下篇荀子王霸篇以自證一若翟之氏墨不啻沙門之姓釋是以孟子斥爲無父元伊世珍瑯琊記直云「姓翟名烏」甚矣世人之好怪也。盍姑嘗一讀呂覽之書乎當染篇曰「魯惠公使宰讓請郊廟之禮于天子桓王使史角往惠公止之其後在于魯墨子學焉」高誘注云「惠公孝公之子隱公之父。」然則墨翟之爲魯人也信矣無惑矣按墨子貴義篇謂墨子自魯卽齊若非齊魯接近云何「卽」故知魯爲孔孟同鄉之魯非楚境魯陽之魯也信知翟之爲魯人則其他畸說不攻而自破矣。

史記孟子荀卿列傳之末「蓋墨翟宋之大夫善守禦爲節用或曰並孔子時或曰在其後」據此齊有蓋邑孟子有蓋祿萬鍾蓋大夫則墨子乃齊之蓋人宋之大夫也此可供 尊箸之參考沈恩孚識

節三　墨學之傳派

世之、治墨者皆不見眞墨、而獨見別墨、執別墨之偏、而眩眞墨之全、是直以荀子爲孔子矣。韓非顯學篇曰「自孔子之死也、有子張之儒、有子思之儒、有顏氏之儒、有孟氏之儒、有漆雕開之儒、有仲良氏之儒、有公孫氏之儒、有樂正氏之儒。儒分爲八。自墨子之死也、有相里氏之墨、有相夫氏之墨、有鄧陵氏之墨。墨分爲三。取舍不同、而皆自謂爲眞。」按荀子非十二子篇亦說儒之分派曰「弟佗其冠、神禫其辭、禹行而舜趨、是子張氏之賤儒也。正其衣冠、齊其顏色、嗛然而終日不言、是子夏氏之賤儒也。偷儒憚事、無廉恥而耆飲食、必曰君子固不用力、是子游氏之賤儒也。」此三派者、荀子皆斥之賤儒。又曰「聖人之不得執者、仲尼子弓是也。」然則荀子必自認子弓之後矣。而子夏子游子弓三派、不列于八儒之內。知八儒三墨、韓非不過就所知約略言之。非儒墨之眞相也。儒不止于八、墨獨止于三哉。莊子天下篇則云「相里勤之弟子、五侯之徒、南方之墨者苦獲、己齒、鄧陵子之屬、俱誦墨經、而倍譎不同、相謂別墨。以堅白同異之辯相訾、以觭偶不仵之辭相應。以巨子爲聖人、皆願爲之尸。冀得爲其後世。至今不決。」陶潛聖賢羣輔錄。調和莊子韓非之說而爲之辭曰「不异于俗。不飾于物。不尊于名。不忮于衆。此宋鈃尹文之墨。裘褐爲衣。跂蹻爲服。日夜不休。以自苦爲極者。此相里勤五侯子之墨。俱誦墨經而倍譎不同。相謂別墨。以堅白异同之辨相高。此苦獲已齒鄧陵子之墨。」梁啓超墨子學案曰「墨派可分爲四。一、相里勤五侯子之徒。得于勤儉力行者多。二、苦獲已齒鄧陵子之徒。得于論理學者多。三、相夫氏一派。不詳。四、宋鈃尹文一派。得力于非攻寬恕者多。」胡樸安墨子學說曰「墨分爲三。今可論者僅爲二焉。刻苦自厲。以救世爲急。法天尙同。兼愛非爭。此一派也。宋鈃尹文。不足以當之。辨別异同。好騁辭說。苦獲已齒鄧陵子之徒。是已謂之別墨。」踐形案。墨派之可考者凡五。禽滑釐爲墨學之正宗。莊子所謂不侈于後世。不靡于萬物。不暉于數度。以繩墨自矯而備世之急。全與墨子同也。其他四派。則所謂別墨矣。其餘不可考者。抑又甚衆。凡所謂巨子。皆能別自立宗者也。而世直以教王視之。隆規矩于衣鉢。墨家之流。不幾爲釋氏之徒哉。誠墨子之所不虞也。

節四　墨學之注釋

墨家者流。漢志所載。計有六家。至隋唐而佚其半。至宋志則僅存墨子矣。晉書隱逸傳著魯勝墨辯注。通志藝文略有三卷樂臺注。其書皆不傳。遜清中葉。考據風盛。盧文弨孫星衍等始校墨子書。畢沅折中其間。始爲墨子注。厥後張惠言有墨子經說解。至鄒伯奇陳澧更以格致科學闡發其微。而王念孫讀書雜志俞樾諸子平議等。均有校正。至孫詒讓墨子閒詁。訂補又備。梁啓超因之而有墨學微墨子學案墨經校釋諸作。章太炎國故論衡有原名原墨之篇。章士釗有名學他辯。名墨訾應考。胡適有墨經新詁。及中國哲學史大綱墨子篇。胡樸安國學彙編有墨子學說。而張之銳有新考正墨經注。李笠有定本墨子閒詁校補。曹耀湘有墨子箋。尹桐陽有墨子新釋。夫墨子一書。自孟軻闢墨以來。二千餘年無人問津。幾于湮沒。逮清儒表彰而後。近人注釋之作。蓋如雨後春筍。江岸秋潮。至今不可勝述矣。命也。非命也。雖然。墨子之書。幾寧爲湮沒而失其眞値。表彰而增其市價耶。道存。則其理永存。人亡。則其學隨亡。古之人乎。古之人乎。其亦將有以詔覺斯民乎。

章三　墨子之學說

近世學風之敝亂亟矣。士子高談。揣測成習。吠聲之甿。幾于滔天。一若或不如是不足以標學者之特見。嗚呼。顚倒是非。變亂眞僞。李斯項羽之禍。不如是之甚也。姑卽以子書論。學者每不肯精孽墨子之書。而偏好發道聽塗說之辭。而所謂墨子者。亦不過現代各人心中之墨子焉爾。斷非先秦戰國之墨子也。因之墨子之人格。百人而百變。甚且墨子之書。固未嘗一寓目。而亦高談墨子之所以爲墨子矣。墨子之人格。顧得不依現代各人之心理而變乎。在昔先秦。僅有一墨子也。時至現代。忽焉爲救世派。忽焉爲革命派。俄而爲宗教家。俄而爲哲學家。俄而爲科學家。俄而以功利標榜。俄而以苦力號召。各人之心理百變。而墨子之學說亦百變。後之人有欲求墨子之眞者。烏得不撩亂眘衒而莫衷一是耶。然則必如之何而後可。曰欲知墨子者。充其耳。塞其兑。專心一志。籀讀墨子之書。凡非墨子之所言者。勿以紛吾之心。奪吾之志。必如是焉。而後可也。不然。希有受脅誘而去者。不足以闡發先哲之微言。反使古籍增重其網縛。研究者愈多，則古籍之網縛愈增。網縛重重，其學必受困而亡。寃乎不寃。古之人何不幸而爲後世知爲後世識耶，而不足以自葆其本眞耶。余此言雖似爲墨子而發，實不專爲墨子而言。慨乎古籍之所以失眞，無不由此。尙幸墨子一書出土未久，開採未窮，識者尙少，古字偏多，短期間內或不致蒙禍如是之烈爾。趁此正本清源，庶幾廬山面目尙有眞相之可現。

欲識墨子之主義，先考墨學之師承。稽諸莊子、呂覽、淮南、班志諸書，而後墨學之淵源可測也。其一曰祖述夏禹，其二曰私淑史角，其三曰受業孔門。

節一　祖述夏禹

莊子天下篇曰：「墨子稱道曰：昔者禹之湮洪水，決江河而通四夷九州也。名山三百，支川三千，小者無數。禹親自操橐耜而九雜天下之川，腓無胈，脛無毛，沐甚風，櫛甚雨，置萬國。禹大聖也，而形勞天下也如此。使後世之墨者，多以裘褐爲衣，以跂蹻爲服，日夜不休，以自苦爲極。曰：不能如此，非禹之道也，不足爲墨。」是墨子摩頂放踵，屣然祛榮樂之思，以繩墨自矯而爲「中萬民之利」努力工作者，尙希于禹道也。淮南要略篇亦曰，「墨子背周道而用夏政。禹之時，天下大水，禹執畚插，（此二字據太平御覽）以爲民先。剔河而道九支，（此字亦據御覽）鑿江而通九路，辟五湖而定東海。當此之時，燒不暇撌，濡不暇扢，死陵者葬陵，死澤者葬澤。故節葬薄財閑服生焉。」莊子、淮南皆以墨子尚希禹道，然籀讀墨子之書，又見其未必然。他篇之屢稱三代聖王堯舜禹湯文武六君子者，姑弗論，卽以節葬篇言曰，「上稽之堯舜禹湯文武之道而政逆之，下稽之桀紂幽厲之事猶合節也。若以此觀，則厚葬久喪其非聖王之道也。」且歷引堯舜禹之事以實之。按主術訓又曰，「堯乃身服節儉之行，而明相愛之仁，以和輯之。巡狩行敎，勤勞天下，周流五嶽。豈其奉養不足樂哉，舉天下而以爲社稷，非有利焉。」尸子曰，「舜兼愛百姓，務利天下。天下歸之若父母。」然則節儉自奉，勤勞天下，奚獨夏禹哉。堯舜之聖，莫不然矣。惟齊俗訓曰，「三年之喪，是強人所不及也，而以僞輔情也。三月之喪，是絕哀而迫切之性也。古者非不能竭國麋民，虛府殫財，含珠鱗施，綸組節束，追送死也，以爲窮民絕業而無益于槁骨腐肉也。故葬貍足以收斂，蓋藏而已。昔舜葬蒼梧，市不變其肆。禹葬會稽之山，農不易其畝。明乎生死之分，通乎侈儉之適者也。亂世則不然。」高誘注曰「三月之服，夏后氏之禮。」宋書禮志引尸子之言「禹治水，爲喪法曰：死于陵者葬于陵，死于澤者葬于澤，桐棺三寸，制喪三月。」韓非顯學篇曰「墨者之葬也，冬日冬服，夏日夏服，桐棺三寸，服喪三月。世以爲儉而禮之。」按墨子公孟篇曰「子以三年之喪非三月之喪。」是墨子之節葬短喪三月，正與禹之喪法同。所謂背周道而用夏政者，其殆以此。說苑反質篇引「墨子曰：古有無文者得之矣，夏禹是也。卑小宮室，損薄飲食，土階三等，衣裳細布。當此之時，黻無所用，而務在完堅。」信乎墨之節用，祖述禹制爲多。故公孟篇曰「子法周而未法夏也。」此正墨子用夏之鐵證。雖然，孔孟亦嘗稱禹矣。孔子曰「禹吾無間然矣。菲飲食而致孝乎鬼神，惡衣服而致美乎黻冕，卑宮室而盡力乎溝洫。禹吾無間然矣。」孟子曰「禹治水，三過其門而不入，思天下有溺者，猶己溺之也。」又曰「禹稷顏回同道。」證諸先秦古籍，則墨之兼愛，正得夏禹之遺意，抑亦儒者之所樂道也。

節二　私淑史角

呂覽當染篇曰「魯惠公使宰讓請郊廟之禮于天子桓王使史角往惠公止之其後在于魯墨子學焉」是呂覽以墨子之學私淑史角而得也今考漢書藝文志墨家凡六首列尹佚二篇尹佚亦曰尹逸見逸周克殷解又曰史佚見史記周本記或謂史角出自尹佚故以佚書爲墨家冠意以其爲太史出于淸廟之守耶說參王先謙漢書補注顧實藝文志講疏太史公談論六家要指謂「墨者亦尙堯舜道言其德行堂高三尺土階三等茅茨不翦采椽不刮食土簋啜土刑糲粱之食藜藿之羹夏日葛衣冬日鹿裘」淮南主術訓亦言「堯服節儉之行茅茨不翦采椽不斲大路不畫越席不緣太羹不和粢食不毇豈其奉養不足樂哉舉天下而以爲社稷非有利焉」漢書藝文志曰「墨家者流蓋出于淸廟之守茅屋采椽是以貴儉養三老五更是以兼愛選士大射是以尙賢宗祀嚴父是以右鬼順四時而行是以非命以孝視天下是以上同此其所長也」隋書經籍志曰「墨者上述堯舜夏禹之行茅茨不翦糲粱之食桐棺三寸貴儉兼愛嚴父上德以孝示天下右鬼神而非命」又謂「周官宗伯掌建邦之天神地祇人鬼肆師掌立國祀及兆中廟中之禁令是

其職也。」按春秋左氏魯桓二年傳、臧哀伯諫取郜鼎、有言曰、「故昭令德以示子孫。是以清廟茅屋、大路越席、太羹不致、粢食不鑿、昭其儉也。夫德儉而有度。」孔穎達正義引白虎通「王者所以立宗廟何。緣生以事死、敬之若存。故以宗廟而事此孝子之心也。」此疏杜預清廟之注也。白虎通御射篇曰「王者父事三老、兄事五更者何。欲陳孝弟之德以示天下也。」按孝經曰「人之行、莫大于孝。孝莫大于嚴父、嚴父莫大于配天。」又曰「故雖天子必有尊也、言有父也。必有先也、言有兄也。宗廟致敬、不忘親也。修身愼行、恐辱先也。宗廟致敬、鬼神著矣。」夫殷人右鬼、獨尙巫祝。墨子天志明鬼、意或出此。而孝經可徵、亦何嘗非孔曾之遺意。

節三　受業孔門

莊子天下篇先敘「鄒魯之士、詩書禮樂易春秋、百家之學時或稱而道之。天下大亂、內聖外王之道闇而不明。道術將爲天下裂。」然後繼舉墨翟禽滑釐以冠諸子。莊周之意、豈不以墨子之學近于孔子、故連類及之耶。故又次之以宋鈃、尹文、荀非十二子則以墨翟與宋鈃並舉。莊周之意、豈不以宋鈃爲墨學之變、而墨則介乎孔子與宋銒之間，故又連類而及之耶。逮至淮南要略篇，更溯墨翟之師承，續孔子之系統，而曰「墨子學儒者之業，受孔子之術」，以予觀之，墨子既以孝視天下，而其兼愛、明鬼諸篇，獨與曾子之孝經近，至兼愛、尚同諸篇，又即子游禮運大同之旨，雖其說不盡與儒家同，而獨無違于孔子，抑亦教外別傳之類與？蓋自孔子之沒，儒分爲八，顏子之傳莊周，不列于儒而別爲道家。子游之傳墨子，亦不列于儒而別爲墨家。蓋皆繼別爲宗之類，不得以此而遂擯諸孔門之外。獨取小康之荀子，大順之孟子，以留儒家，抑何不悟莊子天下篇之甚耶。墨子立說，即不盡與儒家同，亦不害其爲孔門之徒。甯不見論語子張一篇，曾子、子游、子夏、子張之相非乎？孟荀之异，更無足論矣。故淮南要略篇又謂墨子「以其禮煩擾而不說，厚葬靡財而貧民，久服傷生而害事，故背周道而用夏政。」爰知墨儒之說最不相容者，厥在節葬，然墨子之書曰「喪雖有禮，而哀爲本焉。」非即孔子所謂「禮與其奢也甯儉，喪與其易也甯戚。」曾子所謂「奢則示之以儉」，子路所謂「吾聞諸夫子，喪禮與其哀不足而禮有餘也，不若禮不足而哀有餘也」之旨乎。聖人言之，聖門之弟子言之，荀子獨以禮樂斤斤相辯，一若墨子之廢禮樂者。甯知墨子適精於禮樂者乎。

請先言禮。史角以郊廟之禮往魯，而墨子學焉，墨子之知禮，其證一也。魯問篇曰「國家淫僻無禮，則語之尊天事鬼。」墨子以天鬼之說矯救無禮，墨子之好禮，其證二也。修身篇曰「喪雖有禮，而哀爲本焉。」墨子之善能用禮，又其證三也。誰謂墨子而不明禮。禮云禮云，孔子之歎也久矣。

復次言樂。呂覽貴因篇曰「墨子見荆王，衣錦吹笙，因也。」墨子之知樂，其證一。淮南說山訓曰「爲墨而朝吹竽。」墨子之好樂，其證二。藝文類聚引尸子云「墨子吹笙。墨子非樂，而于樂有是也。」墨子非樂而于樂有是，墨子之善能用樂也，其證又三。誰謂墨子而不明樂。樂云樂云，孔子之歎也亦久矣。

使墨子而果不明禮樂，則淮南主術訓所謂「墨子修先王之術，通六藝之論」者，何謂耶。夫六藝者，孔門之教典，又儒家之經術也。墨子而非受業于孔門者，又烏得而通六藝之論乎。信乎墨子果出于孔門矣。

章四　墨學之主旨及諸家之評墨

欲求墨學之主旨，先參諸家之評墨。聊爲歷敘于次。

節一　孟子説

孟子滕文公篇曰：「楊墨之道盈天下。天下之言不歸楊則歸墨。楊氏爲我，是無君也。墨氏兼愛，是無父也。無父無君，是禽獸也。楊墨之道不息，孔子之道不著。能言距楊墨者，聖人之徒也。」

盡心篇曰：「楊朱取爲我，拔一毛而利天下，不爲也。墨子兼愛，摩頂放踵，利天下爲之。」又曰：「所惡執一者，爲其賊道也。舉一而廢百也。」

按楊朱墨翟各趨極端。雖然，楊朱烏能項背墨翟哉。縱樂自私，甚至有一妻一妾而不能治，其人格可知矣。乃以與墨子並論，可謂擬不于倫。況夫兼愛本孔曾一貫之傳，教孝之法。孟子執此以爲儒墨之門戶，失其言矣。雖然，舉一廢百之評，墨子亦無所逃其辜。故墨子之意，固以孝示天下，而墨學之徒，乃至愛無差等。苟非孟子有駭人之詞，天下之人不幾將相率而盡秦越其親矣。故孟子之言則過矣，而其維持名教之功至今猶有存焉。

節二　荀子說

荀子非十二子篇曰：「不知壹天下，建國家之權稱，上功用，大儉約而慢差等，曾不足以容辯异縣君臣。然而其持之有故，其言之成理，足以欺惑愚衆，是墨翟宋鈃也。」

按荀子評墨而以墨與宋鈃並論，一若孟子之以夷之爲墨者，眞傳同一錯誤。夷之宋鈃皆別墨也，非墨學之眞，不足以爲代表。惟莊子天下篇以墨翟禽滑釐同舉，誠有見于墨子之眞者。

王霸篇曰：「大有天下，小有一國，必自爲之而後可，則勞苦耗顇莫甚焉，爲之者役夫之道也，墨子之說也。」

按其所非，似與莊子天下篇同，而斥爲役夫，未免太過。雖然，墨子勤生，當時必有賤蔑視之者矣。墨子貴義篇：「穆賀謂墨子曰：子之言誠善，而吾王天下之大王也。毋乃曰賤人所爲而不用乎。」魯問篇「墨子謂公尙過曰。越王將聽吾言用吾道。則翟將往量腹而食度身而衣自比于羣臣。」呂覽高義篇羣臣引作「賓萌」」曰役夫曰賤人曰賓萌皆墨子形勞自苦之寫眞也。荀之非墨又若孟子之非許行所謂衣褐捆屨織席以爲食。或謂此亦別墨之支流。今之人有行之者。其印度之甘地乎。

富國篇曰。「不足非天下之公患也。特墨子之私憂過計也。故墨術誠行。則天下尙儉而彌貧。」又曰。「我以墨子之非樂也則使天下亂。墨子之節用也則使天下貧。」

解蔽篇曰。「墨子蔽于用而不知文。」

按荀之斥墨但主節用而不知藝術。至加之以貧亂之罪。或謂孟之闢墨未嘗見墨子之書。荀之非墨似曾見其書者。雖然。未識其人。烏在見其書。

天論篇曰。「墨子有見于齊無見于畸。」

按荀子天論篇謂見其齊而不見其畸。又似孟子盡心篇意。吾于孟荀之評墨無取。其他．獨取于此二篇。

節三　莊子說

莊子天下篇曰．「不侈于後世．不靡于萬物．不暉于數度．以繩墨自矯．而備世之急．古之道術有在于是者．墨翟禽滑釐聞其風而說之．爲之太過．已之太順．作爲非樂．命之曰節用．生不歌．死無服．墨子氾愛兼利而非鬥．其道不怒．又好學而博．不异．不與先王同．毀古之禮樂．墨子獨生不歌．死不服．桐棺三寸而無槨．以爲法式．以此教人．恐不愛人．以此自行．固不愛己．未敗墨子道．雖然．歌而非歌．哭而非哭．樂而非樂．是果類乎．其生也勤．其死也薄．其道大觳．使人憂．使人悲．其行難爲也．恐其不可以爲聖人之道．反天下之心．天下不堪．墨子雖獨能任．奈天下何．離于天下．其去王也遠矣。」又曰「墨翟禽滑釐之意則是．其行則非也．將使後世之墨者．必自苦以腓無胈．脛無毛．相進而已矣。亂之上也．治之下也。雖然．墨子眞天下之好也．將求之不得也。雖枯槁不舍．才士也夫。」

按莊子天下篇．歷敘、先秦學說．先之、以總．殿之、以合。先之以總者．內聖外王之儒學道術未裂之大體。鄒魯之士。孔顏之傳。不幸一曲之士得一以自蔽。道術乃裂而爲方術。其別傳而不離于宗者。墨翟禽滑釐之徒。禮運大同之遺教也。故次之。墨學于曾子。禽學于子夏。其卒也又以規矩相授受。史記稱「禹之治水。左準繩。右規矩。」墨法夏道。獨工機械。劉三寸之木。任五十石之重。見魯問篇。解滯爲城。九距輸般。見公輸篇。故以規矩爲屬巨子之節符。宋鈃尹文三墨之別傳。故又次之。彭蒙田駢愼到介乎道法名墨之間。故又次之。然後次以關尹老聃殿之。以莊周所謂合也。惠施則其友附焉。

孟荀斥墨。莫中肯要。莊子論墨。獨敘其氾愛兼利而非鬭。好學而博。不異焉。又評之曰。「以此教人。恐不愛人。以此自行。固不愛己。其行難爲也。恐其不可以爲聖人之道。反天下之心。天下不堪。」最近情理之言。而引墨子之稱道夏禹形勞天下。尤爲探原之論。

節四　韓非子說

韓非顯學篇曰。「世之顯學。儒墨也。儒之所至。孔丘也。墨之所至。墨翟也。自孔子之死也。儒分爲八。自墨子之死也。墨分爲三。取舍不同。而皆自謂爲眞。孔墨不可復生。將誰使定世之學乎。孔子墨子俱道堯舜而取舍不同皆自謂眞堯舜。堯舜不復生。將誰使定儒墨之眞乎。」

按韓非學于荀子而與荀不同。亦猶宋鈃之爲別墨也。韓非好黃老之學。有解老之篇。故于儒墨之評獨無軒輊。其間自是。呂覽淮南均並稱孔墨。夫墨子。不過孔門之徒。繼別爲宗者耳。乃竟與孔子爭席。而中分天下之半。不啻參兒之弟攘父之子。豈「氾愛兼利。其道不怒」之墨子所願出此。所忍出此。梁啓超墨子學案引錢塘夏氏謂「儒墨之爭。爲涿鹿戰後第一大事。」嗚呼。其言何其忍也。墨子有靈。必欷歔跼蹐于九原矣。夫所謂儒墨之爭者。不過北方之儒孟子與南方之儒荀子二人爾。而之二人者。亦復彼此不相容。如荀子非十二篇者。然則豈第儒與墨爭。抑亦儒與儒爭。韓非八儒三墨之說。頗足以窺見儒墨之各自分裂。取舍不同而皆自謂爲眞。當時且然。何況後世乎。于何而辨儒墨之眞。莊子所謂「彼亦一是非。此亦一是非。」其眞其別。將誰使辨之。

節五　呂覽說

呂覽當染篇言孔子墨子也曰「此二士者無爵位以顯人無實祿以利人舉天下之顯榮者必稱此二士也皆死久矣從屬彌衆弟子彌豐充滿天下王公大人從而顯之有愛子弟者隨而學焉無時乏絕孔墨之後學顯榮于天下者衆矣皆所染者得當也」

按呂覽爲雜家故不偏儒墨以視韓非其評尤當當染前半篇錄墨子所染之文後半篇乃舉「天下之顯榮者必稱二士皆死久矣從屬彌衆無他所染者當也」其評可謂至允矣然而儒墨之爭者毋亦以王公大人有愛子弟者欲隨其學焉爭之爭其子弟來學與。

博志篇曰「孔丘墨翟晝日諷誦習業夜親見文王周公旦而問焉用志如此其精也何事而不達何爲而不成故曰精而熟之鬼將告之非鬼告之也精而熟之也」

按博志篇大有文琴旦夢之慨論語述而篇記孔子曰「甚矣吾衰久矣吾不復夢見周公」按宋本矣字斷句　墨子若非服膺孔子云何亦有夢寐之見墨子貴義篇

孟子離婁篇稱周公也同。抑又何耶。

節六　淮南子說

淮南子主術訓曰。「孔丘墨翟修先聖之術。通六藝之論。口道其言。身行其志。慕義從風而爲之服役者不過數十人。使居天子之位。則天下徧爲儒墨矣。」泰族訓曰。「孔子弟子七十。養徒三千人。皆入孝出悌。言爲文章。行爲儀表。教之所成也。墨子服役者百八十人。皆可使赴火蹈刃。死不還踵。化之所致也。」

按淮南亦雜家。敍孔墨同于韓呂。然時有枘鑿、矛盾之語。主術訓既以「慕義從風者不過數十人」嫌其寡。而泰族訓「教之所成化之所致」又頌其徒嚮風之衆。又淮南子有云「夫弦歌歌舞以爲樂。盤旋揖遜以修禮。厚葬久喪以送死。孔子之所立也。而墨子非之。」以未喻孔子之意。未識孔子之眞樂記曰。「先王之制禮樂也。非以極口腹耳目之欲也。將以教民平好惡而反人道之正也。」又曰。「干戚之舞。非備樂也。孰亨而祀。非達禮也。」又曰。「世亂則禮慝而樂淫。」又曰。「姦聲亂色。不留聰明。淫樂慝禮。不接心術。」又曰。「弦歌干揚樂之末節也。籩豆升降禮之末節也。」禮樂之末節、童子舞之、有司掌之、非孔子「恭儉莊敬之立于禮、廣博易良之成于樂」之旨也。八佾篇「人而不仁如禮樂何。」然則汎愛親仁、眞禮樂之本矣。林放問禮之本、而孔子大其問、告之曰「禮與其奢也甯儉、喪與其易也甯戚。」然則、墨子非之、非亂世之慝禮淫樂也。不非孔子之立禮成樂也。不然、墨子固精于禮而工于樂矣、又曷爲非之、豈墨子之非墨子哉。至要略篇所言「背周道而用夏政」則不無足徵。

節七　史家各說

太史公司馬談論六家要指曰「墨者儉而難遵、是以其事不可偏循。然其彊本節用、不可廢也。」又曰「其送死桐棺三寸、舉音不盡其哀、教喪禮必以此爲萬民之率、使天下法若此、則尊卑無別也。夫世异時移、事業不必同、故曰儉而難遵。要曰彊本節用、則人給家足之道也。此墨子之所長、雖百家弗能廢也。」

按孟子闢墨也以兼愛、荀子非墨也以節用、史遷此論承其父談之旨、獨斥其儉而難遵。可謂一語破的。與莊子同。而善其彊本節用。雖百家不能廢。持論可謂至允矣。

漢書藝文志曰：「墨家者流。蓋出于清廟之守。茅屋采椽。是以貴儉。養三老五更。是以兼愛。選士大射。是以上賢。宗祀嚴父。是以右鬼。順四時而行。是以非命。以孝視天下。是以上同。此其所長也。及蔽者爲之。見儉之利。因以非禮。推兼愛之意。而不知別親疏。」

按漢志所說。非皆儒家言耶。三老五更。非成均造士辟雍視學之遺制耶。養老乞言樂正詔之東序。虞夏殷周隆爲典禮。禮記王制文王世子並道其詳。漢志獨能拈出墨學之淵源。非諸家泛論者可比。說最公允。不囿門戶之見。故獨得墨子之眞。與史記同。

隋書經籍志曰：「墨子強本節用之術也。上述堯舜夏禹之行。茅茨不翦。糲粱之食。桐棺三寸。貴儉兼愛。嚴以上德。以孝示天下。右鬼神而非命。」又曰：「周官宗伯掌建邦之天神地祇人鬼。肆師掌立國祀。及兆中廟中之禁令。是其職也。蔽者爲之。則守于節儉．不達時變。推心兼愛．而混于親疏也。」

按史家之論．無偏無黨．故皆能得其公允。

節八　韓文說

韓愈讀墨子曰．「儒譏墨以上同兼愛上賢明鬼．而孔子畏大人．居是邦不非其大夫．春秋譏專臣．不尙同哉。孔子泛愛親仁．以博施濟衆爲聖．非兼愛哉。孔子賢賢以四科進褒弟子．不尙賢哉。孔子祭如在．譏如不祭者．曰我祭則受福．不明鬼哉。」又曰．「辨生于末學．各務售其師之說．非二師之本道。」又曰．「孔子必用墨子．墨子必用孔子．不相用．不足爲孔墨。」

按韓文起八代之衰．秉良史之筆．原道、原毀、直接孔孟之傳．晉唐千餘年間．中國無儒．而唯一韓文．其言若此．洵足以識儒墨之眞．諸家可勿論矣。

節九　墨學之主旨何在

現代學者．輒欲求墨學之主旨．古之人亦嘗論之。孟子之闢兼愛．是孟子以爲墨學之主旨在『兼愛』．荀子之非節用．是荀子以爲墨學之主旨在「節用。」莊子以爲兼愛節用。墨子之人格也。非墨子之主旨也。無已。其法禹節葬乎。故以勤儉二德。爲天下式。蓋兼愛節用本孔子之教義。記論語者故首錄其說于學而一篇。不足爲墨學之主旨。墨學而果別自立宗。非有特異之點不可。孔子以夏殷之禮不足徵。郁郁乎文。吾從周。墨子獨背周而用夏。孔子斥宰予有三年之愛于其父母乎。而墨子師禹之喪法三月。然則別出于儒而立墨學之宗。不在兼愛。不在節用。其主旨獨在「節葬」一篇。墨子之喪三月。與孔子之喪三年。其不同之點止此。舍此則無一不同也。异哉。孟荀奈何不此之辯乎。惟莊子知之。史談知之。與淮南之九師或知之。史遷之論利弊兼顧。儉而難遵。指其弊也。彊本節用。知其利矣。然亦歸本于節用。漢志隋志一方推重墨學之長。一方兼顧末流之弊。辨別尤盡。隨志之評。師承談遷。漢志獨不立主旨。而以職守之環境言學術之應用。言更無藉乎孔服之反響。說最圓融。或曰。班志取裁于向歆別錄。劉氏校書。固非儉腹可比。宜其識見之高人一等矣。而韓愈讀墨。適與之同。綜前人所簡墨學之主旨。不出「兼愛」「節用」「節葬」三途。逮至近世。夏曾佑之中國歷史。乃認墨之主旨在于「明鬼」。清代學者因別墨雜諸篇羣以科學家視墨子。鼎革之際亦一變而爲宗教家至今又皆認爲哲學家矣。梁啓超墨子學案又認「非命爲墨學與儒學反對之要點」則幾滑讀孔孟之書矣。蓋執宿命論者中國唯一列子爾。何者吾華自皇神氏以來神權久失其效。故天視聽自我民視聽而神之憑依將在德矣。夫民神之主也以仁心施仁政于民則自天右之鬼神福之。禍福無不自己求之者命也何與焉。梁氏又謂「墨子以兼愛立教而以實利主義爲兼愛主義之後援。」亦認墨學之主旨在「兼愛」胡適中國哲學史大綱則稱「墨子之應用主義」亦卽梁氏之實利主義也。胡樸安墨子學說首句卽曰「墨子志在救世。」又曰「于物質上既以節用救之更于精神上以兼愛救之。」又曰「非攻爲墨學所抱之主義各篇其推行之方法。」以兼愛節用爲實現非攻主義之兩翼其說甚精。吾于是焉知古今學者所認爲墨學之主旨者有八曰兼愛曰節用曰節葬曰明鬼曰非攻以及附義之非樂與非命與天志。考墨子外篇凡十論而主旨列其八。又安知尙賢尙同亦非墨學之主旨耶。各篇者墨子主旨之一而十篇者墨子主旨之全也。篇盡主旨則幾于無主旨焉。墨子學說。又曰「墨之說。足以治淫僻昏亂貧弱之國家。惟刻苦自厲。使人難行。异乎儒之近人情。故其學不昌。近人情者人樂其道。而從之者衆。雖不能似可以僞爲。此後世所以有僞儒而無僞墨。然而以此愈見墨學之卓。」旨哉言乎。視莊子史記之說。饒有餘味矣。中庸之教。以明辯篤行繼博學審問愼思之後。拳拳服膺至于弗得弗措。其墨子有焉。不託空言見諸實踐。其墨學有焉。此種眞實勞苦之精神。不愧大禹之教。抑亦孔孟之所雅言也。論語學而篇曰「君子食無求飽。居無求安。敏于事而愼于言。就有道而正焉。可謂好學也已。」里仁篇曰「士志于道。而恥惡衣惡食者。未足與議也。」雍也篇曰「賢哉回也。一簞食。一瓢飲。在陋巷。人不堪其憂。回也不改其樂。賢哉回也。」述而篇曰「飯疏食飲水。曲肱而枕之。樂亦在其中矣。不義而富且貴。于我如浮雲。」孟子告子篇曰「不辨禮義而受之。萬鍾于我何加焉。」又曰。「飽乎仁義。所以不願人之膏粱之味也。令聞廣譽施于身。所以不願人之文繡也。」又曰「故天將降大任于是人也。必先苦其心志。勞其筋骨。餓其體膚。空乏其身。行拂亂其所爲。所以動心忍性。曾益其所不能。然後知生于憂患而死于安樂也。」

此非、墨子之勤儉主義乎。而莊子乃斥謂「其道大觳。其行難爲。恐不可以爲聖人之道。」史談亦斥謂「儉而難遵。」豈知難遵難爲者偏出于至聖亞聖之口耶。又論語衛靈公篇曰「志士仁人無求生以害仁有殺身以成仁。」孟子萬章篇引孔子之言曰「志士不忘在溝壑勇士不忘喪其元。」告子篇曰「生亦我所欲也義亦我所欲也二者不可得兼舍生而取義者也是故所欲有甚于生者所惡有甚于死者非獨賢者有是心也人皆有之賢者能勿喪耳。」此非、墨家之義俠行爲乎。力行近乎仁知恥近乎勇墨子有焉。當今之世將欲提倡新生之道德發揚民族之精神必先認識墨子之人格而後可認識墨學之主義而後可。

章五　墨書之篇目

二百年前之墨子洪水猛獸也。三十年間之墨子。又至仁大聖也。雖孔子無以尚之。然而墨子之爲墨子猶是也取一勺之水東海不損其浩汗覆一坏之土泰岱不增其崇高各人心中之墨子有變而先秦之墨子未嘗變故墨子之學說不可變。余不敢阿世所好。以現代學者之目光測墨子之態度說墨子而求以先秦時代之純眞墨子觀墨子。謹就墨子書篇目言之。

漢書藝文志「墨子七十一篇」高誘注呂覽云「七十二篇」或連目錄計之。鄭樵通志藝文略「墨子十五卷又三卷」

王應麟玉海「書目云墨子十五卷自親士至雜守爲六十一篇」自注「亡九篇」按藏本云「闕者八篇」若依七十一篇計之今本無目者有十篇不得云九也若又依今本存目六十一篇計之則所闕者僅八篇亦不得云九也毛詩正義所引有備衝篇而太平御覽所引有備衝法意者墨子備衝一篇當時或未亡也又云「一本親士至上同凡十三篇」按宋潛溪曰「三卷親士至經說十三篇」然則上同定是經說之訛內篇七墨辯六正十三篇也

陳振孫直齋書錄解題「墨子三卷一本止取十三篇者當是此本也」

錢曾讀書敏求記引潛溪諸子辯云「墨子三卷上卷七篇號曰經中卷下卷六篇號曰論」按分論六篇爲二卷蓋有二說一、指墨辯六篇言故云「至經說也」緣墨辯六篇。亦稱墨經與內篇同。因其與內篇分別。亦或有論之名。二、指外篇十論言。以三墨上中下各合爲一篇。考尙賢尙同兼愛非攻天志非命此六目者上中下全。三墨俱備。蓋自三卷樂櫜注後。因得不闕。則論六篇者。當卽指此。至節用闕下。節葬明鬼俱闕上中。非樂闕中下。蓋因不在三卷之內。故有闕亡耳。至非儒上下。顯然贋品。故不得列入。由是言之。一本七十一篇者。上中下各分篇也。一本十三篇者。上中下合一篇也。今更析敍如次。

節一　內篇經七篇

周語伶州鳩曰「昔武王伐殷。歲在鶉火。月在天駟。自鶉及駟。七列也。南北之揆。七同也。凡神人以數合之」謂取其七也。七者。周室之瑞。故周人以七識其數。孟子之內篇七。莊子之內篇七。墨子之內篇亦七。而皆以爲經。宋潛溪諸子辯云「墨子上卷七篇號曰經」此必先秦古本相傳如此。國學類纂內集云「上篇號曰經者。蓋指今十五卷本之第一卷親士至三辯七篇而言。意舊必于目下題經。按管子書有經言九篇。韓非子內儲說上有經七節。內儲說下有經七篇。外儲說右上有經三篇。

外儲說右有經五篇皆以經冠諸篇之首則墨子書之經亦當一例冠篇首」有人謂「自親士至三辯七篇皆後人假造前三篇全無墨家口氣後四篇乃根據墨家餘論所作」嗚呼現代學者每不能爲平情之論非蒙文化侵略之毆卽染索隱行怪之險顚倒是非蟣誣先哲極耳食吠聲之變士風之壞蔑以加矣黃震宋濂所見之本此七篇皆題曰經眞墨之經反謂假造演墨之論奉爲師說其將整理墨學耶意將毀滅墨學耶嗚呼

（一）親士篇　朱謙之古學卮言周秦諸子學統述云「親士篇則翟所著也」畢沅墨子注序云「今惟親士修身及經上下疑翟自著餘篇稱子墨子耕柱篇并稱子禽子則是門人小子記錄所聞以是古書不可忽也」孫詒讓則云「惟修身親士諸篇誼正而文靡校之他篇殊不類當染篇又頗涉晚周之事非墨子所得聞皆後人以儒言緣飾之非其本書也」嘻畢孫二氏何其說之相反也畢氏之言墨子全書皆可佐證孫氏之言不幾啓現代治墨之風若必墨子之言誼皆不正則表彰墨學非卽表彰不正之誼乎無怪孟子之闢墨子矣不類他篇不類門人小

子記錄之文也。當然不類。著必師類其徒。然後信其爲師。則是師之學于徒。非徒之學其師也。安有門人小子之記錄爲眞。而墨子自著者反可疑乎。且三墨之取舍不同。果將誰謂眞墨。眞墨者。必墨子自著之經。內篇之無「子墨子曰」者是也。呂思勉經子解題云「修身親士所染三篇。實爲儒家言。因有疑其非墨子書者。予案淮南要略謂墨子學儒者之業。受孔子之術。其說可據。今墨子書引詩書之辭最多。孔子作六經。以古書爲據。墨子多引詩書。既爲他家所無。而其所引又皆與儒家之說不背。卽可知其學之本出于儒。然則墨子之學。初出于儒。後雖立異。而有其異者。仍有其同者。此三篇亦未必非墨子書矣。」說最公允。

（二）修身篇　孔子之學說見于孔子之繫易。形上之道。與形下之器對言。此卽下學而上達之誼也。下學者格物致知之功。形下之器屬之。上達者修己治人之法。形上之道屬之。孟子之學得力于上達之道獨多。故一變而爲宋之理學。墨子之學得力于下學之器獨多。故今人以科學家視之。然內篇七外篇十。何嘗非上達之道。而開宗明義。標于全書之首二篇者。曰親士。曰修身。乃必擯之于墨書之外。豈其不利于個人耶。墨子貴義篇曰「世之君子欲義之成而助之修其身則慍豈不悖哉。」此墨子以修身成就貴義之鐵證也。世之惡修其身者墨子特論之曰「悖」一若預知後世有擯修身于墨學之外者故特于貴義一篇互言之使修身篇而果僞則貴義篇亦必僞矣。若貴義篇而旣眞則修身篇之爲眞墨倘何待言而況修身爲貴義之手段貴義爲修身之目的。不修其身又烏能知貴義哉。蓋墨書各篇連絡一貫篇篇可以互證。若有一篇而其意不能互證且相反者則爲贋品必矣。而如修身篇尤爲外篇十論之要領。若非修身爲之根柢試問外篇十論將孰從而生其枝發其葉耶。此修身篇之所以爲經與古本目下之所以題經非偶然矣。大學曰「自天子至于庶人壹是皆以修身爲本」中庸曰「故君子不可以不修身。」孟子盡心篇曰「君子之守修其身而天下平。」荀子修身篇曰「以修身自名則配堯禹」墨子之書好稱堯禹而謂修身之篇獨非墨子之誼可乎。苟非自外于人倫有如孟子之闢無父者自庶人上達無壹不本乎修身。「而助之修其身則慍豈不悖哉。」畢沅以修身篇爲墨翟自著眞有目共見之言。

（三）所染篇　此篇、門人、記錄之辭。故以「子墨子曰」冠篇、下皆仿此。呂覽當染篇卽采此篇。而下半不同者、一墨經之自述、一旁觀之公論。或以所引有宋康、晚周之事、多在墨子之後。疑其非墨子書。然子書標題、本明學派、門人記錄、儘多身後之事、不足以證其僞。且墨子之年代、迄未定論。宋康之時、何徵而必墨子之已死。當染篇曰「段干木學于子夏、禽滑釐學于墨子、皆所染者得當也。」所染篇亦曰「士亦有染、則段干木、禽子之徒是也。」雖然、奚啻段干木學于子夏、禽滑釐亦學于子夏、史記儒林傳可徵。當染篇明采墨子、故如是云爾。

（四）法儀篇　此篇爲天志明鬼之經、所以實現兼愛非攻之法。譬之規矩準繩。以爲方圓平直、與孟子離婁篇之旨同。墨子原文「百工爲方以矩、爲圓以規、直以繩、正以縣、無巧工不巧工、皆以此五者爲法。」規矩繩縣四也、而云五者、知脫「平以準」一句。若非離婁篇文、亦無從證明。故知墨子一書、可與孟子互證。

（五）七患篇　此篇主述節用、而節葬、非樂之禮兼焉。

（六）辭過篇　此篇孫校云「與節用篇文意略同。羣書治要引並入七患篇。此疑後人妄分，非古也。」按七患篇言三備，辭過篇言五過，皆七患之餘義，宜合爲一篇。考墨子一書，佚篇獨多，或內篇七經本已不全爾。

（七）三辯篇　此篇本雜記之類，而結集之人妄以入經，標題三辯，亦何所取誼。篇首篇中均無三辯二字，亦無三辯之意，將謂程繁與墨子辯難耶，則僅二次，何得云三。反覆精孳，恍如冰釋。考外篇十論，惟兼愛、非攻、節用之上篇，皆不冠「子墨子曰」，與餘篇不同。每疑此三篇者，頗有入經之可能。然兼愛、節用二篇，雖皆非攻之兩翼，然皆以「故子墨子曰」爲結，決非墨子自著。惟非攻上篇，文短詞簡，絕不見「子墨子」三字，與親士、修身二篇同。而篇末曰「則必以此人不知白黑之辯矣」，其稱辯者一。又曰「則必以此人不知甘苦之辯矣」，其稱辯者二。又曰「此可謂知義與不義之辯矣」，其稱辯者三。有此三辯，殆卽所謂「三辯」與。然則內篇「三辯」，非此莫屬也。可知意者非攻上篇亡，而誤抽三辯以補之。故全還程繁之篇于雜篇，而以此篇爲三辯，庶乎其不謬。不然，研究墨子書而標題尚不解，又烏乎可。

節二　外篇十論

宋潛溪所見本經之後次以論。按論者。劉勰文心雕龍曰。「彌論羣言。而研精一理者也。聖哲彝訓曰經。述經敍理曰論。論理無爽。則聖意不墜。昔仲尼微言。門人追記。故仰其經目。稱爲論語」。此論之所以次于經也。故三墨所演之篇。皆謂之論。而上、中、下之分篇。皆由三墨之取舍不同。予按十論。皆上篇最略。中下多繁冗。別有辯證。茲不具贅。至非儒上下。本屬贋品。故不列入。已詳辯于後。

節三　別篇六辯

晉書隱逸傳魯勝注墨辯敍曰。「墨子著書。作辯經以正名本。惠施公孫龍祖述其書以正別名。顯于世。墨辯有上下經。經各有說。凡四篇」。是魯勝祗稱經上下與經說上下爲辯經。題曰墨辯。而不卽以當莊子天下篇之墨經也。是故謂之別墨。謂之別篇。合大小取凡六篇。先秦格物致知之學。獨賴此六篇之存。故辯而以經名。命曰。辯經。畢沅曰。「經上下疑翟自著」。或曰。「經上下。墨家祖述之師說。經說上下大小取則墨子所自作」。孔易以象彖爲經。而十翼爲傳。則墨辯亦以前二爲經。後四爲傳一也。

節四　雜篇記六篇

雜篇又分二類。一曰記皆記墨子辯難之辭，蓋語錄之類也。畢本目卷之十二自注「舊云十三同卷者梵本分帙如此。」按十三卷魯問公輸□□三篇，加之十二卷貴義公孟二篇又耕柱一篇，凡六篇。

（一）耕柱篇　篇內有子禽子之稱，必禽滑釐之門人所記。而于孔子獨稱其號仲尼，與公孟篇不類。

（二）貴義篇　此篇之旨在「凡言凡動合于三代聖王堯舜禹湯文武者爲之。凡言凡動合于三代暴王桀紂幽厲者舍之。」又曰「必去喜去怒去樂去悲去愛去惡而用仁義。手足口鼻耳從事于義，必爲聖人。」又曰「世之君子欲其義之成，而助之修其身則慍，豈不悖哉。」墨子貴義在修其身，與孔孟之旨如出一轍。奈何竟有嫉視士修身二篇近乎儒家而欲擯之墨書之外噫。又曰「墨子南游使衛，載書甚多。曰昔者周公旦朝讀百篇，夕見七十士，故周公旦佐相天子，其修至于今。翟上無君上之事。下無耕農之難。吾安敢廢此。」乃或且疑墨之非儒。謂其「累世莫殫。竟年莫究」一若晏子之譏孔子。如僞非儒篇所云。何不一讀眞墨之篇乎。故不見墨子之書。而好吠聲者。不足與論學。孟子離婁篇曰「周公思兼三王。以施四事。其有不合者。仰而思之。夜以繼日。幸而得之。坐以待旦。」孟墨二子。同受孔子感化之深。于此可見。墨子又曰「古之聖王。欲傳其道于後世。是故書之竹帛。今聞先王之遺而不爲。是廢先王之傳也。」然則非先王之法言不敢言。非先王之法行。不敢行矣。

（三）公孟篇　此篇卽墨學派非儒之中堅。「程子曰非儒何故稱于孔子。墨子曰是其當而不可易者也。」故知墨子非儒。一若荀子之非賤儒。孔子之非小人儒爾。其言曰「費仲爲天下之暴人。箕子微子爲天下之聖人。此或仁或不仁也。」非卽孔子殷有三仁之旨乎。

（四）魯問篇　此篇歷抉外篇十論之綱要。曰「國家昏亂。則語之尚賢尚同。國家貧。則語之節用節葬。國家憙音湛湎。則語之非樂非命。國家淫僻無禮。則語之尊天事鬼。國家務奪侵陵。則語之兼愛非攻。」墨學十論。獨無非儒之目。故知非儒之無篇。而此十論皆因時而施。隨勢所宜。矯枉之權。非一例論也。濁世之士。執一而不化。舉一而廢百。猜鈎射覆。其不中也宜矣。獨以蠛誣死人。其不能辯也明矣。

（五）程繁篇　此即俗本誤作三辯篇者。記之類也。然疑耕柱、公孟、魯問、公輸四篇皆有互錯之簡。亦不敢倡异以啓後人爾。

（六）公輸篇　墨子之篤實精神。言行合一。于此篇可見。末言「故曰治于神者。衆人不知其神。爭于明者。衆人知之」可謂至言。

節五　雜篇兵書

雜篇兵書。有目可考者十二篇。餘俱闕亡。孫詒讓以「備城門以下諸篇。又禽滑釐所受兵家之遺法。于墨學爲別傳」。按禽子乃墨學正宗。並非別傳。七患篇曰「兵者國之爪牙也。庫無備兵。雖有義不能征無義」。魯問篇「墨子曰藉設而攻不義之國。鼓而使衆進戰」。又曰「鼓而進戰者其功多」。又曰「若得鼓而進于義。則吾義豈不益進哉」。此皆墨子以「進戰」爲貫徹非攻主義之手段。則「攘除不義。」實墨學之正宗。亦止戈爲武之誼。故墨子書獨精于守禦兵法。漢書藝文志兵家略技巧十三家百九十九篇。而自注云省墨子重。則向歆七略墨子書墨家與兵書兩收。而收入兵書技巧者。蓋卽備城門以下二十餘篇也。至班志始省兵而入墨耳。按今本有備城門備高臨備梯備水備突備穴備蛾傅迎敵祠旗幟號令雜守十一篇。而毛詩正義引有備衝篇。太平御覽引有備衝法。合諸備衝共得十二篇。皆有目可考者。考墨子備城門篇有臨鉤衝梯堙水穴突空洞蟻傅轒轀軒車十二攻具。故顧實漢書藝文志講疏謂「有備鉤備堙備空洞備轒轀備軒車五篇今闕」想當然也。今本篇目畢氏所定備城門第五十二。備高臨第五十三。而孫氏據明末吳寬鈔本當養篇目以備城門爲五十四。備高臨爲五十五。不同也。

章六 外篇十論之辯證

現代學者無不認外篇十論。以爲墨學反儒之宗義。請分、引、儒家言、以、辯證、之。

節一　尚賢論

禮運曰「大道之行也天下爲公選賢與能」知政治之建設教育爲先墨子欲上同以統一全國之政令則不能不尚賢親士篇曰「緩賢忘士而能以國存者未曾有也」尚賢必先親士修身篇曰「士雖有學而行爲本焉」親士必主修身所染篇曰「非獨染絲然也士亦有染」修身必重所染法儀篇曰「百工從事亦皆有法」所染必有法儀貴義篇曰「萬事莫貴于義」法儀必在貴義此墨子政教合一之誼也墨子全書諸篇一貫不一貫者非眞墨請復引儒家言以證之

大學以「見賢而不能舉舉而不能先爲慢」故曰「尊賢而尙德」中庸曰「義者宜也尊賢爲大」論語子路篇記「仲弓問政子曰舉賢才」孟子公孫丑篇曰「尊賢使能俊傑在位」萬章篇曰「用上敬下謂之尊賢」又曰「舉而加之上位故曰王公之尊賢也」儒之尊賢非卽墨之尙賢乎

節二　尙同論

墨子推原天下之亂由于异義紛擾而不能統一故從事乎尙同以救其弊

中篇曰「天下之人异義，是以一人一義，十人十義，百人百義，其人數茲衆，其所謂義者亦茲衆。是以人是其義，而非人之義，故交相非也。無君臣上下長幼之節，父子兄弟之禮，是以天下亂焉。明乎民之無正長以一同天下之義，而天下亂也。是故選擇天下賢良聖知辯慧之人，立以爲天子，三公使從事乎一同天下之義。」

作之君，作之師，所以一天下之義，而定天下之亂。此選賢舉能，以爲衆之主，將爲天下謀也，豈其爲君哉。民爲國本，故孟子有「民爲貴」之言。左傳魯桓六年，季梁告隋侯曰「所謂道，忠于民而信于神也。上思利民，忠也。」又曰「夫民，神之主也。是以聖王先成民而後致力于神。」爲君之職，在忠于民。左丘所錄，若合符節。民爲神主，故說天志。天志上篇曰「天子未得恣己而爲政，有天正之。」然則墨子以天志儀上同，皆對君權之裁制而言。神禹洪範，夫豈异哉。

又曰「里長順天子政，而一同其里之義。率其里之萬民，以尙同乎鄉長。鄉長有率其鄉之萬民，以尙同乎國君。國君有率其國之萬民，以尙同乎天子。唯其能一同天下之義，是以天下治。」

下篇言「國君天子發憲布令于其衆，上得愛利家國天下者且賞之，衆聞則譽之。上得惡賊家國天下者且罰之，衆聞則非之。是以徧家國天下之人皆欲得其長上之賞譽避其毀罰。」又曰「治天下之國若治一國。治天下之民若治一夫。」

中篇又曰「若立而爲政乎國家，爲民正長，賞譽不足以勸善，而刑罰不足以沮暴，則是不與鄉吾本言民始生未有正長之時同乎。若有正長與無正長之時同，則此非所以治民一義之道。故古者聖王唯而審以上同，以爲正長。是故上下情謀爲通。」

統一、政令集權中央，墨子之政、治、學也。故以尙同一天下之視聽。异義紛擾天下而不亂者，未之有也。故墨子有尙同之篇，而莊子欲齊物之論，或任自然以爲大齊，或壹异義而統于同。荀子天論篇乃謂「墨子有見于齊無見于畸」然孟子告子篇曰「口之于味也，有同耆焉，耳之于聲也，有同聽焉，目之于色也有同美焉。至乎心獨無所同然乎。心之所同然者。理也義也。」梁惠王篇有「國人皆曰賢國人皆曰不可用國人皆曰可殺然後察之。」尙同之效必如是焉而後可。禮運曰「故謀閉而不興盜竊亂賊而不作故外戶而不閉是謂大同。」尙同爲大同之因大同卽尙同之果。豈徒曰「書同文行同倫」云乎哉。

節三　兼愛論

楊朱爲我拔一毛而利天下不爲。墨子兼愛摩頂放踵利天下爲之。利己與利人兩人格何相反至此。雖然孟子惡執一。惡其舉一而廢百也。孔門之大宗四荀子小康不足論。孟子曰「君子之于物也愛而弗仁于民也仁之而弗親親親而仁民仁民愛物」此中庸所謂「親親之殺禮所生也」孟子斥夷之愛無差等故說者以爲孟軻差等之愛。莊子曰「萬物皆種也。萬物皆出于幾皆入于幾」又曰「萬物與我並生」又曰「萬物與我爲一。」其誼衆生一體故說者以爲莊子圓滿之愛。而墨子則介乎二者之間曰「兼相愛交相利」大同之義普及人類故說者以爲墨子平等之愛。以墨視耶以莊方佛謂與孟子之醇儒故不同。雖然墨子之兼愛卽師承曾子之博愛淵源孔子之汎愛而來。莊子天下篇曰「墨子汎愛兼利。」明言汎愛故知墨子兼愛卽孔子之汎愛。兼愛下篇歷引禹湯文武實行兼愛之故事以證兼愛爲歷聖傳授之心法。

上篇曰「亂何自起起不相愛臣子不孝君父所謂亂也。」

中篇曰「凡天下禍簒怨恨其所以起者以不相愛生也。」

墨子推不相愛爲致亂之原而兼愛卽爲其對治方法。孝經曰「治國者不敢侮于鰥寡故得百姓之歡心。」禮運曰「故人不獨親其親不獨子其子使老者有所終壯者有所用幼有所長鰥寡孤獨廢疾者皆有所養。」孟子梁惠王篇曰「老而無妻曰鰥老而無夫曰寡老而無子曰獨幼而無父曰孤此四者天下之窮民而無告者也。文王發政施仁必先斯四者。」又曰「老吾老以及人之老幼吾幼以及人之幼天下可運于掌。」故道二仁與不仁而已矣。盡心篇曰「人能充無欲害人之心而仁不可勝用也。」其兼愛之效乎。

中篇又曰以兼相愛交相利之法易之。視人之國若其國。視人之家若其家。視人之身若其身。凡天下禍篡怨恨可使無起。」

上篇曰「視人之室若其室誰竊視人之身若其身誰賊。視人之家若其家誰亂視人之國若其國誰攻。」

論語子路篇曰「善人爲邦百年則可以勝殘去殺矣。」故知墨子以兼愛爲貫徹非攻之手段所謂人我一體無間則仁也。兼相愛交相利者彼我互相愛互相利之辭。義務與權利並稱利人即可以利己也。

中篇曰「夫愛人者人必從而愛之利人者人必從而利之。惡人者人必從而惡之害人者人必從而害之。」

孟子離婁篇曰「愛人者人恆愛之。敬人者人恆敬之。」亦此意也。否則「殺人之父人亦殺其父殺人之兄人亦殺其兄非自殺之也一間耳。」故墨子必連言兼相愛交相利者正以交利爲兼愛之成效也。非禮運大同之治曷克臻此。

節四　非攻論

兼愛非攻一向積極一取消極兩義互足故以相次。

上篇再三言「虧人愈多其不仁滋甚罪益厚」又曰「當此天下之君子皆知而非之謂之不義今至大爲不義攻國則不知非從而譽之謂之義此可謂知義與不義之別乎」

道有是非理有當悖事之可爲不可爲者寧有竊鉤竊國之异墨子抉致亂之原投治本之藥非攻中篇曰「若醫四五人得利焉猶謂之非行藥也」使夫不惜犧牲財產人民以求一得之勝爲桀者安知義之所在孟子公孫丑篇曰「行一不義殺一不辜而得天下不爲也」離婁篇曰「爭城以戰殺人盈城爭地以戰殺人盈野此所謂率土地而食人肉罪不容于死故曰善戰者服上刑」儒惡戰爭導之以仁義墨惡戰爭導之以兼愛交利雖然墨子欲以兼愛節用之道弭戰息爭而他人不之弭不之息也則將如之何曰有文事者必有武備節用上篇曰「若有寇亂盜賊有甲盾五兵者勝」是故必有守也而後可以言攻必有禦也而後可以言非攻史記稱墨翟善守禦漢志載墨子有兵書墨子非攻豈徒空言和平必先有自衛之術足以禦人之攻而後主義始可實現折公輸釋宋圍一試而免生靈塗炭之禍止戈

爲武。意在斯乎。魯問篇曰「藉設而攻不義之國。鼓而使衆進戰。」七患篇曰「庫無備兵雖有義不能征無義。」是墨子且以「進戰不義」爲實現與貫徹非攻之手段。公輸篇曰「弟子三百人已持臣守圉之器在宋城上而待楚寇矣。」其言何其壯耶。較之「與民守之效死勿去」孰爲有效。不可同日語矣。然則墨子之非攻。不啻墨子之攘敵矣。孟子公孫丑篇曰「君子有不戰戰必勝矣。」其墨翟之謂乎。嗚呼安得墨子其人一湔神州之恥乎。

節五　節用論

戰爭生于攘奪。攘奪生于不足。不足生于奢侈。奢侈之極。消費過于生產。致物力不足以供所求。雖至飲食之微。亦醞攘奪之變。而禍亂起矣。遏亂之原。祇在節用。節用之道。進可以致富强之術。退可以抑奢侈之心而救貧乏之患。

上篇曰「聖人爲政一國。一國可倍也。大之爲政天下。天下可倍也。其倍之非外取地也。因其國家去其無用之費。足以倍之。」

中篇曰「聖王制爲節用之法曰。凡天下羣百工。使各從事其所能。

七患篇曰「爲者寡食者衆則歲無豐故先王以時生財固本而用財則財足其力時急而自養儉也其生財密而用之節也」此非墨子以節用爲致富强之術與大學曰「生財有大道生之者衆食之者寡爲之者疾用之者舒則財恆足矣」大學非孔氏之遺書耶墨子之說何其若合符節耶然則誰謂墨子非傳孔門之學者耶周禮大司徒「施十有二教九曰以度教節則民知足」非墨子節用論之師說耶司馬談論六家要指曰「彊本節用則人給家足之道也此墨子之所長雖百家弗能廢也」信哉斯言七患篇一則曰「民無食則不可事」再則曰「食不足則反之用」三則曰「食者國寶也」又曰「食者聖人之所寶也」引周書曰「國無三年之食者國非其國也」此非三年蓄之義此非足食足兵不得已而去兵之義耶

上篇曰「聖王爲政其發令興事使民用財也無不加用而爲者是故用財不費民德不勞其興利多矣」

中篇曰「凡足以奉給民用則止諸加費財不加于民利者弗爲」

辭過篇曰「費財勞力不加利者不爲也。」
此非墨子以節用爲抑奢侈之心。與桓寬鹽鐵論散不足篇曰「用費不節府庫之蠹也。」禮記檀弓篇曾子曰「國奢則示之以儉。」論語述而篇曰「奢則不遜儉則固與其不遜也寧固。」里仁篇曰「以約失之者鮮矣。」儉爲美德並非過于自苦但不求奢侈靡麗之觀而已。蓋墨子主義在耗最少之費用得最鉅之效率故甯去無爲之瞻觀以求實在之利益。增加生產抑節漏巵此節用之微意也。最低限度用一分財亦必收一分實利否則卽是浪費不當用而妄用妄用不節勢至府庫空虛而如非樂篇云「將必厚措斂乎萬民。」矣此大學所以惡聚歛之臣也。七患篇曰「民力盡于無用國必有殃。」節用上篇曰「去無用之費聖王之道天下之大利也」辭過篇曰「聖人之所節儉也。小人之所淫佚也。儉節則昌淫佚則亡。」禹無間然孔子稱之。墨用夏道甯不足多乎。

魯問篇曰「國家貧則語之節用節葬。」

七患篇曰「凶饑存乎國人君徹鼎食之五大夫徹縣士不入學君朝之衣不

革制諸侯之客四鄰之使雍食而不盛徹驂騑塗不芸馬不食粟婢妾不衣帛

此告不足之至也」

又曰「夏書曰禹七年水殷書曰湯五年旱此其離凶餓甚矣然而民不凍餓

者何也其生財密其用之節也」

此非、墨子以節用救貧乏之急與而與周官禮記之言何其若合符節耶少儀曰「國家靡敝則車不雕幾甲不組縢食器不刻鏤君子不履絲屨馬不常秣」亦此意也不然「庖有肥肉廄有肥馬民有飢色野有餓莩」將「率獸而食人」矣然荀子富國篇乃一再言「不足非天下之公患也特墨子之私憂過計也故墨術誠行則天下彌貧」又曰「我以墨子之節用也則使天下貧」嘻是何言與若無節用之道則其所礜利爲漏卮安見其非天下之公患且荀子天論篇曰「彊本而節用則天不能貧」天且不能貧而又曰「使天下貧」前後矛盾荀子其殆狂耶不然何前言後語之不類耶且荀子富國篇固曰「足國之道節用裕民而善藏其餘」矣不轉瞬而又言「不足非天下之公患」既非公患又何待乎足國裕民而善藏其餘耶。不亦异乎。孔子曰「道千乘之國。節用而愛人。使民以時。」孝經曰「謹身節用以養父母。」又曰「制節謹度。滿而不溢。所以長守富也。」墨子之說節用也。本于孔子之教。荀子之說節用也。亦本于孔子之教。何爲乎排斥墨子而陷于悖教之渦乎。

節六　節葬論

予讀墨子十論。皆尋繹其師承所由。而證以孔門之言矣。獨于節葬一篇。則認爲墨之所以別异于儒者在此。其然乎。其不然乎。請得而辯之。請得而證之。

下篇曰「仁者之爲天下度也。辟之無以异乎孝子之爲親度也。」

又曰「厚葬久喪。實可以富貧衆寡。定危治亂乎。此仁也。義也。孝子之事也。爲人謀者不可不勸也。若厚葬久喪。實不可以富貧衆寡。定危治理乎。此非仁也。非義也。非孝子之事也。爲人謀者不可不沮也。」

又歷舉堯舜禹以爲模範。而言古聖王制爲埋葬之法曰云云。

又自制爲埋葬之法曰云云。末謂「足以期其所則止矣。哭往哭來。反從事乎衣食之財，佴乎祭祀以致孝于親。」

案韓非顯學篇曰「墨者之葬也，冬日冬服，夏日夏服，桐棺三寸，服喪三月，世以爲儉而禮之。」高誘注淮南子云「三月之服是夏后氏之禮。」與此說合。韓非又曰「儒者破家而葬，服喪三年，大毀扶杖，世主以爲孝而禮之。夫是墨子之儉，將非孔子之侈也，是孔子之孝，將非墨子之戾也。」然則儒墨喪法之相反，蓋當時已成定論。故宰我疑「三年之喪期已久矣。」孔子曰「予之不仁也，予也有三年之愛于其父母乎。」宰我之「期」較諸墨子「三月」固已久矣，而孔子且斥其不仁。荀子禮論篇曰「事生不忠厚不敬文謂之野，送死不忠厚不敬文謂之瘠，君子賤野而羞瘠，刻死而附生謂之墨。」可知儒墨之枘鑿，似「節葬」最爲之梗。墨子經上曰「孝，利親也。」蓋墨子之意，以爲孝與不孝非在葬之厚薄，喪之久短，而在能否利親。若能爲社會盡力，富貧衆寡，定危治亂，即是仁人，即是義士，即是孝子。胡樸安墨子學案曰「儒者葬喪之禮繁重難行，後之人不過往襲其名，未有能致其實者也。如致其實，非愚即僞，反不如墨子節葬之說爲惜費而省時。今之富且貴者不過借葬喪爲鋪張之具反謂墨子節葬短喪爲非者不通之論也。」

又言厚葬久喪之弊曰「賤人死者竭家室諸侯死者虛庫府。」又曰「輟民之事靡民之財不可勝計。」又云「相率強不食而爲飢薄衣而爲寒使面目陷陬顏色黧黑耳目不聰明手足不勁強不可用也。」

墨子之意蓋以厚葬奪生人有用之財久喪奪生人有用之時毀瘠傷生更奪生人有用之力而皆徒爲死人投諸無用大悖人道不近人情。下篇謂「以此求衆求富求治無可得焉」其弊「國家必貧人民必寡刑政必亂」既無益于死人徒有害于生人費于無用不亦寃乎。又曰「故衣食者人之生利也然且猶尙有節葬埋者人之死利也夫何獨無節于此乎。」

墨子以「節葬」標題不曰「薄葬」不曰「短喪」何也。意必當時社會奢侈淫佚已極飾死之費耗靡不度。欲思節制之法以矯正之故魯問篇曰「國家貧則語之節用節葬。」曰「貧而語節」是「節」者以救「貧」也。非曰富而語之節也。

桓寬鹽鐵論散不足篇曰「古者瓦棺容尸木板堲周足以收形骸藏髮齒而已。及後桐棺不衣，朵椁不斲。今富者繡牆題湊，中者梓棺楩椁，貧者畫荒衣袍，綺囊緹橐。古者明器有形無實，示民不用也。及其後則有醯醢之藏，桐馬偶人，彌祭其物不備。今厚資多藏，器用如生人。」案墨子節葬篇亦曰：「金玉珠璣比乎身，綸組節約，車馬藏乎壙，又必多爲屋幙，鼎鼓几梴壺濫，戈劍羽旄齒革，寢而埋之，滿意若送從。天子殺殉，衆者數百，寡者數十；將軍大夫殺殉，衆者數十，寡者數人。」形容厚葬之窮奢極欲、慘無人道。孔子當日已憤然表斥惡之辭。孟子梁惠王篇引仲尼曰：「始作俑者，其無後乎！爲其象人而用之也。」甚至有喪欲速貧，死欲速朽之語。聖人之心，天下之公也。孔子之斥葬埋過厚，何嘗不與墨子同。宋襄實明器，而曾子譏之，何況殺人殉葬，至如秦人之哀三良，稍有人心者，尚能無所動于中耶。今更請進言我孔子之節葬。

論語八佾篇：「子曰：禮，與其奢也寧儉；喪，與其易也寧戚。」述而篇曰：「奢則不遜，儉則固；與其不遜也，寧固。」禮記檀弓篇：「曾子曰：國奢則示之以儉，國儉則示之以禮。」喪葬奢淫，于禮僭而不遜，舉世視若固然。甚至生前忤逆，飾葬獨厚，其心以爲哀不哀無人能知關不關衆目共瞻曾子不曰國儉則示之以「奢」而必曰示之以「禮」以禮必有「節」而不可過矣過之則謂僭而不遜與其僭而不遜毋寧儉而盡哀禮不在玉帛樂不在鐘鼓繁飾禮樂以淫人非孔子之志

又「子路曰吾聞諸夫子喪禮與其哀不足而禮有餘也不若禮不足而哀有餘也」子路之言非卽「喪與其易也寧戚」之謂乎墨子修身篇曰「喪雖有禮而哀爲本焉」墨子言之有以异乎孔子仲路之言與

又「孔子謂子路曰啜菽飲水盡其歡斯之謂孝斂首足形還葬而無椁稱其財斯謂之禮」又「子游問喪具夫子曰稱家之有無子游曰有無惡乎齊夫子曰有毋過禮苟無矣斂首足形還葬縣棺而封人豈有非之哉」稱其財卽稱其家之有無雖然有亦毋過于禮所以杜僭而不遜之端我孔子何嘗慫恿厚葬耶而門富競侈者與評論儒墨者乃欲藉口于孔子之「不以天下儉其親」寃乎不寃子路薄葬至此而孔子猶曰「人豈有非之」然則墨子節葬亦何嘗非孔子之遺意蓋「國奢」而故語之非國富而故語之也讀墨子書者幸毋忽于魯問之篇孟子滕文公

篇曰「墨之治葬也以薄爲其道也然而夷子葬其親厚」夫以孟子之賢亦視若墨子之必薄葬其親也故以夷子之厚葬爲疑甯知夷子既非子路之貧何必如子路之歛首足形以葬其親乎余謂不僅夷子之葬其親厚安知墨子之非厚葬其親耶「稱其財斯之謂禮」國有富貧家亦有富貧富而厚葬以不過爲禮貧而薄葬以不僭爲禮至于繁文縟禮非出孔子曾子之口者不敢以厚誣于聖人

禮記載恤由之喪哀公使孺悲問孔子士喪禮而魯論記「孺悲欲見孔子孔子辭以疾將命者出戶取瑟而歌使之問之」孔子之于孺悲何其不屑敎誨至是孺悲非孔子之徒耶不然不足與言耶然而士喪禮則孺悲之所傳也後世之人獨信孺悲而不信孔子或曰「漢武統于一尊而孔子之道亡」其然乎其不然乎

節七　天志論

易敎昌明而後中國之離宗敎久矣佛耶回連袂而來方士之流亦一變而道教興現代學者浸潤歐化頗以無宗敎爲恥墨子之天志明鬼適當其選亦一變而成宗敎家且也詩書之屬又多天秩天序天生天降天鑒天眷天佑天威天討天聰明天

視聽之辭．乃至在帝左右．順帝之則．上帝臨汝．無貳爾心之語。皆足以爲宗敎張目。曰「天」曰「帝」似明以人格視之矣。卽素不語鬼神之孔子亦有「天生德于予」「天之未喪斯文也」之言。論語八佾篇曰「獲罪于天無所禱也。」子罕篇曰「吾誰欺欺天乎。」甚至設誓而曰「天厭之。」孟子一書更有天爵天吏天民之稱。荀子且有天論之篇。似均足以爲强有力之證。雖然今姑先就墨子之書天志論而尋繹之。

上篇曰．「我有天志．譬若輪人之有規．匠人之有矩．以度天下之方圜．曰中者是．不中者非也。今天下士君子之書不可勝載．言語不可盡計．其于仁義．則大相反也。何以知之．曰我得天下之明法以度之。」

墨子之所謂天志者何也。所以度方圜之「規矩」也。易言之．則「仁義之標準」是也。此之謂天下之明法。孟子告子篇曰「大匠誨人必以規矩．學者亦必以規矩。」離婁篇曰．「不以規矩．不能成方圓。」又曰「規矩方圓之至也。聖人人倫之至也。」人倫之至．非卽天下之明法與。非卽爲人之模範與。非卽仁義之標準與。

中篇曰「觀其行。順天之意謂之善意行。反天之意謂之不善意行。觀其言談。順天之意謂之善言談。反天之意謂之不善言談。觀其刑政。順天之意謂之善刑政。反天之意謂之不善刑政。故置此以爲法。立此以爲儀。將以量度天下之王公大人卿士大夫之仁與不仁。譬之猶分黑白也。」

此天志。卽「仁之標準」也。墨子以法儀量度天下。則黑白分明。孟子離婁篇引「孔子曰。道二。仁與不仁而已矣。」仁與不仁之辨。孔墨孟之所言同也。又曰「三代之得天下也以仁。其失天下也以不仁。」又曰「暴其民甚。則身弑國亡。不甚。則身危國削。名之曰幽厲。」萬章篇曰「天之所廢。必若桀紂者也。」墨子之說亦云爾。

法儀篇曰「失其國家。身死爲僇于天下。爲不善以得禍者。桀紂幽厲是也。愛人利人以得福者。禹湯文武是也。」

中篇曰「三代聖王堯舜禹湯文武。是謂天德。聚斂天下之美名而歸之。曰此仁也。義也。愛人利人。順天之意。得天之賞者也。三代暴王桀紂幽厲。是謂天賊。

聚歛天下之醜名而加之曰此非仁也非義也憎人賊人反天之意得天之罰者也」

墨子之說與孟子之說有小异乎無以异乎

法儀篇曰「天必欲人之相愛相利而不欲人之相惡相賊也」

上篇曰「我爲天之所欲天亦爲我所欲」

中篇曰「然有所不爲天之所欲而爲天之所不欲則夫天亦且不爲人之所欲而爲人之所不欲矣」

天視自我民視天聽視我民聽天之所欲者仁心仁政福國利民是也孟子梁惠王篇曰「王如施仁政于民」又曰「仁者無敵」又曰「君行仁政斯民親其上死其長矣」公孫丑篇曰「行仁政而王莫之能禦也」又曰「行仁政民之悅之猶解倒縣也」此皆「先王有不忍人之心斯有不忍人之政矣」離婁篇曰「堯舜之道不以仁政不能平治天下」又曰「國君好仁天下無敵」盡心篇曰「仁言不如仁聲之入人深也」孟子極言仁之效驗如此

上篇曰「天欲義而惡不義也。」
中篇曰「順天之意者義之法也。」
下篇曰「天之志者義之經也。」

此天志又即「義之標準」也。

魯問篇記墨子答公輸子曰「翟之未得見之時也子欲得宋自翟得見之後，予之宋而不義子弗爲是我與子宋也子務爲義翟又將與子天下」予宋不義而弗爲則已予之宋矣能務爲義則又將舉天下而與之此又墨子之義與不義也不義弗爲非即孟子「行一不義殺一不辜而得天下不爲」之謂乎孟子又曰「殺無罪非仁也非其有而取之非義也」然則墨與孟何故不同

夫墨子既以天志爲即「仁義之標準」則天爲「人倫之理」不必如人格之帝也明矣天字之誼界確定則天倫天理之類皆可得相當之解說而無惑矣禮記禮運篇曰「夫禮必本于天以人情爲本」是天志即是人情孟子告子篇曰「仁義忠信樂善不倦此天爵也」盡心篇曰「有天民者達可行于天下而後行之者也

「萬章篇曰「天與之者諄諄然命之乎曰否天不言以行與言事示之而已矣」孟子之所謂天者殆亦人倫之理也孔子且言天命所謂「五十而知天命」又曰「君子有三畏畏天命小人不知天命而不畏也」天命卽墨子之天志康誥曰「天命不于常道善則得之不善則失之矣」天命與天志有以异乎無以异乎是故仁義之標準「天之志」也卽「天之命」也性也不謂之命命也不謂之性合乎天之志與命者則爲「天民」而得「天爵」以之征伐不義則又爲無敵于天下之「天吏」說具公孫丑篇孔也墨也孟也其言如合一轍安在而見墨子之天獨爲人格化之上帝也

儒以仁義並稱墨以愛利並稱愛卽仁利卽義也儒主仁而屬義墨主愛而屬利內聖外王之學也兼相愛仁也內聖也交相利義也外王也儒墨之道又何异也茲就經上經說上更請進而證之

經曰「仁體愛也」

說曰「愛己者非爲用己也不若愛馬著若明」

案墨子以仁愛爲人心之全德故曰體。小取篇曰「愛人待周愛人然後爲愛人。不愛人不待周不愛人不周愛因爲不愛人矣」夫是之謂體愛

經曰「義利也。」

說曰「志以天下爲芬而能能利之不必用。」

案易文言傳曰「利者義之和也」大學曰「此謂國不以利爲利以義爲利也」故經上曰「義利也」論語堯曰篇曰「因民之所利而利之。」故曰「以天下爲芬而不必用。」仁曰「體愛」曰「非爲用己」義曰「不必用」墨子之于仁義皆以爲「體」而非「用」何也「由仁義行非行仁義也。」此正王與霸之不同使天下之愛皆爲用而愛則無所用者不必愛矣亦必不愛矣人之愛馬用馬也非眞愛馬也不用馬則不愛馬矣豈非「著若明」哉而惟仁義之愛人利人也則不然責其在我者而已孟子離婁篇曰「其自反而仁矣自反而有禮矣其橫逆由是也君子必自反也我必不忠。夫此之謂體愛故先天下之憂而憂者然後能善利天下豈爲利天下而爲義哉利天下而然後爲義則不利天下者不必爲義矣亦必不

爲義矣。五霸之爲仁義也，非爲仁義也，假之也。故曰：「以德行政者王，以力假仁者霸。」王霸之辨，體用之分也。孔孟而外，惟墨子能辨之，其他則假之而已矣。孟子曰：「仁，人心也；義，人路也。」人心盡其在我者，爾人路人所共由者，爾皆存其體，不必責其用之謂也。否則必將如告子之說，以仁義而分內外矣。

經下曰：「仁義之爲外內也，內。孫詒讓校作非。說在仵顏。」說曰：「仁，愛也；義，利也。愛利，此也；所愛利，彼也。愛利不相爲內外，所愛利亦不相爲內外。其爲仁內也，義外也，舉愛與所利也，是狂舉也。若左目出，右目入。」

案：能愛、能利者，在我而俱爲內；所愛、所利者，在彼而俱爲外。不可謂能愛、所愛爲內，能利、所利爲外。此正墨子反對告子之說，與孟子同。告子篇曰：「仁，內也，非外也；義，外也，非內也。」孟子辯之曰：「非由外鑠我也，我固有之也。」則認爲仁義皆內矣。夫告子以爲仁內義外，其謬不待言。而孟子專言其在我者，故以爲仁義皆內。墨子又兼言在彼者，故以爲仁義有內即有外。此則墨子之性理學也。

經曰，「禮。敬也。」

說曰「貴者公賤者名。而俱有敬慢焉。等异論也。」

案墨子說禮。而有敬慢等异之辯。誰謂兼愛而反漫無差等也。又誰謂墨子有非禮之心也。總之不知尋繹其誼。徒耳食而吠聲。又烏能得其眞。

經曰「知。接也。」

說曰。「知也者以其知過物。而能貌之。若見。」

案此知字當作智、用四德之智也。與「知材也」之知識不同。材知之說曰。「材知也者。所以知也而不必知。若明。」與接知之過物而能貌者別。故非一誼也。惜乎。宋明之性理專家旣不敢籀讀其書。而現代士夫之說墨者又皆苦無性理根柢。故墨辯之校者雖衆。而能當墨子之意者。必無其人。徒以臆測而妄改原文。愈改而愈失其眞。嗚呼。墨子何不幸而爲現代所認識也。

經曰「信。言合乎義也。」

說曰「不以其言之當也。使人視城得金。」

案言合乎義之謂信非以其言之當也否則尾生之行天下之至信也于是乎知墨子之所謂信矣墨子之信義信也非愚信也與立與權聖人固已言之矣仁義禮智謂之四德與信謂之五常吾獨不解墨子之异于孔孟者何在

經曰「恕明也」

說曰「恕也者以其知論物而其知之也著若明」

案墨子以明訓「恕」以接訓「智」以材訓「知」三者截然不同惟自漢晉以後墨學絶傳爾時宋明之新儒未產而性理字訓已著先秦識者無人徒添綱縛畢沅解曰「推己及人故明」余謂畢氏校本推闡者固最少而亂眞者亦最少「推己及人」之解萬妥萬當誠能得墨子之遺意獨不解現代學者必改「恕」爲「𢜔」以求合其所謂論理學者而後快據道藏本經文作𢜔安知非道藏本之誤且道藏本之經說文又仍作「恕」同一道藏本而于經于說一作「𢜔」一作「恕」有一正必復有一誤有一誤然後有一正究竟一𢜔一恕誰正誰誤則徧檢字書皆有恕而無𢜔且墨子原本經說舊皆作「恕」試問校讎者理應空據道藏本中

採一字書所本無之「恕」字，而改抹墨子原本中通常應用之「恕」字耶。理應根據墨子原本中通常應用之「恕」字而更正道藏本中不見字書之「恕」字耶。稍有常識者類能明之。奈何現代學者偏好搜羅生僻不經見之字，甚至字書所本無之字，以衒博而矜奇，祇見其惑耳。今若改「恕」爲「恕」，是不啻以同于墨子者爲誤，而异于墨子者反正耶。總之，忠恕一貫之傳，聖賢修己之法久矣，爲天下之敝屣矣。嗚呼。

經曰「忠以爲利而强低也。」

說曰「不利弱子亥，足將入止容。」

案曾子以「爲人謀而不忠」爲戒。墨子之忠于爲利，而小心翼翼，以求達于成功。忠信篤實，墨子可無媿矣。

經曰「孝利親也。」

說曰「以親爲芬而能能利親，不必得。」

大取篇曰「知親之一利，未爲孝也。」

案墨子于忠。不曰利君。而于孝。獨曰利親。墨子之主義可知。墨子之人格何疑。蓋墨子之所謂忠。晏平仲之儔也。忠于國。忠于事。非忠于君之身也。晏嬰之言。左傳所載。可以觀矣。而于孝則不然。父母一而已。孝不于親之身。倘得所謂孝哉。立身揚名。卽所以顯其親也。未有孝而遺其親者也。故曰以親爲芬而能能利親。亦猶義曰志以天下爲芬而能能利之之指天下言也。下能字訓善也。能善利天下之謂義。能善利其親之謂孝。比而觀之。可以見矣。而于義則曰不必用。于孝則曰不必得。此眞義也、眞孝也。無所爲而爲者也。若以求用而爲義。則義非其義矣。若以求得而爲孝。則孝非其孝矣。不僅此也。能善利親矣。而所利者未周。利于一而不復利于餘。虧而未備。猶未足以爲孝也。墨子長于論理。故其陳義。獨周密而詳盡。

經曰「勇志之所以敢也。」

說曰「以其敢于是也命之。不以其不敢于彼也害之。」

案勇以敢爲誼。固也。既有所敢。必有所不敢。敢于爲善。必不敢于爲惡矣。故敢于是。不敢于彼。復何害。中庸曰「知仁勇三者天下之達德也。」又曰「好學近乎知。力行近乎仁。知恥近乎勇。」論語憲問篇曰。「君子道者三。仁者不憂。知者不惑。勇者不懼。」五常三德一貫之傳。皆聖門之眞實學問。而墨辯之臚列詳盡。儘可作性理字典讀。略撮數字。亦嘗一臠而知鼎味之意。并以見墨子之所謂天志者。卽在此。

節八　明鬼論

予不語神。墨偏明鬼。說者乃以爲九黎巫氏之遺。秦後微于中土。轉盛西方。孔子憲章文武。不述殷夏巫祝之政。尙忠尙質。其失也鬼。周雖沿而不重。然墨子非樂篇述「湯之官刑曰。是謂巫風。其刑」云云。是非墨子之斥巫耶。又案周官大宗伯之職「掌建邦之天神人鬼地示之禮。佐王建保邦國。以吉禮事邦國之鬼神示。」大司徒之職「以荒政十有二聚萬民。十有一曰索鬼神。」而況左傳明言「國之大事在祀與戎」乎。

公孟篇曰「執無鬼而學祭祀。是猶無客而學客禮也。是猶無魚而爲網罟也。」

周官。祀禮。特置。專職。非明。鬼而。何。左傳有言。「神所憑依。將在德矣。」又曰。「神者。

聽明正直而壹者也。惟仁是福．惟德是依。」書曰．「作善降之百祥。作不善降之百殃。」易曰．「積善之家．必有餘慶。積不善之家．必有餘殃。」又曰．「鬼神害盈而福謙．」樂記曰．「幽則有鬼神。」皆非明鬼而何。故曰．「天道無親．常與善人。」

下篇曰．「今吾爲祭祀也．非直注之汙壑而弃之也。上以交鬼之福．下以合驩聚衆．取親乎鄉里．若神有則是得吾父母兄姒而食之也。」

明鬼、墨子教孝弟之一端也。故曰得吾父母兄姒而食之。大戴禮盛德篇曰．「凡不孝生乎不仁愛也。不仁愛生于喪祭之禮不明．喪祭之禮所以教仁愛也。致愛．故能致喪祭。春秋祭祀之不絕．致思慕之心也。夫祭祀致饋養之道也。死且思慕饋養．況于生而存乎．故曰喪祭禮明．則民孝矣。故有不孝．則飾喪祭之禮也。」小戴記禮運篇曰．「夫禮必本于天．殺于地．列于鬼神．達于喪祭射御冠昏朝聘．故聖人以禮示之。」祭義篇曰．「祭之日．入室．僾然必有見乎其位。周還出戶．肅然必有聞于其容聲。出戶而聽．愾然必有聞乎其歎息之聲。」中庸篇曰．「鬼神之爲德也、其盛矣乎。視之而弗見．聽之而弗聞．體物而不可遺．使天下之人齋明盛服．以永祭祀．洋洋乎如在其上，如在其左右。」又曰：「事死如事生，事亡如事存，孝之至也。」論語八佾篇曰：「祭如在，祭神如神在。」又曰：「吾不與祭，如不祭。」鄉黨篇記孔子「鄉人儺，朝服而立于阼階。」孔門之明鬼，可見一班。然雍也篇曰：「敬鬼神而遠之。」為政篇曰：「非其鬼而祭之，諂也。」此殆鬼神不歆非類之誼，又即孔門杜絕迷信之微意也。故不語神怪。

節九　非樂論

荀子樂論篇一再曰：「墨子非之。」而不能說出所非之情，是徒聞非樂之名，而未究非樂之實也。

上篇曰：「仁之事者，必務求興天下之利，除天下之害，將以為法乎天下。利人乎，即為；不利人乎，即止。」

又曰：「非以大鐘、鳴鼓、琴瑟、竽笙之聲以為不樂也，非以刻鏤文章之色以為不美也，非以犓豢煎炙之味以為不甘也，非以高臺厚榭邃野之居以為不安也。雖身知其安也，口知其甘也，目知美也，耳知其樂也，然上考之不中聖王之事下度之不中萬民之利故曰爲樂非也，」
墨子之非樂以其不中萬民之利此其一也。
又曰「以此虧奪民衣食之財仁者弗爲也。」
又曰「將必厚措斂乎萬民以爲大鐘鳴鼓琴瑟竽笙之聲。」
墨子之非樂又以其厚斂萬民虧奪衣食之財此其二也。
又曰「此不常從事乎衣食之財而食乎人者也。」
墨子之非樂更以樂人之徒增耗費而無生產之能此其三也。奪民之時。奪民之力。
奪民之衣食有此三患而無一利故曰爲樂非也。
又曰「先王之書湯之官刑有之曰其恆舞于宮是謂巫風。乃言曰舞佯佯黃
言孔章上帝弗常九有以亡上帝不順降之百殃其家必壞喪」
又「于武觀曰湛濁于酒渝食于野萬舞翼翼章聞于天天用弗式。」
太平御覽引墨子曰「桀女樂三萬人晨譟聞于衢服文綉衣裳。」
夏殷兩代且斥恆舞之爲巫風而以爲戒。故墨子斷曰「察九有之所以亡者徒從

飾樂也」謂爲不信，請引管呂之書以證之。

管子七臣七主篇曰「昔者桀紂馳騁無窮，鼓樂無厭，瑤臺玉餔不足處，馳車千駟不足乘，材女樂三千人，鐘石絲竹之音不絕，百姬罷乏，人有反心，身遂爲禽。此營于物而設于情者也，愉于淫樂而忘後患者也。故設用無度，國家踣，舉事不時，必受其菑。」

呂覽侈樂篇曰「夏桀殷紂作爲侈樂，大鼓鐘磬管簫之音，以鉅爲美，以衆爲觀，俶詭殊瑰，耳所未嘗聞，目所未嘗見，務以相過，不用度量。自有道者觀之，則失樂之情，其樂不樂。其民必怨，其生必傷。此生乎不知樂之情，而以侈爲務故也。」又曰「亂世之樂爲木革之聲則若雷，爲金石之聲則若霆，爲絲竹歌舞之聲則若譟。以此駭心氣，動耳目，搖蕩生則可矣，以此爲樂則不樂。故樂愈侈，而民愈鬱，國愈亂，主愈卑，則亦失樂之情矣。」

夫北里之聲，靡靡之樂，亡國之音，聖王所戒。是故墨子非之。奚啻墨子非之，我孔子亦非之。奚啻孔子非之，我孔子且惡而放之。論語衛靈公篇曰「顏淵問爲邦。子曰，放鄭聲鄭聲淫。」陽貨篇曰「惡鄭聲之亂雅樂也。」孟子盡心篇引而申之曰「惡鄭聲恐其亂雅樂也。」卽孟子亦自云爾梁惠王篇曰「縱獸無厭謂之荒樂酒無厭謂之亡先王無流連之樂荒亡之行。」甚至齊人歸女樂而孔子行我孔子之非樂也不但宣之于口而且見之于行事之實矣然而墨子「衣錦吹笙」固非精擅于藝術者不能豈徒不明樂理而非樂者哉蓋亦必有故矣。

樂記曰「魏文侯端冕而聽古樂則唯恐臥聽鄭衞之音則不知倦。」孔穎達疏曰「新樂婉美使人嗜愛不知其倦也。」

夫所謂新樂卽孔子所斥鄭衞之音也魏文侯當時號爲賢君尙且如此若下魏文一等更可知矣準此亦足以窺見當時社會對于音樂之感情與心理。

又曰「子夏曰今夫新樂進俯退俯姦聲以濫溺而不止及優侏儒獶雜子女不知父子樂終不可以語不可以道古。」

此子夏對于音樂之比較與批評準此又足以窺見當時社會流行之音樂所謂新樂之內容。

又曰「今君之所好者其溺音乎。鄭音好濫淫志宋音燕女溺志衞音趨數煩志齊音敖辟喬志此四者皆淫于色而害于德是以祭祀弗用也。」

子夏闢新樂之害德較之孔墨辭嚴色厲實又過之。

又曰「鄭衞之音亂世之音也比于慢矣。桑間濮上之音亡國之音也其政散其民流誣上行私而不可止也。」

夫鄭衞之音亂世之音爾而孔子師徒且惡斥之如是至于桀紂淫侈之樂桑間濮上之音又亡國之音也管呂著之史記載之墨子引之以爲炯戒亦何足异乎

或曰梁惠王篇孟子說齊宣王曰「王之好樂甚則齊其庶幾乎王曰吾非好先王之樂也直好世俗之樂耳孟子曰今之樂猶古之樂也。」然則孟子之言非乎。何以混視古今之樂而與子夏异耶。蓋孟子之觀點不同一則曰「今王與百姓同樂則王矣。」再則曰「王如好貨與百姓同之。」三則曰「文王之囿方七十里與民同之民以爲小。」孟子之意在同不同非在樂不樂。故又曰「爲民上而不與民同樂者亦非也。」是故「樂民之樂者民亦樂其樂。憂民之憂者民亦憂其憂。樂以天下憂以天下。然而不王者。未之有也。」民憂則君與民憂。君樂則民與同樂。故「先天下之憂而憂。後天下之樂而樂」所以爲名言也。孟子同憂同樂。卽禹稷飢溺之志。墨子所謂兼愛交利者是也。與子夏之斥新樂。豈可同日而語哉。

世俗本三辯篇。卽更正本程繁篇。歷敘湯武成周之樂。以爲「其樂愈繁者。其治愈寡。自此觀之。樂非所以治天下也。」

墨子此段最爲非墨者籍口。荀子解蔽篇曰。「墨子蔽于用而不知文。」謂其徒知功利。而不知藝術也。噫。墨子精于音樂。古籍可證。誰謂其不解藝術乎。試更畢其文而辯之。

繼曰。「程繁曰。子曰聖王無樂。此亦樂已。若之何其謂聖王無樂也。子墨子曰。聖王之命也。多者寡之。食之利也。以知饑而食之者智也。固爲無知矣。今聖王有樂而少。此亦無也。」

辯曰。或說篇末「今聖王有樂而少此。」爲句。以此字屬上文讀。謂此指當時流行之淫侈新樂言。少此。謂少淫侈之分量。按照通常以此字屬下文讀。亦合。蓋飢而食。

智之常。樂而樂。樂之常。智常、則謂之無智。樂常、亦謂之無樂。當然之事。分也而已。何有之可名。聖王之樂。當樂而樂也。樂之分。卽樂之常也。時然後言。人不厭其言。而謂之不言。樂然後笑。人不厭其笑。而謂之不笑。然則當樂而樂。雖謂之無樂也亦可。老子不云乎「六親不和有孝子。國家昏亂有忠臣。」然則六親和時。豈皆衆孝之子。國家治平。豈皆不忠之臣。蓋家盡孝子。誰分孝逆。國盡忠臣。誰別忠姦。家皆不孝也。而一人獨孝。然後有孝子之名。衆皆不忠也。而一人獨忠。然後有忠臣之名。當食而食。人誰不食。當言而言。人誰不言。當樂而樂。人誰不樂。聖王有樂。而少適其可而不過其分。人不見其爲樂之足以騷擾也。而謂之無樂。亦猶時言時笑。而謂之不言不笑耳。準此益足以知墨子之非樂。專對當時社會流行之淫侈新樂。有若鄭衛之聲者而言。非所以語于三代聖王所爲雅頌之樂也。故墨子反對笙竽之聲。而墨子善吹笙竽。亦猶墨子之善能守禦。而反對戰征。必如是而後見墨子之非攻。亦必如是而後見墨子之非樂。三浦藤作中國倫理學史曰「墨子之非樂論。在促醒當時之社會。眞意並非排斥音樂。蓋慣音樂之濫用耳。」所見良是。

胡適中國哲學史大綱說非樂之樂字「包括鐘鼓琴瑟竽笙之聲、刻鏤文章之色、芻豢煎炙之味、高臺厚榭邃野之居。可見墨子對于一切美術如音樂、雕刻、建築、烹調等都說是奢侈品。」此說極是。是故荀子斥其不知文。文者即今人所謂文化也、在國家謂之文化、在個人謂之藝術。大之而自然、小之而音樂、實即一切美術之總名。故非樂篇首段以目之所樂、耳之所樂、口之所甘、身體之所安當之。非偏于音樂之一途也。孟子盡心篇曰「堂高數仞、榱題數尺、我得志弗爲也。食前方丈、侍妾數百人、我得志弗爲也。般樂飲酒、驅騁田獵、從車千乘、我得志弗爲也。在彼者皆我所不爲也。在我者皆古之制也。」吾引此以爲孟子之非樂、且即以證孟墨之相同。

節十　非命論

墨子十論、全者六篇而非命居其一。雖列非儒、四政之一、實爲列子力命篇之反響。

公孟篇曰「教人學而執有命、是猶命人葆而去其冠也。」

下篇曰「若信有命而致行之、王公大人怠乎聽獄治政、卿大夫怠乎治官府、則我以爲天下必亂矣。農夫怠乎耕稼樹藝、婦人怠乎紡績織紝、則我以爲天下衣食之財將必不足矣。」

又于禹湯文武一再言「遂得光譽令聞于天下。豈可以爲命哉。亦以爲其力也。」

墨子非命所以壯人、努力之志。而與節用爲表裏。惟其節用故以節葬非樂挹其流。而以非命開其源。亦力行近仁之旨。

列子力命篇固以爲宿命論矣。雖然。其言曰。「力不勝命固已。然而命之言曰。既謂之命。何有制之者耶。自壽自夭自窮自達自貴自賤自富自貧朕豈能識之哉。」列子之言非以自然爲命耶。既以自然爲命者而復謚之曰宿命曰定命。言詞之不通。甯有是耶。「何有制之者」「朕豈能識之」是命之本身尚未有存在也。命之本身尚未有存在而驟加之曰宿曰定。試問宿于何所。定于何時。將曰宿于自然定于自然耶。夫宿于自然等于不宿。定于自然等于不定。以不宿之命而曰宿命。不定之命而曰定命。稍有常識者。定當啞然失笑矣。然則列子力命之論。不幾成非命之說哉。夫以自然爲命者。所謂天定勝人。以努力勝命者。所謂人定勝天。言各有所指也。

然則列子主命，墨子非命而主力，其言雖异，其指實同，蓋一以積因應自然，則爲事之所無可奈何；一以前行見後效，則爲力之所可自奮勉，故力命之爭，非在內容之究竟不同，轉在外界之形式互變。請更進言所謂命之師說。

易繫曰「變天知命。」

「變天」俗作「樂天」，今依虞翻作「變天」。按樂天者，順循自然之誼；變天者，改造自然之誼。漢易之說爲勝。

大學引書之康誥曰「惟命不于常，道善則得之，不善則失之矣。」命不常而曰得曰失，試問如此言命，定命耶？非定命耶？

孟子公孫丑篇離婁篇兩引詩云「永言配命，自求多福。」而釋之曰「禍福無不自己求之者。」配命而在自求，可禍可福，試問如此言命，定命耶？非定命耶？

子罕言命，故孔子于命之界說不可得而知，雖然可間接而知之。

莊子人間世篇引孔子之言曰「知其無可奈何而安之若命。」

孟子萬章篇引「孔子進以禮退以禮得之不得曰有命」莊子孟子皆得孔易之心傳者也故其言足以印證孔子曰「無可奈何」曰「得之不得」是以安分爲命也子夏曰「死生有命」殆亦斯意後世篤行此誼者惟蜀之諸葛武侯其言曰「鞠躬盡瘁死而後已」雖知其不可爲而于義不得不爲乃所謂命也乃所謂天命也樂天知命則順受其正變天知命則自求多福其誼各有所指

莊子達生篇曰「達生之情者不務生之所無以爲達命之情者不務知之所無奈何」

不務知之所無奈何此之謂安分知命之君子

孟子萬章篇曰「莫之爲而爲者天也莫之致而致者命也」

盡心篇曰「求之有道得之有命」

求之有道則非袖手而聽命得之有命則非熱中而强爭盡己之心盡己之力盡其在我者而已無適無莫義之與比故能一任自然與物無詘此是何等氣象非身入

聖賢之域者，不足與道此。

又曰「莫非命也，順受其正。是故知命者不立乎巖牆之下。盡其道而死者，正命也。桎梏死者，非正命也。」

莫非命也，宇宙之大，塵沙之微，既在兩氣之間，卽無所逃于兩氣間之命，惟知命之君子，然後知吾身之可貴，吾命之當正，不行險以徼免死，必盡道以底正命。惟文文山、謝疊山輩，足以當之。

又曰「殀壽不貳，修身以俟之，所以立命也。」

論語堯曰篇曰「不知命，無以爲君子。」

中庸曰「君子居易以俟命。」

孟子修身俟命之言，上承尼思之道統，直接羲軒之心傳，不媿爲孔氏之徒者，正在于此。

墨子若曰，人能奮發有爲，盡心竭力，以自困勉，則自然之命，必退處于無權。雖然，人未始不可盡吾心，盡吾力，以改進環境，所謂「雖無文王猶興」者。然天下事未易一概論也。語云：有意栽花花不發，無心插柳柳成陰。心力俱瘁矣，而志願竟未達，若非安分知命，試問又將奈何？是故求之有道，得之有命，否則直且行險以徼倖，爾成事則未必，僨事則有餘，甚至前勢盡棄，功敗垂成，此不知命之所以爲炯戒也。孔孟知命之言，其至矣乎！豈降聖人一等者所可得而知耶。

墨子非命論之最有價値者，莫若王表之說。

上篇曰：「故言必有三表。何謂三表？有本之者，有原之者，有用之者。于何本之？上本之于古者聖王之事。于何原之？下原察百姓耳目之實。于何用之？發以爲政，觀其中國家人民之利。」

中篇曰：「故使言有三法。三法者何也？有本之者，有原之者，有用之者。于其本之也，考天鬼之志、聖王之事；于其原之也，徵以先王之書；用之奈何？發而爲刑政。」

下篇曰：「是故言有三法。何謂三法？有考之者，有原之者，有用之者。惡乎考之？考先聖王之事。惡乎原之？察衆之耳目之情。惡乎用之？發而爲政乎國，察萬民而觀之。」

同一三表而上中下三篇有詳略取舍之不同。今折、中、而定、三表、之說、如次。

(一)有本之者上考天鬼之志古者聖王之事。

(二)有原之者下徵百姓耳目之實。

(三)有用之者發爲刑政察其中國家人民之利。

墨子之三表、卽中庸之三重也。

中庸曰「王天下有三重焉其寡過矣乎。上焉者雖善無徵無徵不信不信民弗從。下焉者雖善不尊不尊不信不信民弗從。故君子之道本諸身徵諸庶民考諸三王而不繆建諸天地而不悖質諸鬼神而無疑百世以俟聖人而不惑。質諸鬼神而無疑知天也。百世以俟聖人而不惑知人也是故君子動而世爲天下道行而世爲天下法言而世爲天下則。」

又曰「唯天下至聖見而民莫不敬言而民莫不信行而民莫不悅。」

按上焉者無徵本而不原也。下焉者不尊原而不本也。是以民弗從。徵諸庶民則下、徵、百姓、耳、目、之情實矣。考諸三王、建諸天地、質諸鬼神、則上、考天、鬼、之志、古者、聖王、之事矣。百世以俟聖人而不惑、則發爲刑政、察其中、國家人民之利矣。上考無疑、是故知天。俟後不惑、是故知人。三表之與三重、甯有异哉。

墨子書僅以言、言然發而爲刑政、非行而何。曰動曰見、又言行之昭然者矣。故易繫曰「言行君子之樞機也」。中庸曰「君子未有不如此而蚤有譽于天下者也」。故曰「樞機之發、榮辱之至也」。

或曰、有用之者、項下以觀爲察者、何誼也。曰、依下篇「察萬民」之誼、況察則又加詳矣。孔子曰「溫故而知新」「彰往而察來」。察字爲善。孟子離婁篇亦曰「苟求其故、千歲之日至、可坐而定也」。墨子魯問篇「彭輕生子曰、往者可知、來者不可知。墨子曰、焉在不知來」。此實與「焉知來者之不可追也」同意、皆俟後不惑之效。

節十一　附贗墨非儒論

莊有贗莊、晏有贗晏、則墨子亦當有贗墨。墨子十論原無「非儒」之篇、魯問篇之五語十論可徵。五語十論。以尚賢尚同合。節用節葬合。非樂非命合。尊天事鬼合。兼愛非攻合相合相次。皆具深意。而獨無非儒之論。苟有非儒之篇。魯問何有不著。且將誰合而誰次于國家奚用。是以知卽有非儒之說。獨無非儒之篇。非儒之說。備詳公孟一篇。

公孟篇曰。「儒之道足以喪天下者四政焉。」

按墨子對治四政之方。第一政以天志明鬼二論。第二政以節葬論。第三政以非樂論。第四政以非命論。由此五論。對治四政。故非儒之說。宜以公孟爲正。此門人所記以爲墨子所自言。然而孟子所闢之兼愛。荀子所非之節用。獨不在內何也。

又曰。「程子曰。甚矣先生之毀儒也。子墨子曰。儒固無此各四政者。而我言之。則是毀也。今儒因有此四政者。而我言之。則非毀也。告聞也。」

又曰。「子墨子與程子辯。稱于孔子。程子曰。非儒何故稱于孔子也。子墨子曰。是其當而不可易者也。今翟曾無稱于孔子乎。」

毀儒、非儒之說。皆出程繁之口。非墨子本意也。墨子既不承認有毀儒之言。更豈肯故倡非儒之論。雜篇雖帶戰國辯士口吻，然迄未敢醜詆孔子，且稱其當而不可易，是實情承認孔子之道。然則即使非儒非非孔也，非孔子之後之賤儒也，小人儒也。

「公孟子引孔子博于詩書，察于禮樂，詳于萬物，若使孔子當聖王，則豈不以孔子爲天子哉。子墨子曰：今子曰孔子博于詩書，察于禮樂，詳于萬物，而曰可以爲天子，是數人之齒而以爲富。」

墨子于孔子之詩書禮樂，獨無一語敢以爲非。此則墨子之尊敬孔子，隆重詩書禮樂處。公孟一篇，墨子與二人語及孔子，均不敢有一語毀謗及孔子。惟耕柱一篇有稱仲尼者，然耕柱篇又稱子禽子，知乃禽滑釐之門人所記，所傳聞更遠于所聞矣。故不同。獨至贋墨非儒一篇，直斥孔子之諱，固弗論，甚且醜詆孔子，近于嫚罵，與全書各篇比較，無一相當。嗚呼，其父殺人，其子必且行刧，恐非三墨之所敢，更非墨子之本意。畢沅墨子注序曰：「非儒則由墨氏弟子尊其師之過，其稱孔子諱及諸毀詞，是非翟之言也。他篇亦稱孔子，亦稱仲尼，無直斥其名者。」孫詒讓墨子閒詁序亦曰：「非儒尤爲乖戾。」胡適中國哲學史大綱亦曰：「中有許多後人加入材料。

非樂非儒兩篇更可疑。」可知非儒一篇現代學者莫不疑爲贋品矣。試更證而辯之。

孔叢子詰墨篇曰「如此辭則景公晏子畏孔子之聖也上乃云非聖賢之行。上下相反若晏子悖可也否則不然矣。」又曰「若是孔子晏子交相毀也小人有之君子則否。」又「曹明曰觀于詰墨者之辭事相反墨者妄矣子魚曰墨子之所引者矯晏子晏子之善吾先君先君之善晏子其事庸盡乎景公問晏子對曰臣聞孔子聖人此晏子之善孔子者也子曰晏平仲善與人交久而敬之此又孔子之貴晏子者也曹明曰吾始謂墨子可疑今則決妄不疑矣。」

案非儒篇中有一段抄襲晏子外篇第八首段之文史記正義「七略云晏子春秋七篇在儒家。」晏子而入儒家入儒家而毀孔子此皆甚不可解之理。然則外篇第八必非晏子原文亦贋品也孔叢子詰墨篇末數節不見于墨子之書却見于晏子外篇第八然則孔叢子何故不曰詰晏也且如孔叢詰墨所指與外篇第八所云前後。不貫前者。孔晏彼此相非。幾如村婦。而後者晏子又曰。孔子聖人也。第七篇孔子又稱。晏子爲君子也。若非病狂之人。決不前後矛盾若此。故知其爲贋品也。考晏子書內篇六。外篇二。內篇固無可疑。外篇則眞僞雜糅。淆人聽聞。第七第八皆不能免。故墨子僞。晏子亦僞。特未知僞晏僞墨孰先孰後。究竟僞晏剽竊僞墨耶。抑僞墨剽竊僞晏與。

史遷採僞墨僞晏之說。以入史記孔子世家。文雖微异。然竟忘論語公冶之篇矣。吾不知高山景行之言。其誰欺乎。抑且并晏子之書而未讀全耶。胡爲乎記其一而忘其餘耶。嗚呼。此讀書之所以難。史遷猶然。而況其餘。

節十二　識尾

余于辛亥之春。肇易之餘。泛濫百家。每謂孔門眞傳。以孟墨莊荀四子爲著。孟之大順。墨之大同。並稱北學。戰國之世。中分天下之半者。惟此二子爲顯學。孟子代表孔子者也。墨子別出爲宗者也。于是乎有儒墨之爭。而其所以爲修己治人之道者。則無不同。壹自孟子闢墨。斥爲無父。大同之傳中絕于世。邇近稍爲識者所知。然而道聽塗說者流，居墨子爲奇貨，挾墨子以投機。吾不禁爲墨子惜，爲墨子寃。是以博證經子，詳爲訟辯，而有雪墨之作。世有識者幸裁正之。

雪墨　一〇

雪墨全壹册

著作者　楊踐形
校印者　童粹袁
出版者　易學會
流通處　孔聖學會
　　　　融五講經社
　　　　五教書局
　　　　字林印刷公司

中華民國三十三年二月